9

백제학연구총서 쟁점백제사

백제의 성장과 낙랑 · 대방

The Growth of Baekje and Lelang · Daifang

백제학연구총서 쟁점백제사 9

백제의 성장과 낙랑 · 대방

발행인 이인숙(한성백제박물관장)
총괄 이인숙(한성백제박물관장)
기획 · 진행 조영훈(백제학연구소장), 이장웅(학예연구사)
편집교정 이장웅(학예연구사), 전미정(연구원)
행정지원 이상진 · 이영경 · 정혜경(총무과)

한성백제박물관
05540 서울특별시 송파구 위례성대로 71
Tel. 02-2152-5800
http://baekjemuseum.seoul.go.kr

발행일 2016년 12월 23일

디자인 · 제작 학연문화사
Tel 02-2026-0541

ISBN 979-11-86012-25-3

9

백제학연구총서 쟁점백제사

백제의 성장과 낙랑 · 대방

The Growth of Baekje and Lelang · Daifang

한성백제박물관
SEOUL BAEKJE MUSEUM

발간사

한성백제박물관이 2012년 개관 후부터 매년 봄, 가을 두 차례씩 개최해 오고 있는 '쟁점백제사' 기획 시리즈의 아홉 번째 학술회의가 2016년 10월 7일 개최된 바 있습니다. 이번에는 "백제의 성장과 낙랑 · 대방"이라는 주제 하에 발표와 토론을 중심으로 그간의 학술성과에 대한 집중 논의가 이루어졌으며, 이제 이를 정리하여 한성백제박물관 백제학연구총서, 쟁점백제사 제 IX권, '백제의 성장과 낙랑 · 대방'을 발간하게 되었습니다.

백제학계의 중요 쟁점 사항에 대한 연구 발표와 끝장 토론으로 이루어진 한성백제박물관의 쟁점 백제사 학술회의 시리즈는 지금까지 집적된 연구업적과 새로이 추가되는 학술 자료와 학계의 시각에 대해 소개하면서 제기되는 문제점들을 집중 논의의 마당으로 끌어내 보고자 하는 취지에서 기획되었으며, 이제 어느덧 그 아홉 번째 학술대회 개최와 더불어 백제학연구총서를 간행하게 된 것입니다.

백제의 역사와 문화 내용을 살펴보자면, 다양한 문화적 요소와 교류의 흔적을 찾아볼 수 있는데, 초기 건국 세력의 이주와 다양한 주민 구성으로 미루어 볼 수 있는 다각적인 대외 관계를 주목해 보지 않을 수 없습니다. 특히 전기 백제 시기 동안 백제의 북쪽에 바로 인접해 있었던 낙랑과 대방은 백제 사회에 영향을 준 대외 교섭의 가장 주요한 통로 중 하나로서, 당시 정국과 문물 상황에 대한 정확한 인식은 백제의 성장 과정에 대한 올바른 이해를 위해서 매우 중요한 부분이라고 생각합니다. 그러나 이 문제는 지금까지 부족한 문헌 사료와 충분치 않은 문물 자료로 말미암아 백제학계의 풀기 어려운 숙제 중의 하나로 남아있다고 할 수 있겠습니다.

이번에 마련한 백제학연구총서 제9권에서는 이러한 백제 전기 낙랑과 대방에 관련된 대외적인 정국의 동향과 군현계 인물의 활동 및 묘제와 토기, 기와, 전돌 등에 초점을 맞추어 지금까지 제기되어온 여러 가지 논점들을 모아 종합하고 조명해 보고자 하였습니다. 이 연구 총서에는 학술대회에서 발표된 여러 편의 논문들과 함께 학술대회 날 4시간 이상 진행되었던 종합토론 내용이 소상하게 기록, 정리되어 실려 있어서 독자들에게 관련 논제에 대한 자세한 지식과 정보를 제공해 주어 심도 있는 이해를 돕고 있다는 특징이 있습니다.

매 회마다 학술대회에 적극적으로 참석하여 논문 발표와 토론을 통해 그간의 연구 성과를 학계와 시민들에게 나누고 있는 여러 학자님들께 이 자리를 빌려 깊은 감사의 말씀을 드립니다. 그리고 그동안 한성백제박물관이 일구어낸 이 적지 않은 성과에 대하여 관원들과 함께 가슴 뿌듯한 보람을 나누어 누리고자 합니다.

2016년 12월

한성백제박물관 관장

李 仁 淑

목 차

기조발제

백제의 성장과 낙랑, 대방의 관련성

권 오 영 서울대학교

Ⅰ. 머리말

Ⅱ. 백제국가의 발전과 낙랑, 대방의 역할

Ⅲ. 배제 문화에 끼친 낙랑, 대방의 영향

Ⅳ. 교역의 내용과 형식

Ⅰ. 머리말

서울 강남의 작은 세력에 불과하였던 백제국伯濟國이 고대 영역국가 백제로 성장하는 과정에서 주변 여러 국가, 정치체와의 교섭은 필연적이었다. 그 형태는 화평과 분쟁 모두를 포함하며 시간의 흐름과 함께 교차되는 모습을 보여주었다. 백제의 북에 위치한 낙랑과 대방 역시 마찬가지여서 우호적인 관계와 대립적인 관계가 교차되면서 백제의 성장에 영향을 미쳤다.

낙랑과 대방에 대해서는 그 동안 국내외 학계에서 적지 않은 연구성과가 발표되었다. 설치의 배경과 그 성격, 위치문제 등은 물론이고 중국사에서의 의미, 한국과 일본 고대 정치체와의 교류 등 다양한 주제에 걸쳐 있다. 방법론적으로는 문헌적인 접근과 고고학적인 접근이 모두 동원되었으며 낙랑의 고고학적 실체에 대한 추구도 지속적으로 진행되고 있다.

하지만 이 글의 목적은 낙랑, 대방 자체에 두어져 있지 않으며 그간의 연구사를 정리할 생각도 없다. 단지 마한의 한 구성분자에 불과하였던 백제국伯濟國이 고대 국가 백제로 성장하는 과정에서 두 세력과 어떠한 형태의 교섭이 진개되었는지, 그 영향은 무엇이었는지를 조감해보고 앞으로의 연구 방향, 특히 주제와 방법론에 대한 제안을 목적으로 삼고 있다.

Ⅱ. 백제국가의 발전과 낙랑, 대방의 역할

백제가 국가적 성장을 이루는 과정에서 낙랑과 대방은 순기능과 역기능을 모두 하였다고 판단된다.

순기능적 측면부터 검토해보자. 우선 백제의 건국과 관련하여 "대방고지帶方故地"가 주목된다. 동명東明의 후예인 구태仇台가 처음 대방고지에 입국하고 요동태수 공손탁公孫度의 딸과 혼인하여 동이東夷의 강국이 되었다는 중국 측의 기사는 『삼국사기』에도 소개되어 있어서[1] 그 의미에 대한 천착이 이루어진 바 있다. 고구려의 한 지파로서 압록강에서 남하해 오는 과정에서 일시 황해도 내지 경기 북부에 정착하였다는 가정에서부터 백제 건국지인 서울 강남을 대방군과 연결지으려는 견해까지 다양한 스펙트럼을 보이고 있다.

책계왕責稽王이 대방왕녀帶方王女 보과寶菓와 혼인하여 대방을 구생지국舅甥之國이라 부르고 고구려와 대방의 전쟁에서 군사를 내어 대방을 구원하였다는

1) 『삼국사기』 권23 백제본기 시조 온조왕.

기사는[2] 백제와 대방의 우호적인 관계를 보여준다. 책계왕이 사망하게 되는 전투의 상대도 "한여맥인漢與貊人"이라고 되어 있고 그 뒤를 이은 분서왕汾西王의 사망원인도 낙랑태수가 보낸 자객에 의한 암살로 되어 있어서 『삼국사기』는 백제와 대방의 직접적인 갈등을 이야기하지 않는다. 3세기 중엽에 전개되었던 한韓 사회와 낙랑, 대방의 정면충돌을 고려할 때 백제와 대방 사이에 평화의 시절이 있었다 하더라도 일시적이고 정략적이었을 개연성이 높다.

백제가 낙랑, 대방과 평화적이건 군사적이건 다양한 교섭을 전개하면서 국가운영에 관한 노하우의 학습은 어느 정도였을까? 한성기 백제의 지배구조와 제도에서 낙랑, 대방의 영향이 있을까? 있다면 어느 정도일까? 이에 대한 본격적인 검토는 아직 없지만 그 영향이 그리 선명히 부각되지는 않는다.

한편 사료에 보이는 "대방왕帶方王", "낙랑국樂浪國"이란 표현을 주목하여 대방군과 대방국, 낙랑군과 낙랑국을 분리시켜 별도의 정치체가 병존한 것으로 인식하는 견해가 남한과 북한 역사학계에서 공히 제시된 상태이다. 그런데 요동의 공손씨公孫氏 정권이 하나의 독자적인 왕국의 위상을 지녔기 때문에 공손씨 지배자들은 요동군태수遼東郡太守이자 요동왕국遼東王國의 왕으로 인식되었음(권오중, 2011, 112-113쪽)을 고려할 때, 중국의 제도에 낯선 주변 정치체가 대방군 태수를 대방왕帶方王으로 인식, 오인하여도 이상한 일은 아니다.

낙랑국이 낙랑군과 병존하였는지(서영수, 1998, 18쪽; 조법종, 2003, 184-186쪽), 낙랑왕樂浪王 최리崔理가 낙랑군 속현의 우두머리인지(이종욱, 1993),

2) 『삼국사기』 권24 책계왕.

옥저지역의 수장(문안식, 2008, 199-202쪽)인지, 『삼국사기』에 표현된 낙랑 중 일부가 춘천지역에 해당되는지(김기섭, 1991)도 많은 논의가 필요한 부분이다. 여기에서 언급하고 싶은 부분은 중국의 혼란한 상황, 그리고 중국의 행정제도에 어두운 현지 토착[3] 세력의 입장에서 지방관이나 세력가에게 왕이란 명칭을 붙이는 것은 있을 법한 일이란 점이다.

200년 손책孫策의 뒤를 이어 강동江東의 실권자가 된 손권孫權은 조조曹操로부터 형식적으로는 회계태수직會稽太守職을 받았으나 실제로는 오왕吳王의 권세를 지니고 있었다.[4] 유비劉備 역시 209년 형주목荊州牧이란 직책을 지니고 있었으나 실제로는 독립 세력이었다. 중국의 통치체제를 제대로 이해하지 못한 군현 주변의 재지인들에게 태수, 현령이 왕처럼 인식될 수 있는 것이다. 대방왕, 낙랑왕이란 표현에 대해 지나치게 큰 의미를 두는 것은 당시의 상황을 고려하지 않은 현대인의 평면적 시각의 산물은 아닐까?

백제의 성장 및 마한사회의 주도권 변화과정에서 가장 극적인 사건은 『삼국사기』의 연대관에 의할 때 고이왕대에 해당되는 위魏 정시연간正始年間, 구체적으로는 246년 무렵에 폭발한 낙랑·대방 대對 한韓의 충돌이다. 한韓의 주체에 대해서는 고이왕으로 보는 견해, 목지국目支國으로 보는 견해, 신분고국臣濆沽國으로 보는 견해로 나뉘는데 아직 어느 한쪽으로 귀결되지 못한 상태이다. 그럼에도 불구하고 이 전쟁의 결과 백제국伯濟國, 혹은 백제가 마한사

---

3) "土着(著)"이란 용어는 水草를 따라 이동하는 유목에 대응되는 개념이지만 여기에서는 청동기시대 이래 재지에서 성장한 비중국계를 지칭하는 용어로 사용하고자 한다.

4) 정식으로 吳王에 등극하는 것은 221년이지만 이미 강동세력은 독자적인 세력으로 분리되고 있었다.

회의 주도권을 잡았다는 데에는 의견의 일치를 보고 있다. 결과론적인 해석인 셈이어서 앞으로도 여전히 논의가 진행되어야 할 것이다.

백제사의 전개과정에서 고급의 귀족 문화가 급속히 발전한 배경에는 낙랑, 대방계 주민을 적극적으로 수용하였던 개방성이 있다고 한다. 낙랑인은 한계漢系와 고조선계로 구성되었으며 후자가 수적으로 압도적 다수였을 것으로 보인다. 최근에는 평양 정백동 364호분에서 출토된 낙랑호구부를 통해 주민구성에 대한 상세한 검토까지 이루어지고 있다(윤용구, 2010; 권오중 외, 2011).

낙랑과 대방이 축출된 이후 많은 수의 주민이 백제에 편입되었다. 중국과의 외교, 문서작성과 행정 등 여러 분야에서 이들의 활약이 있었음도 인정된다. 그 중 일부는 일본으로 건너간 정황도 포착된다. 『신찬성씨록』에 보이는 중국계를 칭하는 씨족 중 상당수가 백제계로 파악된다. 이들이 중국계를 표방하는 데에는 실질적인 근거가 없는 경우도 있을 것이고 낙랑, 대방계 백제인이었을 가능성도 있을 것이다. 이들이 낙랑, 대방계일 경우에도 여러 가지 경우의 수를 상정할 수 있다. 낙랑군의 설치로 인해 한화漢化된 현지인, 위만衛滿과 함께 이주한 연燕, 제齊, 조趙 주민, 낙랑군 설치 이후 이식된 한인漢人, 나아가 동진東晉이나 16국 출신 주민도 상정할 수 있다.

이렇듯 상황은 복잡하고 낙랑인의 종족적 구성을 추적하는 일은 간단치 않다. 문헌과 고고학적 물질자료를 정치하게 조합시켜도 이들의 종족성을 파악하는 작업은 영원히 불가능할지도 모른다. 이 문제는 실제의 종족성과 정체성에 대한 인식이 얽혀 있으며 한제국漢帝國이 새로 설치한 군현에 편입된 이종족들을 어떤 방식으로 취급하였으며, 이종족 집단들은 어떠한 대응을 하였는지에 대한 풍부한 사례연구와 비교고찰 없이는 매우 평면적인 해석에 머무를 위험성이 있다. 이런 점에서 한제국의 북, 서, 남쪽에서 전개된 이종족 편입 방식에 대한 비교사적 인식이 절실하다.

Ⅲ. 백제 문화에 끼친 낙랑, 대방의 영향

지배구조에서 낙랑, 대방의 영향을 찾기 어려운 반면 고고학적 물질문화에서는 상대적으로 많은 사례를 들 수 있다. 낙랑과 대방에서 생산된, 혹은 중국에서 만들어진 후 낙랑, 대방을 경유한 물품을 자주 확인할 수 있다. 낙랑과 대방의 영향을 받은 기물(토기와 기와, 전돌, 화폐, 동정銅鼎, 동경銅鏡 장신구 등)이나 시설(무덤, 성) 등이 대표적인 예이다.

왜 이런 차이가 발생하였을까? 백제 지배층과 낙랑, 대방의 관리와의 연결고리가 없어서일까? 정치체의 규모 및 발전수준의 차이에서 비롯된 것일까? 문화전통의 차이로 인한 것일까? 많은 의문이 제기된다.

좀더 좁혀보면 물질문화, 특히 기술적인 측면에서 낙랑, 대방의 영향이 많이 보이는 이유는 무엇일까? 이른바 "환령지말桓靈之末"의 시대 이후 군현 주민의 이주가 직접적인 원인일까? 일반적으로 "낙랑계"라는 용어가 널리 사용되지만 구체적으로 낙랑과 대방을 변별할 수 있을까? 후한 이후 양진兩晋의 영향은 어느 정도였으며 낙랑, 대방과 어떻게 변별하고 평가할 것인가 하는 점도 문제이다.

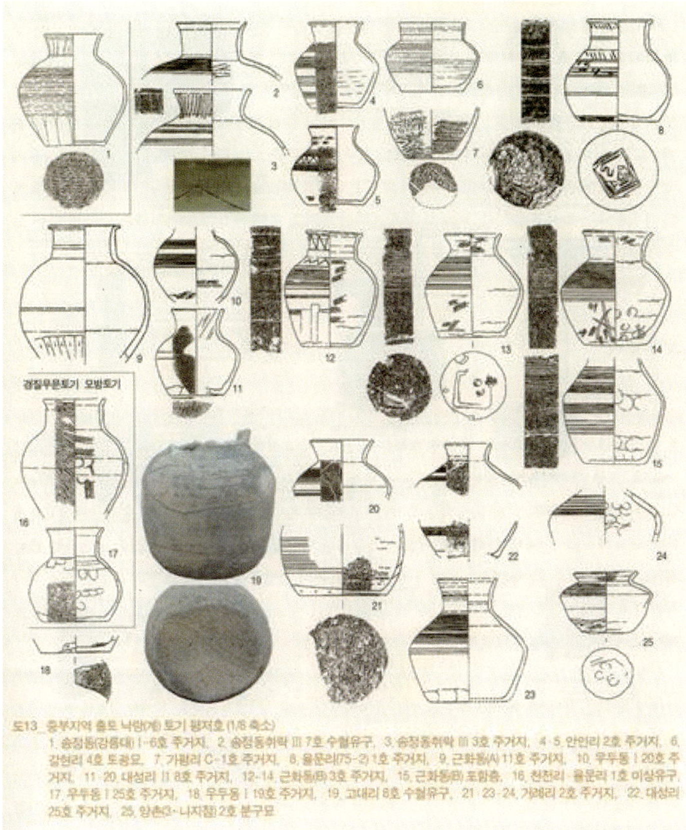

〈그림 1〉 한반도 중부지역 출토 낙랑(계)토기(홍주희, 2014에서)

고고학적 유구와 유물은 생성에서부터 수많은 고비를 넘긴 후 우연히 우리 앞에 나타나는 경우가 대부분이다. 백제유적에서 발견된 고고학적 증거를 통해 낙랑, 대방에서 제작되었거나 중국에서 제작된 후 경유한, 혹은 영향을 받은 물질문화에 착목할 경우 전체적인 빈도와 비중에 무관하게 그 비중은 과다 평가될 수 있다. 인종의 착시현상이 발생할 수 있다. 예를 들어 풍납토성에서는 낙랑계 토기가 몇 점 보이며 이를 통하여 백제 초기, 혹은 마한단계의 백제국伯濟國과 낙랑의 교섭이 논의되었다(권오영, 2004, 230-231쪽). 그러나 풍납토성에서 발견된 수 만점의 토기 편 중 낙랑계는[5] 불과 십여 점에 불과하고 연구자들이 미처 인식되지 못한 것을 모두 포함하여도 수십 점을 넘지 못할 것이다. 그렇다면 풍납토성 출토 토기 중 낙랑토기, 혹은 그 영향을 받은 낙랑계 토기의 존재는 극히 미미하며 이를 근거로 백제와 낙랑의 교섭의 활발함을 논하는 것은 과잉해석인 셈이다.

이런 점에서 백제의 물질문화에서 나타나는 낙랑, 대방(계) 요소의 존재 그 자체를 넘어서서 구체적인 양상에 대한 검토가 필요하다. 우선 낙랑산 토기와 낙랑계 기술로 현지에서 만들어진 토기의 변별이 필요한데 구체적인 자료에 접해서는 그 구분이 용이하지 않다(그림 1). 낙랑토성에서 발견되는 전형적 낙랑토기와는 다른 낙랑계 토기가 중부지역 취락에 반입되는 과정과 경로에 대한 이해가 필요하다.

지금까지 축적된 자료로 볼 때 몇 가지 경우의 수를 상정할 수 있다.

첫째 낙랑토기의 제작기술이 확산되면서 주변의 지역사회에서 각 취락단위, 혹은 소지역권 별로 낙랑계 토기가 제작되었을 가능성이다. 이 경우 영동과 영서에서 발견되는 낙랑계 토기의 강한 공통성에 대한 설명이 용이하지 않은 약점이 있다.

두 번째 가능성은 낙랑 중심(낙랑토성)과 소비지(중부지역의 취락들)를 연결하는 또 하나의 토기 생산지가 존재하였을 가능성이다. 아직 이와 관련된

5) 이후 이 글에서 낙랑계란 용어를 사용할 경우에는 대방을 제외한 낙랑에 국한된 좁은 의미, 대방을 포함한 넓은 의미 양자가 모두 있을 것이다.

유적은 발견되지 않았지만 가평 달전리 목곽묘를 축조한 집단,[6] 혹은 신분고국臣濆沽國처럼 경기 북부에 위치하면서 낙랑과 한韓사회의 교섭에서 중심적인 역할을 담당하던 집단을 상정할 수 있다.

마지막으로 낙랑토성에서 사용되던 토기와 다른 별도의 토기생산체계, 예컨대 대방계 토기의 존재 가능성이다. 이 추정은 그야말로 가능성에 불과하지만 3세기 이후 한반도 중부 이남지역과 일본열도에서 발견되는 이른바 낙랑계 토기는 실제로는 대방계 토기였을 가능성이 높다. 3세기 초, 공손씨 정권이 대방군을 설치한 후 한과 왜는 공식적으로 대방에 "속屬"하였기 때문이다.

낙랑토기의 제작기술 확산과 관련하여 해결해야 할 또 하나의 과제는 후한 이후 도기 및 자기와의 관련성이다. 백제토기의 신기종 출현에 중국 도자기 및 동기의 기종이 영향을 끼쳤음은 분명하지만 구체적인 양상에 대해서는 아직 불분명한 바가 많다. 현재까지의 연구성과로는 낙랑토기 제작기술이 한성양식 백제토기의 제작기술에 뚜렷한 영향을 끼쳤다고 보기는 어려우며 중국 도자기의 영향은 새로운 기종의 출현에 한정된 것처럼 보인다. 낙랑토기와 중국 도자기의 제작기술의 차이는 무엇이며 한성양식 토기의 제작기술과 직간접적으로 관련된 내용이 무엇인지도 상세히 규명하여야 할 것이다.

이러한 의문은 기와와 전돌의 경우도 마찬가지이다. 한성기에 해당되는 유적에서 기와가 발견되는 유적은 최근 급증하였으며 중앙과 지방을 망라하고 있다. 평기와의 경우는 제작기술을 기준으로 삼아 그 기원과 계보에 대한 연구가 진행되었는데 고구려와 낙랑이 유력한 후보로 거론되고 있다. 일단

---

6) 이 집단이 낙랑의 중심에서 이주해 온 집단인지, 낙랑 묘제의 영향을 받은 지역집단인지는 분명치 않다.

낙랑의 제와술이 백제의 그것과 유사함이 인정되지만 타날도구와 조정방법 등에서 차이점도 엄연히 존재한다(정치영, 2014, 366쪽). 와당의 경우 수면獸面(인면人面) 와당은 동오-동진시기 남경의 인면문와당과 대비되고, 연화문은 16국-북위의 와당과 대비되는 정도이다. 풍납토성에서 소량 발견된 전돌이나 석촌동, 원주 법천리 고분군에서 발견된 칠기에 대해서도 본격적인 검토는 미진한 편이다.

한성기 백제 횡혈식 석실묘의 계보에 대한 연구 역시 마찬가지이다. 지역적, 시간적 접근성을 고려할 때 낙랑의 전실묘(그림 2)가 백제의 횡혈식 석실묘와 관련되었을 가능성은 충분하다. 백제 석실묘의 천장이 대부분 궁륭상

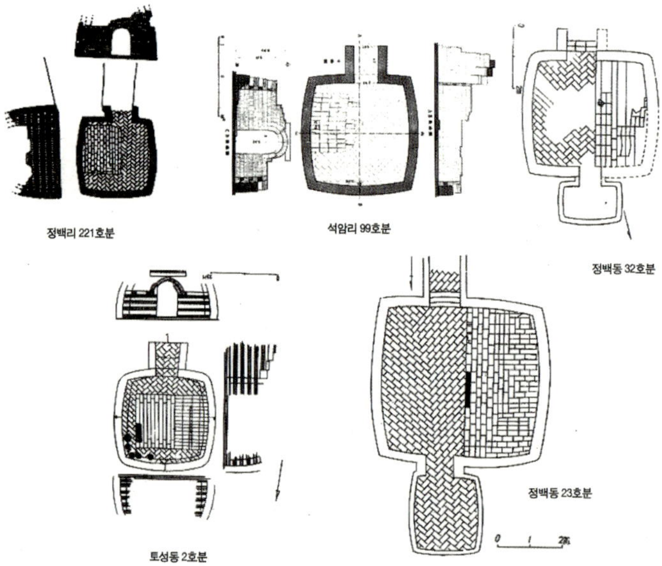

〈그림 2〉 낙랑지역의 전실묘(한수진, 2014에서)

이며 성남 판교고분군, 하남 감일동고분군(고려문화재연구원, 2016) 중 일부에서 평면형태가 배부른 모양을[7] 띠고 있는 것이 확인되는 점 역시 낙랑, 대방의 전실묘(홍보식, 2009)와 공통적이다.

재료가 전돌을 연상시키는 납작한 돌이란 점 역시 양자의 관련성을 짐작하게 한다. 자신들에게 친숙한 재료, 혹은 이와 유사한 재료를 사용하였을 분묘 축조공인의 습관을 고려할 때 초기 백제 석실묘의 축조집단이 전실묘 축조 집단이었을 가능성이 높다.

종전 일본 큐슈(九州)지역 초기 횡혈식석실묘의 기원지로 백제와 낙랑이 주목되다가 서울 가락동, 방이동고분군의 국적논의 결과 신라고분설이 유력해지면서 낙랑기원설이 득세하였다. 하지만 화성 마하리유적에서 보듯이 백제권역에서 이미 4세기 단계에 횡혈식석실묘가 등장하였음이 분명해지자

〈그림 3〉 군산 여방리고분 출토 모형 부뚜막

7) 일본어로 "도바리(胴張り)기법"이라 불리지만 한글로는 "배부름 기법" 정도로 사용하는 것이 적절해 보인다.

재론이 필요해졌다. 게다가 가락동, 방이동고분군에 백제, 고구려, 신라 고분이 혼재하였을 가능성, 선행 분묘의 재사용 현상 등이 주목되면서 양상은 더욱 복잡해졌다. 이런 점에서 낙랑, 대방의 전실묘, 한성기 백제의 횡혈식석실묘, 큐슈의 초기 횡혈식석실묘, 긴키(近畿)지역의 기내형석실畿內型石室을 대상으로 한 종합적인 검토가 필요한 단계이다.

횡혈식석실묘의 출현기 양상을 고구려와 비교하는 작업도 필요할 것이다. 고구려의 초기 석실묘와 백제의 그것이 갖고 있는 공통점과 차이점, 그리고 차이를 낳은 원인, 예컨대 주변 세력과의 교섭 등이 검토의 대상이 된다. 횡혈식석실묘 만이 아니라 중국 도자기 및 동기에서 유래한 신기종의 출현, 진식대구의 수용과 변용 등도 연구의 대상이다. 고구려와 백제는 중국 문화의 영향을 받아 토제 변기를 만들었지만 그 형태는 상이하다. 모형 부뚜막을 무덤에 부장하는 풍습 역시 중국 매장의례의 영향이지만 그 재질과 형태에서 차이가 있다. 고구려가 철제나 시유도기로 만들어지지만 백제는 토제(그림 3)이고 형태 역시 상이하다. 다리가 3개 달린 삼족기도 중국 도자기의 영향이지만 고구려는 창倉이라 불린 기종과 관련된 반면, 백제는 배杯, 연硯과 관련된 점이 다르다.

토기, 기와, 묘제는 연구자들이 가장 착목하기 쉬운 소재이지만 실은 이외에도 다양한 기술 분야가 있다. 화성 기안리유적에서 낙랑 기와와 형태적, 기술적으로 유사한 송풍관과 함께 제법 많은 양의 낙랑계 토기가 출토된 사실(김무중, 2004)은 백제국伯濟國(혹은 백제 중앙) 이남 지역에 낙랑계 제철기술이 전래된 양상을 잘 보여준다. 문제는 낙랑계 제철집단이 화성지역에 정착하게 된 배경이다. 유적의 연대는 3세기 중엽 경을 중심으로 하는데 환령지말桓靈之末 이후 남하한 집단이 이 지역에 정착한 것인지, 아니면 고이왕 13

년(246년)의 낙랑변민樂浪邊民 습취襲取 기사에서 보듯 백제국伯濟國, 혹은 백제 국가의 적극적인 공세의 결과인지가 문제가 된다.

금과 은의 채취와 제련, 금속공예, 건축 및 토목기술에 대한 관심도 필요하다. 고구려나 신라에 비해 은을 이용한 금속공예가 발전하였던 백제에서 은의 채굴과 제련이 어떻게 이루어졌는지가 문제이다. 은광석을 채굴한 후 회취법灰吹法으로 은과 불순물을 분리하는 방법이었을 것으로 추정되며 고구려에서도 은광산의 운영사실이 『한원翰苑』에 기록되어 있다. 문제는 백제의 기술이 고구려, 혹은 낙랑과 어떻게 연결되었는지 규명하는 것이다.

이와 관련하여 낙랑계 기술 관료의 원거리 이동과 활동, 기술 전래의 양상은 흥미 깊다. 대표적 인물인 왕경王景은 전한대前漢代에 산동山東지역에서 낙랑으로 이주한 왕중王仲의 후예로서 이 집안은 대대로 천문, 기술에 능하였

〈그림 4〉 지탑리토성 단면

다. 그가 후한으로 돌아간 후 안풍당安豊塘(현재의 안휘성安徽省 수현壽縣 작피芍陂)을 수리할 때 산초법散草法(부엽공법敷葉工法)이 발휘되었으며, 이 공법이 백제(풍납토성, 벽골제, 사비나성), 신라(함안 성산산성, 울산 약사동제방), 일본(사야마이케狭山池 제방, 키쿠지성鞠智城)으로 확산된 양상은 유명하다. 초기철기시대에 해당되는 보성 조성리, 야요이시대의 이키壹岐섬 하루노츠지原ノ辻유적, 오카야마岡山 죠도上東유적처럼 초보적인 부엽공법은 각지에서 자연발생적으로 출현할 수 있으나 초대형 토목구조물의 축조에 수반된 본격적인 부엽공법은 전문 기술자의 이주와 전래를 전제로 한다.

그렇다면 자연스럽게 발생하는 의문은 풍납토성의 부엽공법, 판축공법과 대비되는 낙랑, 대방의 토목구조물은 무엇인가 하는 점이다. 평양의 낙랑(토성리) 토성은 축조기술이 불분명하여 판축 여부조차 알 수 없다(정인성, 2014, 86쪽). 운성리토성, 소라리토성, 청산리토성, 어을동(성현리)토성, 지탑리토성 등이 비교대상이 될 수 있다. 어을동토성에서는 판축이 확인되지 않은 반면 지탑리토성(그림 4)은 판축과 유사한 성토방법, 토괴(점토블록)의 사용이 풍납토성과 유관하다.

문제는 이 토성들이 모두 낙랑군 설치 이후에 축성되었는지 그 이전, 즉 위만조선기에 축성된 것인지 분명치 않다는 것이다. 위만조선의 축성술, 낙랑 이후의 축성술의 차이는 현재의 자료와 정보로는 변별이 불가능하고 앞으로 장기 과제로 삼을 수밖에 없다.

한성기의 토성으로는 풍납토성, 몽촌토성, 그리고 화성의 길성리토성과 소근산성, 고양 멱절산토성 등이 조사되었다. 이 5개의 성은 축조기술이 모두 다른데 이러한 차이가 발생한 이유는 무엇일까? 발달된 부엽공법과 판축기법이 발휘된 풍납토성과 그렇지 못한 여타 토성의 기술적 성취도의 차이

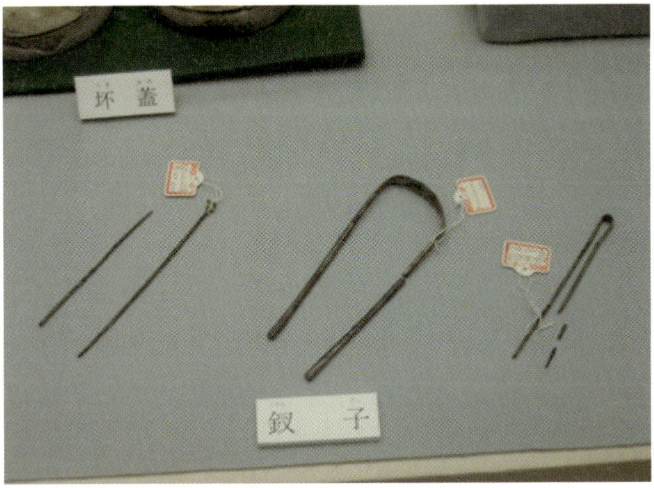

〈그림 5〉 일본 나라 사카노야마(坂ノ山)고분 출토 가랑비녀

는 낙랑계 기술의 학습 여부와 관련된 것일까?

일본 고분시대 중기, 긴키近畿지역의 횡혈식석실묘 중에는 현실 내부에 소형 미니어처 부뚜막과 취사용 토기를 부장하고[8] 가랑비녀(그림 5)를 착장한 피장자를 매장한 경우가 종종 확인된다. 이럴 경우 피장자는 한반도계 이주민, 특히 백제계일 가능성이 높다. 일본열도 곳곳에 백제계 이주민과 관련된 무덤은 많이 있지만, 미니어처 취사용 토기가 특히 주목되는 것은 이자나기노미코토伊奘諾尊와 이자나미노미코토伊奘冉尊의 이야기(『일본서기』 신대神代 상上 제오단第五段)에 반영된 내세관과 연결되기 때문이다. 남매이자 부부인 둘은 천지만물을 창조하였으나 그 과정에서 이자나미는 화상으로 사망하였다.

8) 부장품으로 소형 미니어처 부뚜막과 취사용기를 부장하는 무덤은 모두 횡혈식석실묘로서 시가(滋賀), 나라(奈良), 오사카(大阪)에 집중된다(坂靖, 2016, 66-70쪽).

이자나미를 못 잊어 지하 깊숙이 황천黃泉까지 간 이자나기에게 이자나미는 자신이 이미 황천의 음식을 먹고 쉬고 있으니 그 모습을 보여줄 수 없다고 하였지만 기어이 그 얼굴을 본 이자나기는 부패하여 벌레가 들끓는 이자나미의 얼굴에 놀라 도망치게 된다. 이 이야기는 긴 연도를 통하여 진입한 횡혈식 석실(황천으로 상징화됨), 추가장 과정에서 선행 매장한 유체가 부패한 과정을 목도한 경험 등을 토대로 만들어진 것이다. 황천의 음식을 사자死者가 먹는다는 내용과 관련하여 스에키須惠器 식기와 미니어처 부뚜막과 취사용 토기가 주목된다.

긴키지역에 횡혈식석실묘가 도입되면서 추가장, 황천사상에서 비롯된 식기와 취사기의 부장이 동시에 이루어진 양상이다. 이 과정에서 국적으로는 백제인이면서 그 유래가 중국, 혹은 낙랑이었을 이주민의 모습이 떠오른다. 백제계 이주민이면서 그들의 조상을 중국과 연결짓는 이주민의 존재를 보여주는『신찬성씨록』에 대한 새로운 해석이 가능해진다.

중국(낙랑)계 백제인에 의해 황천사상이 일본에 전래되었다면 백제에서는 언제부터 황천에 대한 인식과 이를 기초로 한 장묘제가 시작되었을까? 토기의 부장은 극히 미미하면서 가랑비녀를 비롯한 귀금속 장신구를 착장한 인물의 존재를 통해 중국계 이주민의 무덤일 가능성이 높은 성남의 판교 고분군, 그 전통이 웅진기까지 지어짐을 보여주는 공주 금학동고분군, 서천 추동리 고분군에 대한 새로운 시각이 필요하다.

충청지역에서 자주 보이는 합장묘의 경우도 그 형태가 낙랑의 합장목곽묘와 유사한 점이 이미 지적된 바 있다. 여기에서 그칠 것이 아니라 집단장, 단인장이 아닌 합장(부부?)이라는 새로운 장제가 도입된 배경, 지역적인 편차, 횡혈식석실묘 장제와의 비교 등이 앞으로의 관제가 될 것이다.

Ⅳ. 교역의 내용과 형식

낙랑(계) 물품은 삼한지역 곳곳에서 발견되며 이를 통한 교섭사 연구가 활발히 진행되었다(윤용구, 2004; 김무중, 2008; 김길식, 2008). 낙랑(계) 물품은 한반도를 넘어서 일본열도까지 미치고, 이를 통해 원거리 교섭에 대한 많은 연구성과가 발표되었다. 여기에서 특별히 언급하고 싶은 것은 교섭의 양상과 내용이 지역별로 다르다는 점, 그리고 이러한 차이가 발생한 원인에 대한 천착이 필요한 단계에 이르렀다는 사실이다.

중부지방의 경우, 연천 학곡리와 가평 달전리의 사례를 제외하면, 대부분의 낙랑(계) 물품은 취락에서 발견된 토기류이며 위세품은 매우 드물다(김무중, 2008, 301-302쪽). 반면 영남의 진변한 지역에서는 분묘 부장품이 압도적으로 많으며 그 종류는 위세품, 금속기류가 대부분이다. 토기는 사천 늑도 출토품이 유일한 사례일(김길식, 2008, 322쪽) 정도로 드물다.

진변한 분묘 출토 금속기 중에는 한경漢鏡(창원 다호리, 김해 내덕리, 양동 밀양 교동, 경주 조양동, 대구 평리동, 경산 신대동 등)과 방제경(대구 평리동, 경산 신대동, 함안 사내리, 김해 양동, 대성동, 부산 복천동 등)이 단연 주목된다(복천박물관, 2009). 중부지역에서는 파주 독서리에서 한경이, 하남 미사동에서 방제경이 발견되는 정도이다. 영남에서는 동정銅鼎(울산 하대, 김해 양동리)이 발견되기도 하며, 철복鐵鍑, 동복銅鍑과 같은 북방계 문물이 낙랑과 대방을 경유하여 유입된다(김길식, 2008, 372쪽).

반면 일본의 경우는 큐슈일대에서 낙랑(계) 토기의 출토례가 많이 알려져 있다. 하지만 대개 작은 편으로 확인되며 유구는 포함층이나 도랑 등이다(다케스에 준이치, 2014, 372쪽).

이렇듯 한반도 중부와 동남부, 일본열도에서 발견되는 낙랑(계) 물품은 종류, 출토맥락에서 큰 차이를 보인다. 이러한 차이는 교섭의 형태에서 기인할 수 있으며 재지사회의 발전수준이나 생활풍습, 장제 및 내세관이 달랐기 때문일 수도 있다. 주민의 직접적인 이주, 그 후에 전개되는 이차, 삼차의 간접적인 파급, 양식의 전래와 모방 등 여러 가지 변수를 고려할 수 있다. 이런 점에서 중국의 변군과 현지 세력의 성장과 대립에 대한 비교사적 시각(권오중,

〈그림 6〉 베트남 북부 출토 동진제 청자 계수호(좌: 하노이국립박물관) 및 짜 끼에우토성 출토 인면문 와당(우)

1992; 김병준, 1997; 김병준, 2006)이 절실히 요망된다.

여기에서 한 가지 제안하고 싶은 연구방법론은 베트남 자료의 적극적인 활용(권오영, 2014)이다. 한 무제가 위만조선을 침략하기 직전에 멸망시킨 남월南越은 소수의 한계漢系 이주민과 다수의 재지인으로 구성된 연합왕조라는 점에서 위만조선과 상통한다. 구군九郡의 설치와 지배는 낙랑을 비롯한 사군四郡과 비교되며, 군현지배의 외곽에서 성장한 고대왕조 임읍林邑(참파)은 백제와 비교된다.

실제로 베트남 북부에서는 계수호를 비롯한 육조 자기류(그림 6의 좌)와 전문도기가 종종 출토된다. 임읍의 왕성인 짜 끼에우성은 장방형의 토성으로서 풍납토성과 비교대상이 된다. 이 성 내부에서는 인면문 와당이 다량 출토되었는데(그림 6의 우), 남경의 동오-동진기 인면문 와당에 그 기원이 있다는 점에서도 풍납토성 출토 수면 와당과 동일하다.

중국계 주민의 정착과 현지인들과의 관계, 중앙에서 파견된 관리들의 활동에 대해서도 비교적 풍부한 자료가 남아 있어서 낙랑, 대방의 상황을 유추할 수 있다. 중국에서 이주한 후 현지에 정착하면서 동화된 경우, 혹은 다시 중국으로 돌아간 경우도 발견할 수 있다. 이들의 동향을 정리하면 중국, 백제, 왜를 무대로 활동하던 예씨禰氏 집단에 대한 진전된 이해를 얻을 수 있을 것이다.

마지막으로 한 가지 언급하고 싶은 것은 원거리교역의 대표적 사례인 유리구슬이다. 마한과 백제 분묘에는 유리구슬이 부장된 경우가 매우 많은데 대개 인도-태평양유리구슬(Indo -Pacific glass bead)에 해당된다. 진변한, 신라와 가야에 비해 색상이 다양하고 양도 많은 편이어서 마한과 백제가 유리구슬 유통과정에서 중요한 역할을 하였던 것으로 이해된다.

그런데 금(은)박 유리구슬과 무티사라, 그리고 유리는 아니지만 수정구슬이 한반도에서 확산되는 데에는 낙랑의 역할이 강조되고 있다. 하지만 그 실상은 반대일 가능성이 있다. 낙랑유적에서 발견되는 금(은)박 유리구슬과 무티사라에 비해 마한-백제 유적 발견품이 훨씬 많기 때문이다. 이 문제는 동남아시아에서 제작된 유리구슬이 한반도로 수입되는 경로, 바닷길, 항시港市의 형성 등 많은 연구 과제를 포함하고 있는데 낙랑과 백제의 관계에서 반드시 검토해야 할 대상이다.

참고문헌

김기섭, 1991, 「삼국사기 백제본기에 보이는 말갈과 낙랑의 위치에 대한 재검토」, 『청계사학』 8, 청계사학회.

권오중, 1992, 『낙랑군연구』, 일조각.

이종욱, 1993, 『고조선사연구』, 일조각.

김병준, 1997, 『중국고대 군현문화와 지역지배』, 일조각.

서영수, 1998, 「대외관계사에서 본 낙랑군」, 『사학지』 31, 단국사학회.

국립중앙박물관, 2001, 『낙랑』.

조법종, 2003, 「낙랑군의 성격문제」, 『한국고대사연구』 32, 한국고대사학회.

윤용구, 2004, 「삼한과 낙랑의 교섭」, 『한국고대사연구』 34, 한국고대사학회.

권오영, 2004, 「물자・기술・사상의 흐름을 통해 본 백제와 낙랑의 교섭」, 『한성기 백제의 물류시스템과 대외교섭』, 학연문화사.

김무중, 2004, 「화성 기안리 제철유적 출토 낙랑계토기에 대하여」, 『백제연구』 40, 충남대학교백제연구소.

정인성, 2004, 「낙랑토성의 활석혼입계 토기와 그 연대」, 『백제연구』 40, 충남대학교백제연구소.

정인성, 2004, 「낙랑토성의 토기」, 『한국고대사연구』 34, 한국고대사학회.

김병준, 2006, 「中國古代 簡牘資料를 통해 본 樂浪郡의 군현지배」, 『역사학보』 189, 역사학회.

김무중, 2008, 「마한지역 낙랑계 유물의 전개양상」, 『낙랑 문화 연구』, 동북아역사재단.

김길식, 2008, 「진・변한지역 낙랑문물의 유입양상과 그 배경」, 『낙랑 문화 연구』, 동북아역사재단.

문안식, 2008, 「삼국사기 초기기록에 보이는 낙랑의 실체에 대하여」, 『전통문화연구』 6, 한

국전통문화대학교
복천박물관, 2009, 『신의 거울 銅鏡』.
홍보식, 2009, 「전실묘에서 석실묘로의 이행」, 『횡혈식석실분의 수용과 고구려 사회의 변화』, 동북아역사재단.
윤용구, 2010, 「낙랑·대방지역 신발견 문자자료와 연구동향」, 『한국고대사연구』 57, 한국고대사학회.
권오중 외, 2011, 『낙랑군 호구부 연구』, 동북아역사재단.
권오중, 2011, 「요동 공손씨정권의 대방군 설치와 그 의미」, 『대구사학』 105, 대구사학회.
한수진, 2014, 「낙랑군의 분묘」, 『낙랑고고학개론』, 중앙문화재연구원 엮음.
정인성, 2014, 「한반도 서북한지역의 토성」, 『낙랑고고학개론』, 중앙문화재연구원 엮음.
홍주희, 2014, 「중부지역 낙랑(계) 토기」, 『낙랑고고학개론』, 중앙문화재연구원 엮음.
정치영, 2014, 「백제 한성기 와전문화와 낙랑」, 『낙랑고고학개론』, 중앙문화재연구원 엮음.
다케스에 준이치, 2014, 「야요이문화의 전개와 낙랑군」, 『낙랑고고학개론』, 중앙문화재연구원 엮음.
권오영, 2014, 「한국 고대사 연구를 위한 베트남 자료의 활용」, 『한국 고대사 연구의 시각과 방법』, 노태돈교수 정년기념논총1, 사계절.
坂靖, 2016, 「儀禮」, 『계간 고고학 -古墳時代·渡來人の考古學』137, 雄山閣.
고려문화재연구원, 2016, 「하남 감일 공공주택지구 내 문화재 발굴(시굴)조사 학술자문회의 1-②③④지점, 2-④지점」.

주제발표 1

낙랑 역사의 전개와 백제

권 오 중 영남대학교

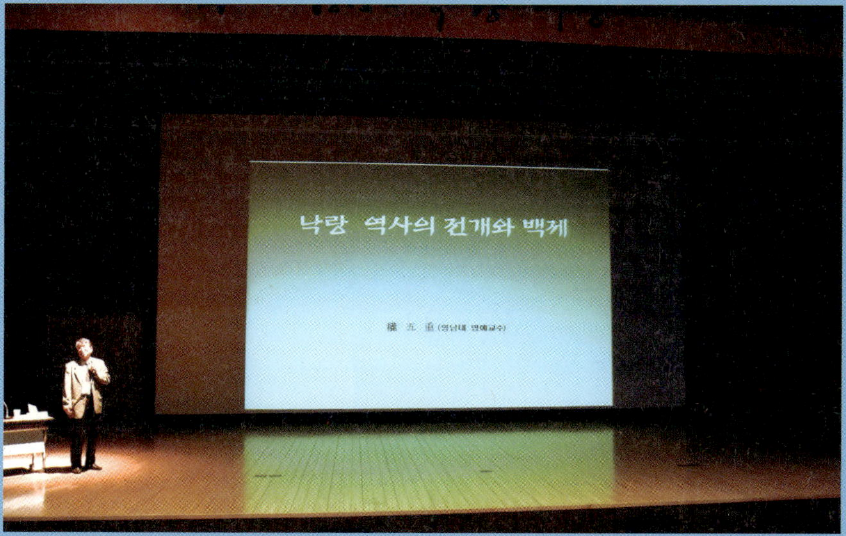

Ⅰ. 머리말

동이지역의 내속內屬 업무를 위해 한 무제가 설치한 낙랑군은 4백년이 넘는 기간을 존속하였다. 이 기간 동안 낙랑군의 모습이 한결같았던 것은 아니다. 군현으로서 강한 면모를 지닌 시기가 있었는가하면, 약화된 상태에서 주변 다른 기관의 지원에 의존하여 명맥을 유지한 시기도 있었다. 또한 어느 경우엔 고립무원의 상태에서 현지 주민의 활동이나 주민집단의 속성에 편승하여 낙랑이란 이름만을 간신히 유지한 시기도 있었다.

시기에 따른 낙랑군의 변화된 모습은 주변지역과의 관계에서도 여실히 반영되었을 것이다. 삼국 가운데 낙랑의 주변세력으로서 가장 가까운 상대는 단연 백제를 꼽아야 할 것이다. 『삼국사기』의 본주本注에서 백제의 출발이 '대방의 옛 터帶方故地'였다고 한 것이나, 백제와 낙랑은 남북으로 상접한 위치라고 한 온조본기溫祖本紀의 기록은 이러한 관계를 반영한다고 하겠다. 백제가 초기 단계에 영토를 확장하면서 그 방향을 북으로 잡지 못하고 남쪽과 동쪽 방면으로만 치우쳐야 했던 것은 그 대표적 예라고 할 만하다.

두 세력의 관계를 검토하기 위해 필자는 앞서 수행하였던 낙랑역사에 관한 연구 결과를 활용하려고 한다. 시대에 따른 낙랑군의 부침을 주목한 필자는 시기별로 낙랑 역사의 특징을 세분하여 낙랑사 시대구분을 시도한 바 있었다.[1] 그 결과 낙랑군을 설치하게 된 배경부터 멸망에 이르기까지 모두 여섯 시기로 구분하였었다. 이와 같은 구분의 결과를 기준삼아 이 기간 중 백제에서 벌어진 일을 관계라는 측면에서 살펴보도록 하겠다. 필자가 구분한 '여섯 시기'조차도 반론의 여지가 있을 터인데, 하물며 낙랑사의 구분 방식을 기준삼아 양자의 관계를 설명한다는 것은 무리일 수 있다. 그렇지만 두 세력의 관계를 다룰 자료가 부족한 현실에서 이러한 비교 검토는 가설로서의 의미 정도는 지닐 수 있지 않을까 생각한다. 다음에서는 낙랑사에서 확인된 시기별 특성에 견주어 백제사와의 관련성 있는 문제를 검토하도록 하겠다.

1) 권오중, 2009, 「'樂浪史' 時代區分 試論」, 『韓國古代史研究』 53, 127-157쪽.

Ⅱ. 낙랑군 설치와 주민의 이동
— 한무제(漢武帝)를 전후한 시기

약 기원전140년대~前 80년대의 기간, 백제 건국의 배경이 되는 시기

『삼국사기』에 기록된 시간대로라면 백제의 건국은 낙랑군이 설치된 시기보다 90년이나 뒤늦다. 이 정도의 시간 차이라면 서로의 상관관계를 말하기 어려울 듯하지만, 고조선의 멸망이나 이로 인해 등장한 낙랑군은 백제의 건국 과정에도 적지 않은 영향을 미친 것으로 볼 수 있다.

고조선이 한 무제의 공격을 받기 이전의 상황을 추적해보자면 조선에 의한 일원화된 국가의 출현이 불가능한 상황만은 아니었다. 남쪽의 진번과 동쪽의 임둔 그리고 북의 예맥집단도 조선에 복속된 상태로서, 조선은 당시 한 조정의 관료들로부터 "사방 수천 리四方數千里"로 평가될 만큼의 영역을 확보하고 있었다. 이런 점에서 조선의 멸망은 "사방 수천 리四方數千里"의 붕괴이자 '일원화'된 왕조의 출현이 좌절된 사건이라고 할 수 있다.

고조선 왕조를 무너트린 한漢 조정이 가장 먼저 취한 조치는 그 영역을 여러 조각으로 나누는 일이었다. 조선이 이루었던 '수천 리 영역'이 네 개의 군과 그 밑의 여러 현으로 쪼개어졌다. 그 결과 '동이'지역은 수많은 작은 나라들이 난립하는 소국小國의 시대를 맞이하였다. 작은 소국들은 군 안에도 있고 군 밖에도 있었다. 후일 한반도와 만주일대를 삼분한 백제 · 고구려 · 신라도 애초엔 이들 소국 출신에 다름 아니었다. 기록에 의하면 고구려는 한 군현 안의 소국이었다가 이탈하여 성장한 것으로 보이며, 백제와 신라는 마한 · 진한의 소국으로서 군에 포함된 적은 없었다. 이렇게 본다면 삼국 모두는 일원화를 향하던 조선이 붕괴함으로써 영역국가로의 성장이 가능했다고 할 수 있다.

국가의 출현도 그렇지만 삼국을 일으킨 주체들도 고조선의 멸망과 일정한 인과관계를 맺고 있었다고 보아야 할 것이다. 예나 지금이나 국가의 변란이나 붕괴는 인구의 이동 현상으로 연결되게 마련이다. 한漢과의 전쟁이나 조선의 멸망 과정을 통해 많은 피난민과 망명인이 발생했음은 주지의 사실이다. 기록을 보자면 인구의 이동 현상은 조선과 한이 치열한 전투를 전개하던 기원전 109년과 108년에 한정된 것이 아님을 알 수 있다. 군과 현이 개설된 초기의 낙랑사회는 점령군을 앞세운 강압적이고 무단적 지배가 횡행하는 시기였을 것이다. 이러한 공포 속에서도 낙랑의 원주민들은 간혹 중국 군현의 통치에 맞서 저항의 움직임을 보이기도 하였다.[2] 이 같은 정세 역시 주민의 피난이나 망명과 같은 인구의 이동이 파상적으로 진행되었음을 짐작하게 한다.

조선지역에서의 인구 이동과 관련하여 『삼국사기』에 기록된 국조國祖설화는 이러한 이동 현상과 연관이 있음을 전하고 있다. 고구려의 동명왕이나 백

---

2) 『漢書』 권17, 景帝~成帝 功臣年表(659-661쪽)에 의하면 元封 6년(기원전 105)과 天漢 2년(기원전 99) 조선지역에서 반란이 발생하였거나 이를 위한 기도가 있었음을 알 수 있다. 여기서 인용한 중국정사는 中華書局 印行本으로서 이하 동일함.

제의 온조왕 모두 망명이나 이주의 과정을 거쳐 왕위에 오른 것으로 기술되어 있다. 신라 혁거세왕의 경우가 예외인 듯 보이나 정작 신라 왕을 추대한 6촌의 뿌리가 '조선의 유민朝鮮遺民'이었다는 사실이 주목된다. 네 번째 왕 석탈해의 뿌리가 조선에 있다고 보긴 어려우나 그 역시 유이민流移民 출신임은 분명하다. 세 나라의 건국설화 모두에서 확인할 수 있는 이민 현상을 조선 그리고 낙랑지역에서 직접 발원한 것으로 보기는 어렵다. 그렇지만 조선의 멸망이라는 엄청난 사건이 만든 영향과 여파일 것으로 풀이하는 데에는 무리가 없을 듯하다. 이처럼 초기의 백제는 국가의 출발이나 지배자의 출현 등 여러 면에서 고조선 멸망과 낙랑군 설치라는 사건과 연관이 있었다. 조선이 멸망하고 낙랑군을 설치한 일이 그 남쪽에선 백제라는 소국의 출현을 가능하게 하였던 것이다.

낙랑군의 설치와 관련하여 백제와 관련이 깊었을 것으로 생각되는 기구는 낙랑군 남부도위이다. 남부도위의 전신은 진번군으로서, 기원전 82년 진번군을 폐지하고 소속 현屬縣을 낙랑군에 병합하면서 이 현들을 묶어 낙랑군 남부도위로 구획하였다. 부도위에서 군으로 또는 군에서 부도위로 기구를 변환시킨 예는 서남이 지역의 경우 더욱 분명한 사례를 볼 수 있는데, 진번군을 낙랑 남부도위로 전환시킨 예는 이와 흡사하다고 하겠다[3]. 부도위는 군체제 안에서 작은 군으로서의 행정기능을 수행하였는데, 한 조정이 부도위

3) 낙랑군 동부도위도 임둔군의 폐지에 따른 일종의 후속조치로 개설되었다는 점에서 남부도위와 동일하다. 필자가 검토한 바에 의하면 요동군의 동부도위 역시 창해군 폐지에 따른 후속조치로 개설되었다. 이점에서 위에서 주목한 세 지역의 부도위는 군의 폐지에 따라 군의 유민을 수습하려는 일종의 경과조치와도 같은 성격을 지닌다고 할 수 있다.

란 기구를 설치해야 했던 이유[4]는 한화되지 못한 원주민(東夷) 때문이었다.[5]

「낙랑군초원4년호구부樂浪郡初元四年戶口簿」에 의하면 남부도위에는 대방현을 포함 모두 일곱 현이 있었다.[6] 이들 현의 호구수는 대방현(4,346호/28,941명)을 제외하곤 모두 열약한 수준이다. 특히 제해현提奚縣(173호/1,303구)의 경우는 2백 호에도 못 미치는 규모였다. 이 같은 불균형 현상에 대해선 군현 설치 이전부터 유지되어 온 읍락의 사회기반이 용인된 때문으로 보는 견해가 일반적이다.[7] 그렇더라도 이 규모를 낙랑군 설치 초기의 상황으로 받아들이긴 어렵다.[8] 이탈의 가능성을 생각할 수 있겠는데, 이 경우 고려할 것은 읍락 수

---

4) 漢代 변경지역에 개설된 부도위 모두를 동일한 기능을 수행한 기구로 보긴 어렵다. 요동·낙랑군처럼 복수의 현을 거느리고 행정 업무를 수행하던 부도위는 幽州나 益州 지역에서 산견되는 반면 并州나 涼州처럼 전쟁이 빈번한 전선지대의 부도위는 군의 경계와 전투를 담당하는 武將의 성격이 강하였다(권오중, 2004, 「漢代 邊郡의 部都尉」, 『東洋史學研究』 88).

5) 부도위의 성격 문제와 관련하여 필자의 견해와 상반된 일련의 연구가 있어왔다(김병준, 2013, 「秦漢帝國의 이민족 지배 — 部都尉 및 屬國都尉에 대한 재검토」, 『역사학보』 217 등). 여기에 대응하는 행동을 취하는 것이 예의일 것이라는 생각이 들기도 하지만, 현재까지는 굳이 그렇게 해야 할 필요를 느끼지 못하고 있다. 재론하거니와 부도위란 기구가 지역에 따라 균일하지 않다는 점 / 부도위에서 군으로 또는 군에서 부도위로의 전환이 의미하는 부도위의 성격 / 군에 따라 도위와 부도위가 병존하는 현상 / 부도위란 기구의 설치 또는 재건이 본기에서까지 주목되는 현상 등은 부도위의 성격과 관련하여 여전히 주목해야 할 소재일 것이다.

6) 손영종, 2006, 『조선단대사』 고구려사1, 과학백과사전출판사, 120-121쪽.

7) 윤용구, 2009, 「平壤出土 '樂浪郡初元四年縣別戶口簿' 研究」, 『목간과 문자』 3호, 291-292쪽.

8) 권오중, 2010, 「낙랑군 연구의 현황과 과제」, 『낙랑군 호구부 연구』, 동북아역사재단, 53쪽. 秦代 洞庭郡 遷陵縣의 행정문서라고 할 '里耶秦簡'에 의하면 진 제국은 인구 2백호에 불과한 천능현에 백 명이 넘는 현리(吏員)를 파견하였다. '공무원 과잉'이라고 할 만한 낭비적 현상에 대해 이성규, 2014, 「秦 帝國 縣의 조직과 기능—遷陵縣 古城遺址 里耶秦簡의 분석을 중심으로—」, 『학술원논문집(인문·사회과학) 53집 1호』에서는 蠻夷의 세계 안에 제국의 영토를 확보하기 위한 투자의 의미로 풀이하였다. 인구가 희소한 현이었지만 '중국'을 확대시킬 수 있는 작은 거점으로 기능하였다는 것이다. 이러한 천능현의 예는 漢代의 군현을 이해하는 데에

장首長(거수渠帥)의 존재이다. 이탈이 이루어졌다면 그것은 수장의 영도 아래 집단의 형태로 이루어졌을 것이다. 낙랑 변민의 이탈이 이루어졌을 경우 행선지의 1차 대상은 백제 방면이었을 것이다. 비록 후대의 기록이긴 하더라도 백제가 낙랑의 변민을 습취襲取하였다거나[9] 낙랑주민 다수가 남쪽의 한인사회로 유입된 예[10] 등이 인구의 희소 현상과 관련하여 참고가 될 수 있겠다. 남부도위 가운데 제해를 비롯하여 인구 규모가 적은 해명海冥(338호) 함자含資(343호) 등의 현은 그 위치가 백제나 남부 한인사회와 경계를 이루는 지대에 자리하고 있었을 것으로 추정할 수 있다.[11]

도 중요한 참고가 될 것이나 모든 蠻夷의 邊郡과 邊縣에 동일하게 적용시킬 수는 없다고 본다. 천능현은 낙랑 남부도위의 제해·해명·함자현이나 동부도위 동이현과 유사한 예로 비교하기 어려운 특성을 지니고 있다. 우선 천능현을 비롯한 동정군의 속현과 인구 수는 후대로 갈수록 확장일로를 걷지만 낙랑군의 경우는 반대 현상을 보였다. 또한 동정(무능)군은 후대로 가면서 '중국'의 일부로서 위상을 높여갔지만 낙랑의 경우는 그와는 반대이다. 그리고 천능현은 만이의 고장이라고 하더라도 전국시대엔 楚의 영향 아래 있었으며, 진 제국 수립 이후 楚人들이 지녔던 秦을 향한 감정 등도 이 문제와 관련하여 고려해야 하지 않을까 생각한다.

9) 『삼국사기』 권24 古爾王 13년 條.

10) 『삼국지』 권30 동이전 韓條, 851쪽.

11) 西晉시대에 이르도록 적은 인구의 제해·해명·함자현이 유지된 것을 보면 이들 지역은 남부 한주민사회와 교류하는 데 주요한 거점으로 작용한 것이 아니었을까 생각한다.

Ⅲ. 민간 역할 확대 시기

— 소제기(昭帝期)~광무제(光武帝) 초기

약 기원전 80년대에서 기원후 30년에 이르는 기간, 백제 온조왕대(溫祚王代)에 해당

한강 하류 유역을 근간으로 백제국이 태동하던 기원전 1세기 후반에서 기원후 1세기 초에 이르는 시기는 낙랑의 전성기라고 할 수 있다. 낙랑의 전성기는 군현지배가 그만큼 안정 궤도에 올랐기 때문이기도 하겠지만 이를 이해하기 위해선 낙랑의 속사정을 들여다볼 필요가 있다. 이 시기 한漢 조정의 대외정책은 무제기(기원전 141-87)를 통해 벌여온 정복사업을 정리하고 축소하는 분위기였다. 대외사업이 축소된 것은 재정의 어려움 때문으로서 무제 자신도 말년 무렵엔 '윤대輪臺의 조詔(기원전 89)'를 공포하고 이후 변방으로의 출병을 중단하였다. 이 흐름을 이어 소제昭帝 선제宣帝 등 후대의 황제들은 변경지역 이민족 공간에 설치한 군의 수를 줄이고 기구를 축소하였다. 조선지역에서도 진번·임둔군이 폐지(기원전 82)되고 현도군이 요동 인근으로 이전한 것(기원전 75)은 이러한 분위기의 소산이라고 볼 수 있다.

변군의 폐지와 축소라는 중원中原 정부의 방침과는 별개로 낙랑군에선 민간의 활동이 괄목할 정도로 활발하였다. 필자는 앞의 논문에서 이 시기를 민간의 역할이 확대된 시대로 명명한 바 있다. 기원전 1세기말에서 기원후 1세기 초에 이르는 시기의 중국은 왕조가 교체되는 혼란한 국면이었다. 전한前漢-신新-경시更始-후한後漢으로 이어지는 혼란기로서 '녹림綠林'과 '적미赤眉'로 알려진 농민 봉기도 일어났다. 왕망(新)의 지황地皇년간(기원후 20-23)은 혼란의 정점에 있던 시기로서 농민 봉기가 확산되던 시점이었다. 낙랑 등 변군을 관할해야 할 중원 지역이 혼란의 와중이었음에 반해 낙랑사회는 전혀 다른 세상을 누리고 있었다.

왕망 말기 낙랑사회의 모습은 진한辰韓의 부추장副酋長(우거수右渠帥)이었던 염사치의 귀순 과정을 통해서도 확인할 수 있다. 남쪽 원주민사회의 지도자 지위에 있던 인물이 귀순했다는 사실만으로도 짐작할 수 있겠지만, 염사치는 "낙랑 땅은 좋고 인민은 풍요롭고 안락하다(樂浪土地美 人民饒樂)"[12]는 믿음을 갖고 낙랑에 귀순하였다. 그가 낙랑군의 수도(조선현)에 도착하는 과정이라든가 진한에 억류돼 있던 한인漢人 노역자들을 구원하기 위해 안내자로 나서는 일화를 통해 엿볼 수 있는 낙랑의 위상은 정비된 군현체제를 갖추고 있어 남쪽 원주민사회에겐 위압적 모습이었다. 기원후 1세기 초의 낙랑군이 전성시대를 구가하였음은 고고학의 차원에서도 입증되고 있다. 이 시기 분묘의 부장품은 유물의 종류나 수량 그리고 품질 면에서도 최고의 수준으로 평가받고 있다.[13] 분묘의 유구와 유물에서 낙랑을 대표하고 있는 석암리9호분은 바로 이 시기 1세기 초의 작품이다.

---

12) 『삼국지』 권30 동이전 韓條, 851쪽에서 인용한 「魏略」.

13) 高久健二(1995), 『樂浪古墳文化 硏究』, 학연문화사, 78쪽. 여기선 낙랑 분묘를 다섯 시기로 구분하면서 기원후 1세기 초반을 Ⅲ기로 분류하였다

기원후 25년에 발생하여 30년에 끝이 난 낙랑인 '왕조王調의 정변'도 당시 낙랑이 지니고 있던 에너지를 상징적으로 보여준다고 할 수 있다. 25년이란 시점의 중국은 왕조교체기로서 여러 세력들이 천자의 자리를 놓고 쟁패를 벌이던 시기였다. 후한을 세운 광무제光武帝 유수劉秀가 경쟁의 대열에 본격적으로 뛰어든 것도 바로 이 무렵이었다. 그러나 현재의 산동 · 하남 · 강소성 지역은 유수가 아닌 다른 인물을 추종하고 있었다. "동방東方"으로 불린 위의 지역에서는 종실 가운데서도 명가라고 할 양왕梁王 유영劉永을 새로운 시대의 황제로 기대하고 있었다. 동쪽 끝에 위치한 낙랑군 역시 이러한 흐름을 따랐던 것으로 보인다. 결국 25년의 낙랑은 동방의 일원一員을 자처한 것으로 보이는데 이러한 선택을 위한 정변이 '왕조의 난'이었다.

정변을 일으킨 왕조가 살해한 낙랑 군수 유헌劉憲은 아마도 왕망(신新) 정권의 발령을 받은 관원이었을 것이다. 왕망의 시대는 끝이 난 상태였고, 변화의 시대와 선택의 시점에서 유헌은 좌고우면하는 용렬함을 보였던 것은 아닐지 추리해 본다. 왕조는 이에 대한 불만으로 유헌을 제거하였고 그 자신이 태수 직에 올랐다. 낙랑태수와 아울러 왕조가 자칭한 "대장군"이란 직함은 당시 중국 각지에서 봉기한 반군의 리더들이 일반적으로 사용하기를 즐겨하던 호칭이었다. 왕조의 정변이 비록 5년 동안의 지방정권으로 그쳤지만 이 사건은 당시 낙랑이 보유한 에너지가 어느 정도였는지를 짐작하게 한다. 왕조의 정변은 낙랑이라는 작은 찻잔 안에서만 일었던 소용돌이가 아니라 중국대륙 동부지역(東方)과도 연계된 큰 사건이었다. 기원후 30년이라고 하면 광무제 유수가 중원의 패권을 다투던 경쟁자의 틈새에서 경황이 없던 시기이다[14]. 그야말로 바깥일에 신경 쓸 겨를이 없는 "미황외사未遑外事"의 상황이었는데도 낙랑에 군대를 파견하였음을 보면 당시 왕조의 정변이 지니고 있는 의미가 어느 정도이었는지 가늠할 수 있다.[15]

1세기 초 낙랑이 지닌 활력은 중원 정부의 상태와 비교할 때 상반된 모습이었음이 분명하다. 당시 중국 조정의 혼란한 상황을 고려한다면 낙랑이 활력을 보인 원인을 관변이 아닌 민간 차원에서 찾아야 할 것이다. 민간에서 찾는다고 했을 경우 주요 내용은 민간의 교류와 교역일 것이다. 교류의 대상지역으로서 가장 중시해야 할 곳은 한반도와 얼굴을 마주대하 듯하고 있는 산동지역일 것이다. 1세기로 들어오면서 산동지역에선 많은 반란이 발생하였다. 여모呂母(17년 해곡海曲) 번숭樊崇(18년 거현莒縣) 서선徐宣(18년 동해東海 임기臨沂)의 봉기 등 조정을 뒤흔든 반란이 연이어 산동과 그 인근지역을 중심으로 전개되었다. 산동지역의 농민 반란은 중원의 위정자들만이 아니라 지역의 유산층에 대한 공격도 병행하였는데, 이러한 사태로 인해 산동의 유

---

14) 광무제가 낙랑에 군대를 보낸 30년보다 15년 늦은 45년 겨울 西域의 鄯善·車師國 등 16나라의 왕들은 자신의 아들을 인질로 보내면서 都護府의 재건을 요청하였다. 이를 거절하면서 광무제가 내린 답변은 "中國初定 未遑外事"라는 내용이었다(『後漢書』 권1下 光武帝紀, 73쪽).

15) 왕조의 정변에 대해선 권오중, 2007, 「樂浪 王調政權 成立의 國際的 環境」, 『歷史學報』 196 참조.
광무제의 梁王 劉永에 대한 공격은 집요하게 이루어졌다. 27년 유영이 사망한 이후에도 29년 東萊太守 張步, 東海太守 董憲 등 '東方'의 구성원에 대한 공격을 진행하였다. 이런 점에서 30년의 낙랑 공격은 '동방'을 소탕하는 데 종지부를 찍는 사건이라고 볼 수 있다. 유영 및 그 집단을 향한 광무제의 공격이 집요하였음을 보면 유영은 유수가 경쟁했던 상대 가운데 최대의 라이발로 생각된다. 종실로서 유영이 지닌 가계 배경이나 동방의 주민들이 갖고 있던 신망이라는 섬에서도 그렇다.

지들은 자구책을 마련하여 방어에 나서거나 피난길에 올랐다.

중국 전역이 반란과 전란으로 신음하던 상황에서 낙랑은 좋은 피난처였을 것이다. 특히 산동의 주민들에게 낙랑은 멀고도 낯 선 이국땅만은 아니었다. 낙랑지역엔 군 설치 이전부터 상당수의 산동인(제인齊人)들이 와서 정착하거나 왕래하고 있었던 때문이다. 선박을 이용하여 낙랑으로 도피한 난민의 대개는 유산층이었을 것으로 짐작된다. 난민의 규모라든가[16] 이들이 휴대한 물자는 낙랑의 부로 연결되기에 손색이 없었을 것이다. 한편 낙랑에는 '내군內郡'으로 표현되는 중원지역에서 상인들도 왕래하였다. 이들 중국 상인 때문에 낙랑사회의 풍속이 각박해질 정도였다고 한 것을 보면 왕래한 상인의 규모가 어느 정도였는지를 짐작할 수 있다. 이들이 주로 거래하였을 품목이 궁금한데, 후한 허신許愼의 『설문해자說文解字』에 의하면 어류가 주요한 품목의 하나이었음을 짐작할 수 있다.[17] 상인의 왕래나 어류의 공급이 이 시기에만 이루어진 것은 아니겠지만 '낙랑樂浪의 부富'와 관련하여 눈여겨 볼 부분이 아닐까 한다.

이 시기는 낙랑과 백제의 관계가 개시된 시기로서 관계의 제1단계라고 할 수 있다. 건국 초기 온조왕 시절의 백제는 낙랑에 대해 상당한 경계심을 갖

16) 낙랑군 설치 이전인 秦漢교체기에 燕과 齊 지역에서 조선으로 피난 온 인구 규모가 '數萬'으로 표현될 정도이었음을 상기한다면, 군 설치 이후인 이 시기엔 이 규모를 상회할 정도의 난민이 내도하였을 가능성을 상정 할 수 있겠다.

17) 『說文解字』(段玉裁注) 11篇下의 魚部를 보면 모두 105개의 문자가 기재되어 있다. 이 가운데 낙랑을 통해 중국에 알려진 문자는 모두 10개(樂浪番國5, 樂浪東1 薉邪頭國3, 貉國1)로서 어류의 공급에서 낙랑지역이 차지하는 비중이 매우 높았음을 알 수 있다. 어류 외에도 낙랑을 통해 공급되는 班魚皮, 豹皮, 貂皮 등 짐승의 가죽도 중요 품목의 하나였을 것이다.

고 있었다. 낙랑의 침입을 미연에 방지하기 위해 낙랑으로 통하는 길목에 성城이나 책柵같은 방어시설을 축조하였는가 하면, 낙랑에 대한 두려움 때문에 천도를 논의할 정도였다. 이러한 현상은 당시의 낙랑이 전성시대를 구가한 때문이기도 하겠지만 한편으론 백제의 국력이나 영역이 아직은 영세한 소국 상태를 면하지 못하였음을 반영한다. 당시 백제의 세력 확산을 나타내는 남북 2부部나 동서 2부部의 개설도 지방 편제의 확대만이 아니라 낙랑이나 말갈과 같은 외부세력에 대한 방어와 안보의 목적을 병행하여 추진된 모습이다.

백제가 낙랑을 두려워한 것은 낙랑 자체도 그렇지만 여기에는 말갈이란 낙랑 추종세력이 가세하고 있었기 때문이다. 『삼국사기』에서 말갈 관련 기사는 세 나라 가운데 백제의 경우가 가장 많은 편이다. 그 내용은 주로 말갈이 백제를 침공했다거나 백제가 이를 반격했다는 기록으로 채워져 있다. 온조왕 조에는 말갈의 침입 관련 기사만 8회 보이는데, 여기엔 "낙랑이 말갈을 사주하여" 백제의 성책을 공격했다는 내용도 포함돼 있다.[18]

말갈의 정체와 관련하여 학계에선 대체로 영동의 예맥, 즉 동예東濊로 이해하고 있지만 필자가 보기에 이것은 정확한 설명이 될 수 없다. 만약 말갈을 동예로 판단하여 『삼국사기』의 초기 말갈 기사를 근거 삼아 지도를 작성한다면 말갈이 차지하는 면적은 백제나 신라는 물론 고구려조차 능가하는 넓이여야 할 것이다. 기록만을 통해 연상해 볼 수 있는 말갈의 범위는 실로 광범하다. 말갈을 하나의 개체로 본다면 그것은 고구려 백제 신라 그리고 낙랑에 접해 있는 방대한 면적이다. 말갈을 하나의 개체, 즉 동예로 인식하는 현재적 흐름

---

18) 『삼국사기』 권23 온조왕 11년 4월조.

은 현대인에게 익숙한 면面으로서의 인식을 상고의 시기로까지 소급 적용시킨 결과가 아닐까 한다. 말갈의 정체를 제대로 파악하기 위해선 현대와 고대의 차이를 고려해야만 할 것이다. 낙랑과 말갈이 등장하던 고대는 현재와 같이 면面으로 충만한 세상이 아니라 점點의 형태로 산포돼 있던 시기였다는 점을 헤아린다면 고대사에 대한 이해에 보다 근접할 수 있으리라 믿는다.[19]

『삼국사기』에서 기록한 말갈의 의미는 동예라고 하는 하나의 대상을 지칭하는 용어가 아니라, 점點으로 산재해 있던 여러 대상[소국小國(부락)]을 부르던 명칭이었다고 생각한다. '말갈'로 불린 대상은 다수의 존재일 것이며, 그런 만큼 시간과 공간에 따른 말갈은 그 주체가 일정하지도 않았을 것이다. 이러한 말갈의 개념을 형상화한다면 〈그림 1〉과 같을 것으로 생각한다.

〈그림 1〉에 의하면 『삼국사기』에 기록된 말갈의 정체는 일정하지 않다. 이에 의해 온조왕 시기의 백제와 말갈의 관계를 보자면, 백제는 고정된 하나의 말갈에 의해 공격을 받았다고 보기 어렵다. 경우에 따라서 말갈 A나 B 또는 C, 어떤 경우엔 A+B, 혹은 A+B+C의 형태로 공격을 받았고 이러한 사태를 『삼국사기』에선 단순화시켜 "말갈의 침입"이라는 형태로 표현한 것은 아닐지 추측해본다. 이점은 낙랑이 사역한 말갈의 경우도 마찬가지이다. 낙랑의 사주를 받은 말갈을 일정한 대상으로 볼 필요도 없으며, 그렇게 간주해서도 안 된다는 생각이다. 당시에 말갈로 불린 세력의 정체는 정형의 국가(왕조)로 발전하지 못한 소국의 상태였을 것이며, 이들은 안팎으로 자신의 정체성을 나타낼 만한 나라 이름도 갖추지 못한 상태가 아니었을까. 군 설치 이

---

19) 권오중, 2010, 「點과 線의 고대사 —중국 동북 '濊貊'의 경우—」, 『인문연구(영남대)』 제60호는 이러한 취지로 작성되었다.

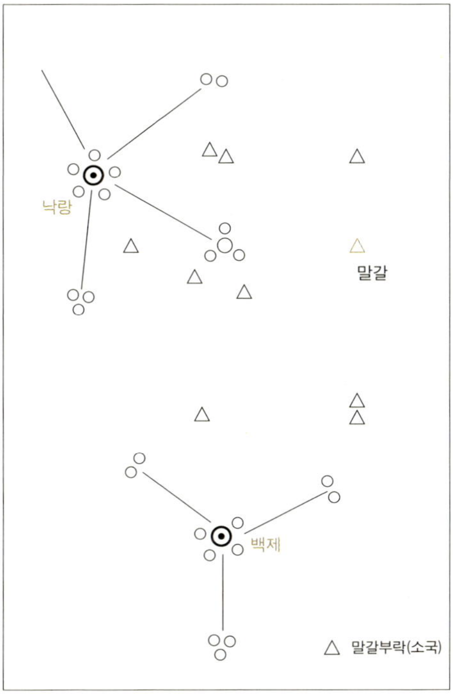

〈그림 1〉 초기 말갈 개념도

전 이들 소국의 상당수는 조선에 포함되거나 추종하였었고, 낙랑군 설치 이후엔 군의 영향 아래 있게 되었으리라고 본다. 그런 만큼 낙랑은 이들 소국(부락)들, 즉 말갈을 조종하여 백제를 비롯한 주변 국가와의 전투에 동원하였을 것으로 추측한다.

Ⅳ. 낙랑군의 재정립 시기
— 광무제기(光武帝期)~안제기(安帝期)

약 30년에서 110년대에 이르는 기간,
백제의 다루왕(多婁王)~기루왕대(己婁王代)에 해당

기원후 30년 왕조정권의 붕괴는 낙랑사회에 커다란 변화를 가져왔다. 우선 지적할 사항은 낙랑사회에 밀어닥친 숙청의 회오리이다. 왕조의 정변은 성격상 기존의 왕조에 대한 반란이 아니라 왕조교체기에 발생할 수 있는 선택의 문제로 생각되지만 광무제는 낙랑 왕조정권에 대해 철저히 응징하였다. 왕조가 자신의 막료라고 할 속리屬吏들에 의해 제거되었음에도 불구하고 왕조의 동료나 추종자들에겐 철저한 숙청이 단행되었던 것 같다. 왕조가 제거된 지 몇 개월 후에 낙랑지역만을 상대하여 특별한 사면령이 내려졌음을 보면 숙청의 기간도 길었고 그 대상도 많았던 듯하다. 그런 만큼 이 시기 초기에는 낙랑을 탈출하여 외부로 망명한 낙랑인의 수가 적지 않았을 것으로 짐작한다.

다음으로 지적할 사항은 이후 낙랑사회에서 민간의 힘이 크게 위축되어 약화되었으리라는 점이다. 앞에서 1세기 초를 정점으로 하는 낙랑의 전성기는 낙랑 현지 주민을 주축으로 하는 민간의 활동에 의해 주도된 것이며, 왕조정권의 수립 역시 그 일환인 것으로 이해하였다. 민간의 역할로 고양되었던 낙랑의 활력은 30년 광무제가 군대를 파견한 시점을 전환점으로 해서 종식되었다. 이후의 낙랑사회는 황제가 파견한 군 태수를 정점으로 하여 관변체제가 주도하는 사회로 변모하였다. 다른 또 하나 생각할 수 있는 것은 낙랑사회와 교류하고 관계를 맺었던 상대지역의 변화이다. 1세기 초 낙랑사회가 이룩한 '낙랑의 부'란 산동지역과 교류를 통해 생성된 결과라고 할 수 있다. 낙랑인들이 새로운 시대를 열 천자天子로서 유수劉秀가 아닌 유영劉永을 선택했던 것도 산동지역과의 활발한 교류가 낳은 결과이다. 유수의 군대가 '동방'을 차례로 공격하면서 산동에 이어 낙랑을 대상으로 삼은 것은 낙랑을 동방의 일원으로 간주한 때문이었다. 동방의 중심은 산동에 있었던 만큼 왕조정권의 진압 이후 낙랑과 산동 두 지역의 교류는 행정조직에 의해서도 차단되었을 것이다. 이후 산동지역은 더 이상 낙랑의 젖줄이 될 수 없었고 낙랑주민의 선호를 떠나 교류의 주 대상은 산동에서 요동지역으로 선회하였다.[20]

낙랑지역에 대한 요동의 영향은 1세기 중반이후로도 지속되었다. 낙랑군의 설치 초기도 그렇지만 이 시기에도 요동군은 낙랑의 '모군母郡'으로서의 역할을 하였다. 요동군이 이런 기능을 수행하는 데에는 41년에서 69년까지 근 30년간을 요동태수로 재임하였던 제동祭肜의 영향이 컸다고 보아야 할 것이다. 한 인물이 30년 동안 한 지방의 태수로 재직한다는 것은 결코 흔한 일이 아니다. 당시 동북 변경에서 활동하던 선비 · 오환 · 고구려 등의 새외민족을 효과적으로 관리하고 조정한 제동의 능력이 출중했던 때문이기도 하지만, 여

20) 기원전 1세기 말~기원후 1세기 초를 통해 낙랑 분묘의 부장품으로 주종을 이루던 산동계의 白陶가 1세기 후반부터 점차 모습을 감추는 것은 이러한 이유 때문일 것으로 풀이된다.

기에는 후한 왕조가 수립된 초기라는 불안한 환경이 작용된 때문일 것이다. 재임기간을 통해 제동은 마치 동북지방의 군벌과도 같은 입장에서 북방을 호령하였는데, 당시의 낙랑군은 비록 같은 군이었긴 하지만 마치 요동군의 하급 기구인 것처럼 요동의 지원과 협조를 받은 일이 적지 않았다.

이 시기에 낙랑 외곽의 원주민들이 군을 찾았다는 기록이 비교적 많다. 44년 한인韓人 소마시蘇馬諟 등이 낙랑군에 나아가 조공하였고,[21] 47년 겨울엔 고구려의 잠지락대가蠶支落大加가 만여 명의 인구로 낙랑에 내속內屬하였다.[22] 또한 광무제 말년인 57년 정월엔 왜노국왕倭奴國王이 사신을 파견하여 조공하였다.[23] 한인뿐만 아니라 고구려인까지 낙랑에 조공 내속하였다는 사실은 당시의 낙랑이 동이지역에 설치된 군으로서 본연의 기능을 수행하고 있었음을 증명한다. 일본倭의 경우 사절이 방문한 지역이 기재되진 않았으나 왜의 사절이 1차로 방문한 지역은 낙랑군으로 보아야 할 것이다.

제동의 위상을 고려할 때 낙랑군이 동이세계에서 발휘한 역할을 낙랑 독자의 힘으로만 이해하기 어렵다. 요동태수 제동의 존재는 낙랑군이 군의 기능을 제대로 수행할 수 있도록 하는 배후의 힘이었을 것이다. 제동이 북방에 떨쳤던 명성은 서쪽 무위군武威郡(현재의 감숙성 중부지역)에서 동쪽의 현도·낙랑군에까지 미칠 정도였다고 하니,[24] 당시 낙랑사회에 미쳤을 요동군의 영향은 생각하고도 남음이 있다. 이 시기는 낙랑사회가 요동군의 지원을 받으

21) 『후한서』 동이전에선 소마시의 이름을 거명한 반면 광무제 본기에선 "東夷韓國人率衆 詣樂浪內附(권1下, 72쪽)"로 표기하였다.

22) 같은 책, 권85 東夷傳(고구려), 2812쪽.

23) 같은 책, 권1下 光武帝紀, 84쪽.

24) 같은 책, 권20 祭肜傳, 745쪽.

며 이끌려지던 시기로 보아야 할 것이다.

기원후 30년 이후 전국의 부도위가 폐지됨으로 해서 낙랑군에서도 동부도위와 남부도위가 폐지되었다. 동부도위 지역은 군에서 분리되어 자립하는 길을 걸었으나, 남부도위 구역(7현)은 군의 직할로 체제가 바뀌었다. 부도위는 군 체제에 비해 조세나 부역에서 주민의 부담을 경감해주는 체제이다. 원주민집단이 보유한 자율성을 누린다는 점에서도 유리한 부도위 체제를 폐지하는 데 대해 낙랑의 원주민사회가 불만을 가졌을 것임은 물론이다. 30년 낙랑사회에 몰아친 숙청의 회오리에 더하여 낙랑 남부에서 시행된 체제의 변화는 낙랑을 이탈하는 주민의 수를 증가시켰을 것이다. 이런 점을 고려할 때 30년 이후의 시기는 낙랑군을 설치한 시점에 이어 다시 한차례 낙랑구역을 떠나는 난민과 망명인의 수가 증가한 시기였다고 할 수 있다. 이 시기 남행하는 난민의 행선지를 고려할 때 제일의 적지는 역시 백제였을 것이다.

이 시기(다루왕多婁王~기루왕己婁王) 말갈과의 관계는 침공에 시달리던 온조왕 시기에 비해 한층 완화된 듯한 모습을 보였다.[25] 말갈을 향한 백제의 대응능력이 그만큼 향상된 때문이기도 하겠고, 두 세력 사이에 세력균형이 이루어진 것으로도 볼 수 있겠다. 말갈과의 전투에 대신하여 확인되는 것은 신라와의 전투이다. 다루왕 시기는 신라와의 전투가 시작된 시기이다. 신라의 기병 2천을 거꾸로 기습하여 패주시켰다고 하니, 말갈과의 전투에 비해 동원된 병력 규모가 확대됐음을 짐작할 수 있다.

백제와 신라의 전쟁과 관련하여 의문인 것은 두 집단의 전쟁을 대하는 낙

25) 온조왕 시기의 빈번한 침입에 반해 다루왕~기루왕 시기는 모두 3회의 침공기사가 보인다.

랑의 태도이다. 중국이 중국 밖에 자리한 주변세력을 대하는 일관된 방침은 이민족 상호 간에 세력 균형을 통한 현상유지이다. 어느 한 세력에 의해 주변의 종족들이 통합되는 현상에 대해선 항시 경계하였고 이를 차단하려 하였다. 이러한 입장이 관철되지 않을 경우 전쟁도 불사하였는데, 한 무제의 조선 침공이나 수·당의 고구려 침공은 그 대표적 예라고 하겠다. 백제와 신라의 분쟁에 대해 낙랑군이 침묵한 이유는 다음처럼 생각해 볼 수 있다. 당시 백제와 신라의 국가 형세가 낙랑을 비롯한 주변 세력을 위협할만한 수준이 못되었거나 또는 이 시기 낙랑군 내부에서 어떠한 문제가 발생했기 때문에 외부의 문제에 개입할 여지가 없었던 것은 아니었을지 생각해본다.

V. 낙랑 주민의 이탈 시기

— 안제기(安帝期)~헌제기 초(獻帝期 初)

약 110년대에서 190년에 이르는 기간,
백제 기루왕(己婁王) 중기~초고왕(肖古王) 중기에 해당

이 기간은 전한의 무제가 동북지역에서 통치 기반을 구축한 이후 새외민족의 굴기로 인해 처음으로 위기를 맞이한 시기로 볼 수 있다, 동북에서 변환을 일으킨 선봉에는 선비가 있었고 고구려와 예맥 그리고 오환 등이 그 뒤를 이었다. 후한 안제安帝(106-125)의 치세는 한 제국 쇠망의 징조가 뚜렷해진 시기로서 이에 관해 『후한서』에선 "(안제安帝의) 영초永初년간에 이르러 어려움이 많아졌으니 (오랑캐가) 처음으로 침입하여 노략질하였다. 환제桓帝와 영제靈帝의 실정失政으로 점차 확대 만연되었다"라고 평할 정도였다.[26]

요동일대에서 변환邊患이 심해지자 조정은 여기에 대비하기 위한 조치를 강구하였다. 104년 요하 하류 서쪽 지역에 요동서부도위가 재건된 것은 이러한 목적 때문이었다. 부도위는 기원후 30년 광무제의 명령에 의해 전국적

26) 『후한서』 권85 東夷傳, 2810쪽에선 "逮永初多難 始入寇鈔 桓靈失政 漸滋曼焉"으로 기술하였다.

으로 폐지되었던 기구인데, 새외의 종족들이 요동군을 공격하는 데 대응할 목적으로 다시 설치한 것이다. 서부도위가 재차 개설된 지역은 선비와 오환의 주거 공간이었다. 이들 가운데 선비는 변란의 주동세력으로 주목을 받았는데, 그런 까닭에 '요동선비'란 별명을 갖게 되었다. 요동서부도위가 요동선비의 침입에 맞서 효과적으로 대응하지 못하자 120년엔 다시 부도위를 속국도위屬國都尉로 개편하였다.

속국도위는 군과 동급의 행정단위로서 내속한 이민족을 관리하기 위해 만든 체제이다. 요동속국은 부도위를 확대한 기구로서 기존의 요동서부도위에 요서군의 세 현을 이관 병합시켜 설치하였다.[27] 속국도위를 개설한 목적은 이민족에 대한 관리만이 아니라 역내의 속국 주민을 동원하여 위협이 되고 있는 만이를 공격한다는 목적도 포함돼 있었다. 안제 시기의 동북지역은 부도위에 추가하여 요동속국과 같은 새로운 기구를 만들어야 할 만큼 선비로 인한 피해가 컸었다. 선비의 행동에 편승하여 고구려와 예맥도 요동군이나 현도군을 공략하였다.

『후한서』 안제기安帝紀에 의하면 요동과 현도군을 공격한 세력으론 선비 외에 고구려와 예맥 그리고 마한 등의 세력을 확인할 수 있다. 안제 때 요동군이나 현도군을 공격한 예맥에 대해 필자는 그 주류가 요동일대에 거주하고 있던 '요동예맥'일 것으로 추정한다.[28] 예맥의 저항은 중국 군현 안이나 그 인

27) 같은 책, 志23(郡國5), 3530쪽에 의하면 요동속국은 6개 현으로 편제되어 있다. 이 가운데 無慮·險瀆·房의 세 현은 전한시대 요동군 속현으로서 속국 설치 이전엔 요동서부도위가 관할하던 현이었을 것이다. 요서군에서 요동속국으로 이관된 세 현은 昌遼·賓徒·徒河縣이다.

28) 권오중, 2015, 「고대 중국 正史에서의 예맥 —'요동예맥'의 자취에 대한 검토로서—」, 『동북아

근에서 집단생활을 유지하고 있던 예맥의 일부 부족이 군현지배가 이완된 틈을 타서 외부세력인 고구려와 제휴하여 반목한 경우라고 할 수 있다. 마한의 정체에 대해선 백제로 보는 경향이 있으나 요동지역과의 거리 등을 고려할 때 백제 한 세력으로만 간주하긴 어렵다. 초기 기사이긴 하지만, 백제 지역으로부터 기근 등을 이유로 고구려로 이주한 인구가 천여 호였다는 기록도 보이는 만큼,[29] 고구려가 마한이나 백제 등 남부지역으로부터 유입된 인구를 토대로 결성한 조직은 아니었을지 추측해본다.

2세기 중반에서 후기로 갈수록 선비나 고구려 · 예맥 · 마한 등 원주민집단의 공격이 빈번하게 발생한 이유로는 우선 지역 방어의 근간이 된다고 할 수 있는 한漢 군현체제의 약화를 들 수 있을 것이다. 이와 아울러 이제껏 군현세력에 비해 열세에 있던 원주민사회가 크게 발전하였을 가능성도 상정해야 할 것이다. 원주민사회의 발전 현상은 낙랑군 이남지역에서도 확인할 수 있다. 2세기 후반 "한예韓濊가 강성하여 군현郡縣이 통제하지 못하니 주민의 상당수가 한국韓國으로 들어갔다"고 한 기록[30]은 비록 짧은 기사이긴 하더라도 이러한 상황을 강하게 반영하고 있다.

남부 원주민사회의 성장으로 낙랑 주민이 동요한 예는 군 설치 이후 처음으로 확인되는 사실이다. 1세기 초 낙랑에 귀순한 염사치의 예에서 보듯 '낙랑의 부'를 좇았던 주민의 이동 흐름이 2세기 중반에 이르면 역류현상을 보였던 것이다. 이 같은 역류현상이 나타난 이유는 무엇일까. 그것은 낙랑사회

역사논총』 49.

29) 『삼국사기』 권23 백제본기 온조왕 37년조.

30) 『삼국지』 권30 동이전(韓), 851쪽.

는 쇠퇴한 반면 남쪽 한인사회韓人社會는 성장한 데 따른 현상일 것이다. 이 시기 북의 선비와 고구려 그리고 예맥의 활동을 고려한다면, 원주민사회의 성장은 북과 남이라는 지역 한계를 초월하여 공유된 현상이라고 할 수 있겠다. 북과 남을 막론하고 원주민사회가 모두 발전을 이룰 수 있었던 바탕에는 철기가 자리하고 있는 것은 아닐지. 소수의 전유물이거나 위세품으로 보급되던 철기가 2세기 중엽에 이르러선 일반의 생활도구로까지 전파된 결과가 아닐까 한다.

남부도위가 관리하던 낙랑 남부지역의 인구가 적었음은 앞에서도 주목한 바 있다. '초원4년 호구부'를 기준한 전체 호구(7,343호/50,157구) 가운데 대방현의 호구(4,346/28,941)를 제외하면 나머지 여섯 현의 평균 인구는 5백 가구 3천5백 명 정도의 열약한 수준이었다. 남으로 유입된 낙랑 주민들은 대개가 남부지역에서 생활하던 주민이었을 것이다. 그렇다면 남부의 인구 분포는 더욱 희소해졌을 터인데, 반세기 이후 공손강이 대방군을 설치할 무렵의 상황이 "황무지(황지荒地)"로 표현될 정도였음은 이러한 결과일 것이다. 여기서 '황지荒地'란 거친 불모지와 같은 지리환경을 의미하는 것이 아니라 인구의 이탈로 공동화되어버린 주민의 주거상태를 지적한 표현으로 이해된다.

Ⅵ. 요동세력의 지원 시기

— 헌제(獻帝) 건안연간(建安年間)~조위(曹魏) 정시연간(正始年間)

190년에서 3세기 중후기에 이르는 기간,
백제 초고왕(肖古王) 중기~고이왕(古爾王) 중기에 해당

이 시기의 중국은 184년에 발생한 황건집단의 농민봉기 이후 지방분권적인 군벌시대가 시작되었고 결국엔 위魏 · 촉蜀 · 오吳 세 나라가 정립鼎立하는 분열시대를 맞이하였다. 군벌 실력자들의 관심은 중원지역의 주인이 되는 데 있었던 만큼 낙랑지역을 포함한 동북지역은 후한 말의 군벌들에게 주목받는 구역이 아니었다. 이러한 틈새를 이용하여 '요동'으로 상징되는 동북의 주인 자리를 차지한 인물은 요동군의 수도 양평襄平 출신인 공손탁公孫度이었다. 그는 현지 출신이면서도 회피제에 구애됨이 없이 요동태수에 임명되는 행운을 누렸다.

본토 출신이었던 만큼 공손탁은 요동에서 신속하게 세력 기반을 확대해 나갈 수 있었다. 요동을 세 군으로 분할하고, 왕래가 용이한 산동의 동래군으로 진출하여 여러 현을 접수하곤 여기에 영주자사營州刺史를 개설하였다. 또한 종래 요동의 자군子郡 위치에 있던 낙랑군과 현도군도 자신의 휘하에 두었다. 공손탁 자신은 평주목平州牧을 자처하였으니, 그는 단순한 요동태수가 아니라 2주州5군郡을 거느린 동북의 영주(왕王)였던 셈이다. 그는 동과 서 양편에 있던 고구려와 오환에 대해서도 압력을 가해 자신의 권역에서 위협이 될 수 없도록 하였다. 이러한 공손탁에 대해 사관史官은 "위세를 해외에서 떨치고 있다(威行海外)", "웅장함이 해동에 펼쳐져 있다(雄張海東)"라고 평할 정도였다.

중원의 실력자가 된 조조曹操는 경쟁 상태에 있는 중원지역에 주력하면서도 독립된 세력으로서 왕王을 자처하고 있는 공손탁에 대해 불안한 눈길을 거두지 않았다. 공손탁을 견제하기 위해 조조가 착안한 지역은 낙랑군이었다. 조조는 자신의 참모 출신이자 태산군泰山郡 태수太守로 근무하던 양무涼茂를 낙랑태수로 발령하였다. 그러나 공손탁은 조조의 계략에 순응하지 않았다. 부임길에 오른 양무를 자신의 문하에 머물게 하고는 낙랑 현지로 부임하지 못하게 하였다. 이 시기 공손탁은 낙랑군과 그 주변지역을 자신의 세력 아래 두었지만 그렇다고 자신이 임명한 인물을 정식 낙랑태수로 파견했던 것 같지는 않다. 만약 그가 독립적으로 낙랑태수를 발령하는 행동을 보였다면 그것은 공공연하게 한漢 조정이나 조조의 입장을 거스르는 반역의 행동으로 간주되었을 것이다. 결과적으로 낙랑군에는 오랜 기간 태수가 부임하지 못하는 사태가 발생하였다. 이러한 사태는 아마도 요동의 2대 영주인 공손강公孫康이 204년 낙랑군의 남부에 대방군을 개설하는 시점까지 지속되었을 것이다.

대방군을 개설한 일은 3세기 초 취약한 상태에 있던 낙랑군의 실상을 반영한다. 계속되는 주민의 이탈로 공동화되어가는 낙랑군을 보완할 목적으로 204년 대방군은 설치되었다. 대방군 설치와 관련하여 자연스레 갖게 되는 의문은 왜 새로운 군을 굳이 설치했는가하는 점일 것이다. 일반의 관점에서 보자면 군을 새롭게 만드는 편보다 기존의 낙랑군을 정비하고 보완하는 편이 낫지 않았을까 생각한다. 그렇지만 새로 대방군을 개설한 요동정권의 입장에선 다음과 같은 두 가지 판단이 작용되었던 것은 아닐지 추론해 본다.

첫째는 요동정권의 위상과 관련된 문제이다. 중원 제국과 유리된 상태에서의 요동정권이 동이세계를 비롯한 동북지역에서 지향한 것은 나름의 '중화왕국中華王國'이었다. 중원이 분열된 난국의 상황에서 낙랑 주변의 국가들이 귀속할 대상은 요동이었지 중원의 왕조가 아니었다. '소중화小中華'를 표방하는 왕국으로선 그 위상을 나타낼 지방기구도 필요하였고, 이에 따른 업무도 수행해야만 하였을 것이다. 이런 차원에서 공손강이 대방군을 설치한 일은 그의 부친인 공손탁이 요동군을 요동遼東·중료中遼·요서遼西로 삼분하고 산동반도의 해안지대에 영주營州를 새롭게 개설했던 행동과 일맥상통한다고 볼 수 있다. 『삼국지』 동이전(한조韓條)에 대방군을 설치한 이후 생긴 변화에 대해 "왜와 한이 드디어 대방에 속하게 되었다(倭韓遂屬帶方)"라고 한 것은 간결한 표현이지만 그 의미는 심장하다. 그 내용은 군 설치 이후 한인사회와 왜인사회 모두 대방을 통해 요동왕국에 귀속되었다는 의미로 이해되어야 할 것이다. 이러한 '소중화小中華' 구도를 도표화한다면 <그림 2>와 같이 나타낼 수 있을 것이다.

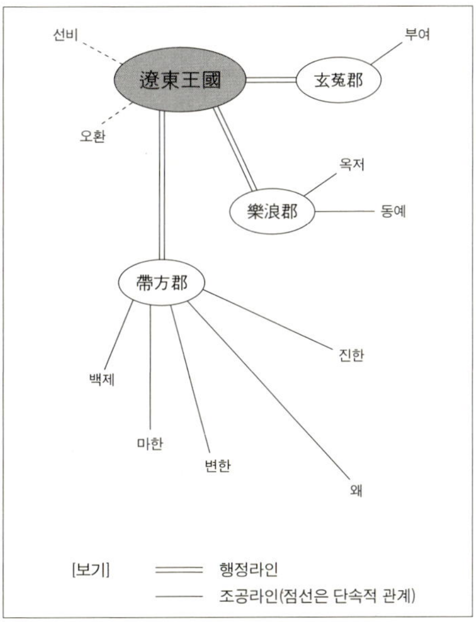

<그림 2> 요동왕국의 '소중화' 구도

둘째는 대방이라는 새로운 군을

개설해야만 하는 낙랑군 남부의 환경문제이다. 대방군을 설치한 공간이 부도위제도가 폐지된 기원후 30년 이전엔 남부도위가 관할하던 구역이었음은 잘 알려진 사실이다. 남부도위 이전엔 진번군을 설치했던 지역이며 그보다 더 이전은 조선과 이웃했던 진번국의 영역이었다. 그러니까 조선과 진번의 구별은 군과 부도위의 차이로 이어졌고 이 차이는 결국엔 낙랑군과 대방군으로 분리된 셈이다. 공손씨는 이러한 차이를 인지하고 있었기 때문에 대방군을 새롭게 분리 신설한 것이고, 조위曹魏 조정 역시 요동정권이 붕괴한 이후 대방군을 존속시킨 것은 이러한 이유 때문이었을 것이다. 두 지역의 차이가 있게 된 이유의 하나로 주민의 구성이나 분포도 생각할 수 있겠는데, 군 설치 이전이나 이후 낙랑지역으로 이주한 중국계漢人系 주민의 많고 적음에 따라 지역 차도 발생했으리라고 본다.[31]

50년을 지속한 공손씨의 요동왕국은 238년 사마의司馬懿를 대표로 삼는 조위 원정군에 의해 멸망하였다. 전후의 처리문제는 유주자사로서 237년 요동 공격에도 나선 바 있던 무구검毌丘儉의 손에 맡겨졌다. 유주자사의 수도는 북경(당시의 계현薊縣)이었지만 그는 요동정권의 붕괴에 따른 뒤처리를 위해 임시 거처를 요동의 수도인 양평襄平으로 옮겼다. 무구검이 양평에 주둔하면서 수행한 업무는 공손씨가 점유했던 요동일원을 정상적인 군현체제, 즉 중원의 황제가 직접 관할할 수 있는 체제로 환원시키는 작업이었다. 이와 아울러

31) 손영종, 2006, 앞의 책 120-121쪽에서는 「初元4년 낙랑 호구부」에 의거 네 구역으로 구분하였는데, 2구역과 4구역은 부도위 관할 구역이고 1, 3구역은 군 직할 구역이다. 낙랑군에 직속하는 1, 3구역엔 중국에서 망명 이주한 한인계 주민이 많았던 반면 2, 4구역은 이들의 숫자가 희소하였으리라고 본다.

외부적으론 동이지역 일대가 위魏 황제에 귀속할 수 있도록 체제를 정비하는 작업도 필요하였다.

동이의 내속을 주선하기 위해선 우선 요동 외곽의 세 군을 독려하는 작업이 필요하였다. 요동왕국 수립 이전 현도군은 고구려와 부여, 낙랑군은 예맥과 한韓 그리고 왜倭를 담당하였었는데, 문제는 공손강이 대방군을 새롭게 설치한 데 있었다. 요동정권은 대방군에게 한韓과 왜倭의 내속업무를 주관토록 하였으니 이 일은 과거 낙랑군이 수행하던 역할이었다. 요동왕국 체제를 타파한 조위는 공손씨정권 이전 체제로 환원하고자 하였으나 정작 대방군에 대해선 그 존재를 인정하였다. 이런 이유로 해서 낙랑과 대방 두 군 업무의 중복과 이로 인한 해당 원주민의 혼란이 발생하였던 것 같다. 이 문제를 해결하기 위해 결국엔 유주자사가 직접 나섰는데, 무구검은 자신의 막료인 부종사部從事 오림吳林을 대방군 현지로 파견하였다. 오림은 두 군의 권역과 업무의 분장을 확정짓고자 하였지만 그 자신이 삼한三韓의 사정에 어두웠을 뿐 아니라 통역 또한 양측의 의사를 전달하는 과정에서 오해를 낳았던 것 같다.[32]

원주민들이 지녔던 오해와 불만은 결국 무력 봉기로까지 비화하였다. 246년 원주민들은 대방군 기리영崎離營을 공격하였고, 이들을 반격하는 과정에서 대방태수 궁준弓遵이 전사하였다.[33] 이후 낙랑과 대방 두 군은 관련 전투에 참

---

32) 『삼국지』 권30 동이전(韓), 851쪽에 의하면 "樂浪은 본래 韓國을 통할했으므로 (대방이 관리하던) 辰韓의 8國을 떼어 낙랑에게 주고자 하였다"고 한다.

33) 같은 책. 기리영의 위치에 대해선 일반적으로 황해도 평산군 麟山面 麒麟里로 보고 있다. 기리영 전투에 대해선 마한세력이 쇠퇴하는 계기가 된 사건으로 보는 견해가 있는 반면, 이 전쟁을 기회로 백제가 크게 도약 할 수 있었다는 주장도 있다(이에 관해선 정재윤, 2001, 「魏의

여한 한국韓國들에 대해 철저한 응징을 가한 것으로 보인다. 여기서 주목할 것은 원주민들이 공격의 대상으로 삼은 기리영이다. 그 의미에 대해 기리崎離는 지명으로 그리고 영營은 군영軍營으로 이해함이 옳을 것이다. 기리라는 지역에 설치된 군대병영이었다는 점에서 원주민의 기리영 공격은 봉기의 와중에 발생한 우발적 사태라기보다 의도된 행동으로 이해해야 하지 않을까.

후한 광무제 이후 개설된 군영은 전국적으로 도위관이 폐지된 데 따른 지방 병력의 공백을 보충할 목적으로 설치되었다. 군영은 수도권 외곽을 호위하는 기능을 수행하기도 하지만 변경지역에선 주로 이민족의 침입에 대응하는 역할을 하였다. 이들 군영의 병사(營兵)들은 지방군인 군병郡兵과는 차이가 있어 중앙에서 직접 관리하였다. 이들은 지방의 현을 중심으로 장기간 주둔하였는데, 이런 이유로 [현 이름 + 영營]의 형태로 이들 조직을 식별하였다. 현의 이름을 머리에 붙여 군영을 식별한 옹영雍營(우부풍右扶風 옹현雍縣) 여양영黎陽營(위군魏郡 여양현黎陽縣), 부려영扶黎營(요서군遼西郡 부려현扶黎縣) 등의 형식이 그러하다. 이러한 예를 보자면 기리영崎離營의 '기리'는 현의 이름일 가능성도 크지 않을까 생각한다.[34]

기리영을 개설한 시기도 궁금한데 이에 관해서도 다음과 같은 추론 정도는 가능할 것이다. 우선 군영을 개설한 시기로는 공손강이 대방군을 설치한

對韓政策과 崎離營 전투」,『중원문화연구(충북대)』5 참조).

34) 崎離縣의 이름은 어디서도 확인할 수 없는데, 그렇다고 현의 존재 자체를 부정하기는 어렵다. 정사나 역사문헌을 통해 그 이름을 전하지 못하는 현의 수는 상당할 것이다. 정사 지리지의 기록은 어느 한 시점을 기준으로 삼은 까닭에 모든 현을 수용하지 못하고 있다. 더욱이 공손강이 개설한 현은 지방정권에 의해 출생한 현인 까닭에 정사에 수록되긴 더욱 어려웠을 것으로 보인다.

시기와 또는 무구검이 요동 양평에 주둔하며 낙랑·대방군을 지원하던 시기를 고려할 수 있을 것이다. 그러나 후자일 가능성은 희박해 보인다. 무구검이 설치했을 가능성이 희박하다고 보는 이유는 원주민이 기리영을 공격하는 시점인 246년까지만 하더라도 유주부幽州府는 낙랑과 대방 두 군에 대해 업무의 분장조차 제대로 마무리 짓지 못하였던 때문이다. 따라서 기리영을 설치한 시기는 유주자사가 양평으로 옮기는 238년 이전으로 소급해야 하겠고, 이러한 이유로 필자는 공손강이 대방군을 설치하던 시기를 주목한다.

공손씨의 요동왕국이 동이세계에서 종주국을 자처하였으며, 공손강이 대방군을 개설하는 데에는 이러한 '소중화' 의식도 작용하였을 것임을 위에서 언급하였다. 대방군을 개설한 목적을 달성하기 위해선 군 주민의 안정이 무엇보다 중요하였을 텐데, 이를 위해 공손강이 기울인 노력은 주목할 만하다. 요동왕국에 관한 기록에 인색한『삼국지』기록이지만 동이전에서는 이 일을 다음과 같이 전하고 있다.

> 建安연간에 公孫康은 屯有縣 이남의 荒地를 분할하여 대방군을 만들었다. 公孫模와 張敞을 파견해서 遺民을 모으고, 병사를 일으켜 韓濊를 치니 (낙랑의) 옛 주민이 조금씩 나타났다. (대방 설치) 이후 倭와 韓은 드디어 대방군을 통해 內屬하였다.
>
> 〈『삼국지』권30 동이전 한조(韓條), 851쪽〉

위의 내용에 의하면 공손강은 새로 개설한 대방군을 통해 주민의 역외 유출을 차단해야 했고, 주민을 유인하는 대방 남쪽의 원주민(한인韓人)사회를 향해선 군사행동도 감행하였다. 대방군이 이러한 기능을 효과 있게 지속적으로 수행하기 위해선 모종의 기구가 필요하였을 터인데, 대방군 기리영은 바로 이러한 필요에 의해 설치된 기구로 볼 수 있다.

중국 본토에서의 영병營兵은 주로 죄수의 형량을 감면해주는 방식으로 충당되었는데, 기리영의 경우엔 이러한 방법 외에도 말갈이 동원되지 않았을까 생각한다. 다루왕 중기에서 초고왕 후기까지 소강상태를 보이던 말갈의 공격은 초고왕 말기부터 고개를 들기 시작하여 구수왕의 치세까지 간헐적으로 나타난다. 우연의 일치일 수도 있겠으나, 이러한 추세는 낙랑·대방군의 형세와 일정한 상관관계를 갖고 있는 것처럼 보인다. 군현의 형세가 정비되고 강화되었던 시기엔 백제를 비롯한 남쪽 한인사회를 향한 말갈의 공격도 고조된 듯한 현상을 보인다. 이러한 흐름이 정확한 것이라면 이 시기의 말갈은 초기 온조왕 시기처럼 군현에 의해 조종을 받거나 사역되는 존재로 설명될 수 있을 것이다.

Ⅶ. 주거집단으로 잔존하던 시기
— 서진(西晉) 건국~서진 멸망 시기

약 3세기 후기에서 4세기 초기에 해당,
백제 고이왕(古爾王) 후기~비류왕(比流王) 중기에 해당

이 시기의 백제는 고이왕의 치세를 통해 명실상부한 영역국가로 도약하던 시기이다. 이때에 이르면 백제는 낙랑과 대방 두 군의 압박에서 벗어난 모습을 보이며, 말갈 역시 과거와는 달리 좋은 품종의 말을 바치는 등 화친和親의 행동을 보였다. 『삼국사기』를 통해 확인할 수 있는 백제의 활기찬 모습은 중국 정사를 통해선 검증이 불가할 만큼 확인이 어렵다. 이 시기의 상황은 『진서晉書』에 의해 기술되어야 할 텐데, 이 문헌은 왜곡된 사서로서 적지 않은 결함을 지니고 있다. 이 문헌에 대신하여 『삼국사기』가 적극 쓰임은 이러한 이유 때문이다.

대방군이 개설됨으로써 백제의 북방은 대방과 상접하였는데, 두 세력 사이에 충돌이 있었다거나 갈등이 발생했다는 기록은 보이지 않는다. 대방군 설치 이후로도 충돌의 대상은 여전히 낙랑군이었다. 고이왕 13년(246)에 낙랑의 변민을 기습 약취했다거나, 분서왕 7년(304)에 낙랑의 서쪽 지역(현縣)을 공격했다는 예 등이 그러하다. 또한 책계왕을 전사하게 만든 13년(298)의 전투는 배후에 낙랑이 있었던 것으로 풀이되며, 분서왕은 재위 7년째인 304년 낙랑태수가 보낸 자객에 의해 목숨을 잃었다.

백제가 낙랑과는 적대관계나 다름없는 사이였음에 반해 대방과는 교린의 관계를 유지하였다. 책계왕 시기 대방과는 "장인과 사위의 나라(舅甥之國)"로서의 관계였는데, 백제는 이러한 관계를 이유로 고구려 침공을 받은 대방을 구원하였다. 이 사건은 3세기 말엽에 발생한 사건으로서, 백제왕의 장인인 대방태수의 모습에서 황제의 발령에 의해 움직여지는 중국 관원이 아니라 토착화된 지방호족으로서의 면모를 발견하게 된다. 대방태수의 이 같은 처신은 본국으로부터의 공급도 여의치 않은 상황에서 군의 수명을 연장시키는 방책이 되기도 하였을 것이다. 한편 '구생舅甥'의 결연은 책계왕의 부친인 고이왕에 의해 결정된 것으로 보이는데, 이러한 관계를 통해 당시 백제의 국가 규모나 국력 등을 유추할 수 있을 것이다. 백제는 이 시기 인접한 대방과의 선린관계를 유지함으로써 내치內治 문제에 보다 집중할 수 있었을 것이다.

『진서晉書』 지리지에 의하면 낙랑과 대방의 호구 수는 한대에 비해 크게 역전되었음을 볼 수 있다. 「초원4년 낙랑호구부」에서 낙랑 29,896호/184,357구 대 대방 7,343호/50,157구의 비율은 서진西晉시대에 이르면 낙랑 6현 3천7백호 대 대방 7현 4천9백호의 통계를 보이고 있다.[35] 전한시대에 낙랑:대방 약 4:1의 비율은 서진시대에 이르러선 약 3:4의 비율로 역전되었다. 이렇게 인구의 분포가 바뀌게 된 이유로는 앞에서 확인한 백제와의 관계도 하나의 예로 들 수 있을 것이다.

---

35) 이 통계는 晉 武帝 太康 元年(280)에 작성되었다. 이에 의하면 이미 이 시기엔 낙랑 인구의 상당수가 역외로 이동하였음을 알 수 있다.

낙랑군이나 대방군 모두 최후 과정은 중국의 관부로서 군현이 붕괴되는 모습은 아니었다. 군현의 모습은 4세기에 접어들면 이미 형해화하여 껍데기만 남아 있었던 듯하다. 기원후 300년 무렵 낙랑군의 핵심이라고 할 조선현의 모습이 보이지만 그 형태는 초라하기 그지없었다.[36] 게다가 313년과 314년 낙랑과 대방이 멸망하는 시점엔 어떠한 지위의 지방관도 확인할 수 없다. 이러한 사실들은 두 군의 말기 모습이 통치기구의 성격을 지닌 군현이라기보다 "관성화慣性化된 주거집단"이라고 주장할 수 있는 근거가 된다. 낙랑의 최후는 선비鮮卑 모용외慕容廆의 영향을 받는 요동인들에 의해 이끌려지고 있다. 서진西晉 태강 원년(280)의 인구통계로 볼 때 이미 3세기말 무렵이면 반 이상의 인구가 역외로 탈출하였음을 짐작할 수 있다. 낙랑군도 그렇지만 대방군의 주민은 특히 남행하는 편이 가장 용이했을 것이다. 대방의 경우 제일의 행선지는 백제였을 것이다. 인구의 이동에 따른 한문화의 보급도 활발했을 터인데, 이후 근초고왕 시기의 대륙 진출이나 교류에서 확인되는 백제의 활달한 모습은 위 과정을 통해 습득된 지식과 문화에 기초하고 있었을 것임을 짐작할 수 있다.

36) 『晉書』 권103 載記3 劉曜, 2688쪽에 의하면 朝鮮縣令 崔憲은 조선은 '幽僻'하며, 현령 자리도 언제든 포기할 수 있는 지위로 인식하고 있었다.

Ⅷ. 맺는말

낙랑(대방)군의 역사는 백제 역사로 보자면 태동기라고 할 소국시대로부터 비류왕 시기에 이르는 기간에 해당한다. 이처럼 낙랑군과 백제 두 세력이 병존한 역사는 거의 4백년에 근접할 정도의 시간이다. 시간의 깊이로만 보더라도 두 세력 사이에는 많은 관계가 쌓였으리라 짐작하지만 구체적 내용을 입증해줄 기록이 없다는 사실이 유감이다. 본론에서는 편법으로 낙랑군 역사의 부침에 따른 백제 역사의 변화를 대비해 보았는데, 결론에 대신하여 주요 내용을 정리하고자 한다.

두 세력의 관계에서 첫째로 주목할 것은 주민의 이동 문제이다. 주민의 이동 방향은 대체로 낙랑(대방)지역에서 남부 한인韓人 원주민사회 방면으로 이루어진 듯하다. 주민 이전이 발생한 주요 이유는 낙랑에서 발생한 정치적 사건 때문이었다. 고조선의 멸망과정에서 발생한 전란이나 군현 체제에서의 원주민 반란 그리고 왕조의 정변과 같은 사건은 낙랑지역에서 많은 난민과 망명자가 발생하도록 만들었다. 이들 난민의 목적지를 구체적으로 파악하긴 어렵지만 낙랑(대방)군과 남북으로 상접한 지역이 백제였던만큼 난민의 귀착지로 단연 주목해야 할 곳은 백제이다.

주민의 이동은 남에서 북으로의 흐름도 확인할 수 있다. 이러한 흐름이 조성되었던 시기는 기원 1세기 초와 같이 낙랑지역에서 민간의 활동이 왕성하던 때로서 매우 특별한 시기였다고 평할 수 있다. 이 시기를 제외하고 남에서 북으로의 주민 이동이 뚜렷했던 사례를 발견하긴 어렵다. 후한 중기에 이르면 주민 이동은 낙랑군 내부의 문제라기보다 남쪽 원주민사회의 성장에 의해 발생하였다. 원주민사회로 낙랑의 주민이 흡수되는 현상이 발생하였고, 이에 대해 낙랑의 군현조직은 이렇다고 할 만한 제어 기능을 발휘하지 못하였다.

둘째는 군현세력과 백제 사이에 형성된 갈등 문제이다. 주민의 동요와 이전 문제는 두 세력 사이에 갈등을 발생하게 하는 최대의 현안이었을 것이다. 백제가 소국의 단계였던 온조왕 시기만 하더라도 낙랑은 백제에 대해 고압적 자세를 취하였다. 또한 인근의 말갈을 동원하여 백제 공격에 나서기도 하였다. 말갈이 백제를 공격한 시점을 보면 낙랑군의 형세가 안정되었던 시기와 대략 일치하는 현상을 보인다. 이 시기 '말갈'의 정체는 동예가 아닐 뿐 아니라 어느 하나의 특정 세력으로 보기도 어렵다. 오히려 초기의 '말갈'이란 표현은 군현이나 고구려 · 백제 · 신라 등 토착 국가에 편입되지 않은 소국(부락)에 대한 범칭이었을 것으로 이해된다. 백제는 이들의 공격에 대비하여 성城과 책柵같은 방어시설을 만들었다. 초기의 백제가 군현세력과 대치 국면을 이루었다는 사실은 백제의 군사력 증강이나 토목기술의 향상이라는 측면에서도 기여한 점이 있었을 것이다.

셋째는 강력한 요동세력의 등장에 따른 군현과 원주민사회의 연쇄적 관계이다. 낙랑(대방)군이 존치하던 시기 동이세계에까지 영향을 미친 요동세력은 세 단계로 구분해 볼 수 있다. 1단계는 후한 초기 약 30년 동안 요동태수로 재임한 제동의 시기이고, 2단계는 후한 말부터 삼국시대 초기에 걸쳐 50년 동안 요동을 기반으로 동북아지역의 종주를 자처한 요동왕국의 시기이다. 3단계는 238년 요동왕국을 붕괴시킨 이후 요동과 그 인근 동이지역에 대한 관리를 위해 유주자사가 요동 양평에 파견되었던 시기이다. 위의 세 시기를 통해 요동은 낙랑이나 대방군에 대해 강력한 후원자의 역할을 하였는데, 대방군 설치를 통해 쇠퇴해가는 낙랑군을 부축하였던 것이 2단계이며 낙랑·대방이나 현도군의 군현체제에 순응하지 않은 토착세력을 향해 군대를 동원하여 물리적 공격까지 불사하였던 것은 3단계였다.

3단계에서의 물리적 공격을 끝으로 3세기 말 이후의 군현세력은 더 이상 백제를 비롯한 토착세력에게 위협이 되지 못하였다. 말기의 낙랑·대방군은 정연한 군현체제라기 보다 관성화된 주거집단으로서 최후를 맞았다. 장인과 사위의 관계로서 백제왕과 '구생지교舅甥之交'를 맺은 대방태수의 위치는 황제의 통치를 대행하는 지방관의 면모라기보다 백제에 이웃한 토호土豪의 모습으로 이해된다. 이러한 사정 때문에도 낙랑·대방태수는 "낙랑왕"과 "대방왕"이란 명칭으로 불리기도 하였을 것이다.

참고문헌

地内宏, 1951,『滿鮮史研究』上世 策一册, 吉川弘文館.

鎌田重雄, 1962,『秦漢政治制度の研究』, 日本學術振興會.

리지린, 1963,『고조선 연구』, 과학원출판사.

三上次男, 1966,『古代東北アジア史研究』, 吉川弘文館.

大庭脩, 1967,『親魏倭王』, 學生社.

駒井和愛, 1972,『樂浪』, 中央公論社.

嚴耕望, 1974,『中國地方行政制度史』上篇, 中央研究院歷史語言研究所專刊 45.

坂元義種, 1978,『古代東アジアの日本と朝鮮』, 吉川弘文館.

김한규, 1982,『古代中國的世界秩序研究』, 一潮閣.

西嶋定生, 1983,『中國古代國家と東アジア世界』, 東京大出版會.

西嶋定生, 1985,『日本歷史の國際環境』, 東京大出版會.

권오중, 1992,『樂浪郡研究 —中國 古代邊郡에 대한 사례적 검토—』, 一潮閣.

高久健二, 1995,『樂浪古墳文化研究』, 학연문화사.

오영찬, 2006,『낙랑군연구—고조선계와 漢계의 종족 융합을 통한 낙랑인의 형성—』, 사계절.

윤용구 外, 2010,『낙랑군 호구부 연구』(동북아역사재단 연구총서59), 동북아역사재단.

윤용구, 1990,「낙랑전기 군현지배세력의 종족계통과 성격」,『역사학보』126.

谷豊信, 1987,「樂浪郡の位置」『朝鮮史研究會論文集』24, 朝鮮史研究會.

谷豊信, 1997,「樂浪郡と漢代の山東」『中國仙人のふるさと—山東省』文物展』, 東京都博物館.

李成市, 1998,「東アジア諸國と人口移動」,『古代東アジアの民族と國家』, 岩波書店.

임기환, 2000,「3세기~4세기초 위(魏) · 진(晉)의 동방정책—낙랑군 · 대방군을 중심으로—」,『역사와 현실』36.

정재윤, 2001,「魏의 對韓政策과 崎離營 전투」,『중원문화연구(충북대)』5.

권오영, 2004,「물자 · 기술 · 사상의 흐름을 통해 본 백제와 낙랑의 교섭」,『한성기 백제의 물류시스템과 대외교섭』, 학연문화사.

손영종, 2006,「락랑군 남부지역(후의 대방군지역)의 위치—'락랑군 초원4년 현별 호구 다소□□' 통계자료를 중심으로」,『력사과학』198.

이성규, 2006,「중국 군현으로서의 낙랑」,『낙랑문화연구』, 동북아역사재단.

노중국, 2007,「백제의 姓氏와 귀족가문의 出自」,『대구사학』89.

김병준, 2006,「중국 고대 간독 자료를 통해 본 낙랑군의 군현 지배」,『역사학보』189.

권오중, 2007,「낙랑 왕종권 성립의 국제적 환경」,『역사학보』196.

윤용구, 2009,「평양출토 '樂浪郡初元四年縣別戶口簿' 연구」,『목간과 문자』3.

윤용구, 2010,「낙랑 · 대방지역 신발견 문자자료와 연구동향」,『한국고대사연구』57.

권오중, 2011,「요동 공손씨정권의 대방군 설치와 그 의미」,『대구사학』105.

김병준, 2013,「秦漢帝國의 이민족 지배 —部都尉 및 屬國都尉에 대한 재검토」,『역사학보』217.

이성규, 2014,「秦 帝國 縣의 조직과 기능—遷陵縣 古城遺址 里耶秦簡의 분석을 중심으로—」,『학술원논문집(인문 · 사회과학)』53-1, 대한민국학술원.

김병준, 2015,「낙랑군 동부도위 지역 邊縣과 군현지배」,『한국고대사연구』78.

주제발표 2

中國系 인물의 百濟 유입과 활동 양상

- 낙랑군 · 대방군 출신을 중심으로

김 창 석 강원대학교

Ⅰ. 머리말

Ⅱ. 중국계 성(姓)을 사용한 인물들

Ⅲ. 인구(人口) 유입의 과정과 배경

Ⅳ. 인구 이동과 중국계 인물 활동의 양상

Ⅴ. 맺음말

Ⅰ. 머리말

『수서』 백제전을 보면, 백제 주민 가운데 신라인, 고구려인, 왜인, 그리고 중국인이 섞여 있다고 했다.[1] 앞선 사료에는 이러한 내용이 실려 있지 않으므로 이 기록은 백제가 사비泗沘로 천도한 이후 왕도王都의 상황을 전하는 것이라고 생각된다. 부여 궁남지宮南池에서 출토된 목간에 표기된 "부이部夷"는 이러한 외국인을 포함하여 왕도에 살고 있지만 아직 백제의 公民으로 편제되지 못한 집단의 존재를 시사하는 자료이다.[2]

그런데 외국인이 국내에 거주하는 양상은 웅진시기 이전부터 나타난 듯하다. 특히 중국계라고 추정되는 인물을 여럿 검출할 수 있어서 이들이 왕도를 중심으로 거주하며 백제 왕정王政에 봉사했다고 보인다. 웅진기 이전에 이미 백제로 중국인이 유입되어 정착했고 그 후손들이 지속적으로 활동함으로써

1) "其人雜有新羅 高麗 倭等 亦有中國人 其衣服與高麗略同" <『隋書』 卷81 列傳46 百濟>

2) 김창석, 2011, 「7세기 초 榮山江 유역의 戶口와 農作 - 羅州 伏岩里 木簡의 분석」, 『百濟學報』 6, 151-153쪽.

사비기가 되면 사서史書에 특기될 정도가 된 것이다.

그간 백제에서 활동한 중국계 인물과 관료에 대한 연구가 이뤄진 바 있다.[3] 기왕의 연구는 이들에 관해 주로 성씨姓氏를 근거로 하여 중국계로 판별하고 외교 분야에서 활동한 사실을 주목했다. 현재의 자료 여건에서는 불가피한 측면이 있다고 생각된다. 여기서는 이를 수용하고 한걸음 나아가 이들이 백제로 흡수된 배경과 계기를 추적해보고자 한다.

중국계 인구가 백제로 들어오게 된 계기는 여러 경로를 상정할 수 있으나 한사군漢四郡과 대방군帶方郡의 설치, 그리고 그 멸망을 주요인으로 들지 않을 수 없다. 그러나 그 사이에 한군현 체제는 요동지역과 한반도 북·중부의 정세 변동에 따라 변하고 있었다. 그 과정에서 군현민이 유망하고 역으로 토착민 집단이 군현으로 흡수되기도 했을 것이다. 이처럼 다양한 인구이동의 양상을 포착해보려는 것이 이 글의 목표 중 하나이다. 그리고 시야를 넓혀 중국계 유이민이 백제를 경유하여 일본 열도로 이주하는 양상을 살펴볼 것이다.

한사군과 대방군이 고조선의 고지故地를 통치하는 데 그치지 않고 동방에 있던 여러 정치체를 중국 중심의 질서에 편제하려는 목적에서 설치되었음은 주지의 사실이다. 하지만 그 과정에서 교섭과 전쟁, 교역이 착종되어 전개되었고, 백제의 경우 이러한 경험이 결과적으로 고대국가의 지배체제를 정비할 수 있는 자양분이 되었음을 부정할 수 없다. 낙랑군과 대방군으로부터 백제로 유입된 인물, 그리고 그 후예들이 언제, 어떻게 와서 어떤 활동을 벌였는지를 살펴봄으로써 양군兩郡의 존재와 소멸이 백제의 발전에 끼친 영향을

3) 구체적인 성과에 대해서는 본론에서 언급할 예정이다.

재음미할 수 있는 기회가 되기를 바란다.

Ⅱ. 중국계 성(姓)을 사용한 인물들

백제가 성장하는 데 있어 낙랑군·대방군이 어떤 역할을 했는지 알아보기 위해 백제에서 활동한 중국계 인물에 관해서 살펴보고자 한다. 우선 어떤 인물이 과연 중국계인지, 아닌지가 판별되어야 할 텐데 자료에 그 출자出自가 명시된 경우는 매우 적다. 자료상 중국계 인물이라는 것이 분명히 드러나는 사례를 먼저 검토하겠다.

> 고구려가 帶方郡을 치자 대방군이 우리에게 구원을 청했다. 왕이 대방왕의 딸 寶菓를 부인으로 맞이한 바 있으므로, 이르길 "대방은 백제와 장인과 사위 관계의 나라이니, 그들의 요청을 들어 주어야 한다."고 했다. 마침내 군사를 내어 구원하니 고구려가 이를 원망하였다.
>
> 〈『三國史記』 卷24 百濟本紀2 責稽王 元年〉

대방군이 백제에게 구원을 요청한 것은 『삼국사기』의 기년을 따르면 286년에 해당한다. 당시 책계왕은 보과寶菓와 결혼한 상태였으므로 그가 태자 시절이던 고이왕古爾王 때 백제가 대방군과 우호 관계를 수립하기 위해서 일종의 혼인동맹을 맺었다고 보인다.[4]

고이왕의 재위 연대로 전하는 3세기 중·후엽은, 공손강公孫康이 204년 무렵 대방군을 설치한 후 238년에 위魏나라 명제明帝가 낙랑군·대방군을 복속시켜 두 군이 위魏에 편입된 시기였다. 274년에는 서진西晉이 요동의 양평襄平(지금의 요양시)에 동이교위부東夷校尉府를 두고, 유주幽州로부터 평주平州를 분치하여 여기에 낙랑군과 대방군을 소속시킴으로써 두 군의 기능이 약화되기 시작했다.

위 기사의 '대방왕'은 대방군 태수를 가리킬 것이다. 외국에 지원군을 요청했다면 '왕'은 그 정치체의 대표로서 최고 권력자라고 보아야겠다. 책계왕이 지원을 수락하기 위한 명분으로 구생舅甥 관계를 내세운 것도 그 혼인이 대방군의 일개 호족과 맺은 것이 아니라 대방태수 정도의 최고위급과의 혼인 관계여야 설득력을 발휘할 수 있었을 것이다.

고이왕 재위 시기에 대방태수로서 이름을 전하는 인물은 경초景初 연간(237~239)의 유흔劉昕과, 한韓이 대방군의 기리영崎離營을 공격하자 반격에 나선 궁준弓遵이 있다.[5] 보과寶菓가 유흔 또는 궁준의 딸일 가능성이 있는 것이다. 그러나 더 이상의 사정을 알 수 없으므로 보과의 사례를 통해서 백제로

4) 『隋書』 百濟傳에 遼東太守인 公孫度가 딸을 仇台와 결혼시켰다는 기록이 있는데, 이는 부여의 尉仇台가 공손도의 딸과 혼인한 것을 혼동한 결과라고(李丙燾, 1976, 「百濟의 建國問題와 馬韓中心勢力의 變動」, 『韓國古代史硏究』, 博英社, 473쪽) 생각된다.

5) "景初中 明帝密遣帶方太守劉昕 樂浪太守鮮于嗣 越海定二郡 …… 部從事吳林以樂浪本統韓國 分割辰韓八國以與樂浪 吏譯轉有異同 臣智激韓(臣濆沽韓)忿 攻帶方郡崎離營 時太守弓遵 樂浪太守劉茂興兵伐之 遵戰死 二郡遂滅韓." <『三國志』 卷30 魏書30 烏丸鮮卑東夷傳第30 韓>

유입된 다른 중국계 인물을 검출하기는 어렵다.

다음은 왕인王仁의 경우이다.

> 漢 高帝의 후손에 鸞이 있고, 鸞의 후손인 王狗가 여러 곳을 거쳐 백제에 이르렀다. 백제 久素王 때 우리 조정이 사절을 보내 文人을 보내라고 하니 구소왕이 왕구의 손자인 王仁을 바쳤다. 이 사람이 文·武生 등의 시조이다. 〈『續日本紀』 卷40 桓武天皇 延曆 10年 4月 戊戌〉

왕인의 조부가 왕구王狗인데 그는 자신의 가계家系가 한고조漢高祖와 연결된다고 주장했다.[6] 왕구는 우여곡절 끝에 백제로 왔고 구소왕久素王이 그의 손자인 왕인을 왜倭에 보냈다는 것이다. 이에 따르면, 왕인의 선조는 원래 한나라 출신이었고 왕구 때 백제로 이주했다가 그 후손이 왜로 건너간 것이 된다. 『일본서기』와 『고사기』는 백제의 왕인 파견을 전하고 있으나[7] 그 출자에 대해서는 언급이 없다. 왕인이 '박사博士'로 칭해지고 왜의 태자에게 유교 경전을 가르쳤다고 하므로 그는 『속일본기』가 전하듯이 유학에 대한 전문지식을 갖춘 중국계 인물이라고 여겨진다.

왕인을 파견한 구소왕은 근구수왕近仇首王(귀수왕貴須王)에 비정된다.[8] 하지만 왕인의 혈족 집단이 백제로 온 것은 그 조부 때였으므로 60년을 거슬러

---

6) 『新撰姓氏錄』을 보면, 왕인의 후손을 자처하는 씨족은 文宿禰를 '同祖'로 삼고 있으며, 문숙네의 출자를 "漢高皇帝之後 日鸞王"이라고 했다(『新撰姓氏錄』 左京 諸蕃 漢).

7) 『日本書紀』 卷10 應神天皇15年 8月 丁卯.
『古事記』 中卷 應神天皇 段5.

8) 靑木和夫 外, 1998, 『續日本紀』 五, 岩波書店, 498쪽.

올라가면 대략 4세기 초인 비류왕대比流王代에 해당한다. 낙랑군과 대방군이 멸망한 시기에 근접한다. 비록 『속일본기』의 기록이 왕인의 후손이 지위가 높은 성姓을 받기 위해 자신의 가문을 현양하는 과정에서 나왔으므로 과장의 혐의가 있다고 치더라도 이처럼 당시의 국제정세와 부합하는 요소를 담고 있어 흥미롭다. 왕인의 조상이 한漢의 내지內地 혹은 낙랑군·대방군에 거주했고, 4세기 초 호족胡族이 남하하면서 서진西晉이 멸망하고 양군兩郡이 소멸하는 격동기에 왕구王狗가 난을 피해 백제로 이주했을 개연성이 높다.

'왕王'이라는 성姓이 중국계 성씨인 점도 왕인의 출자를 파악하는 데 참고가 된다. 평양과 황해도 지역의 낙랑군·대방군 유적에서 '왕王'씨가 새겨지거나 묵서된 수많은 전塼, 칠기, 토기, 인장, 봉니, 금속기 등의 유물이 출토된 바 있다. 문헌자료에서도 낙랑군에 거주하는 왕씨 인물을 확인할 수 있다.

> 요동의 張統이 낙랑·대방의 2郡에 의거하여 고구려의 왕 乙弗利와 공방전을 벌인 것이 해를 거듭하여 그치지 않았다. 낙랑군의 王遵이 장통에게 유세하여, 그 백성 1천여 家를 이끌고 廆에게 귀속시켰다. 廆는 이를 낙랑군에 두고, 장통을 그 태수로, 왕준을 參軍事로 삼았다.
>
> 〈『資治通鑑』 卷88 晉紀10 孝懷皇帝 下〉[9]

이에 비해 백제의 고유한 성씨는 왕족王族의 성姓인 부여씨夫餘氏, 대성팔족

9) 왕준이 원래 속했던 낙랑군이 고구려에 의해 망하기 전의 낙랑군이고, 장통을 설득하여 前燕의 모용외에게 귀부한 다음 참군사직을 맡은 곳은 낙랑군이 멸망한 뒤 모용외가 遼西에 僑置한 낙랑군이다.

의 해解·진眞·사沙·목씨木氏 등, 그리고 봉지封地의 이름을 땄다고 생각되는 흑치黑齒·계백階伯·귀실씨鬼室氏 등이 확인된다.[10] 이러한 면에서 왕인과 그 혈족 집단은 낙랑군·대방군 지역을 포함하여 한漢, 공손씨公孫氏 정권, 위魏, 혹은 서진西晉이 다스리던 지역에서 유래해 백제로 왔다고 보인다.

이를 확장해서 적용하면 백제에서 활동한 왕씨王氏 인물들은 일단 그 출자를 중국계로 볼 수 있겠다. 왕무王茂,[11] 왕변나王辯那,[12] 왕효린王孝隣[13] 등이 이에 해당한다.[14] 그간의 연구는[15] 이처럼 그 성씨姓氏로부터 착안하여 해당 인물의 출자를 유추하였다. 중국과의 관련성을 보여주는 직접적인 근거를 제시하지 못했다는 점에서 이러한 접근은 한계가 있다. 하지만 왕인王仁처럼 간

---

10) 노중국, 2007,「百濟의 姓氏와 貴族家門의 出自」,『大丘史學』89, 81-94쪽.

11) "表曰 臣所遣 行龍驤將軍樂浪太守兼長史臣慕遺 行建武將軍城陽太守難弗顧." <『南齊書』卷58 列傳39 百濟國>

12) "開皇十八年 昌使其長史王辯那 來獻方物 屬興遼東之役 遣使奉表 請爲軍導." <『隋書』卷81 列傳46 百濟>

13) "春三月 遣扞率燕文進 入隋朝貢 又遣佐平王孝隣入貢 兼請討高句麗 煬帝許之 令覘高句麗動靜." <『三國史記』卷27 百濟本紀5 武王 8年>

14) 이러한 점에서 고조선에서도 우거왕 때 활약한 將軍 王唊은 중국계로 판단된다. 그리고 朝鮮相 路人과 尼谿相 參이 성을 칭하지 않은 데 비해서, 韓陰은 韓氏를 칭하며 '조선' '니계'와 같은 고조선의 지명을 관칭하지 않고 '相'이라 표기된 것은(『史記』卷115 朝鮮列傳55) 그가 중국계였음을 시사한다. 진·한 교체의 혼란기에 고조선으로 피신한 燕, 齊, 趙의 주민 혹은 위만집단에서 그 연원을 찾을 수 있겠다.

15) 李弘植, 1971,「百濟人名考」,『韓國古代史의 硏究』, 新丘文化社.
김기섭, 2000,「주민의 출신성분」,『백제와 근초고왕』, 학연문화사.
노중국, 2007, 앞의 논문.
윤용구, 2007,「중국계 관료와 그 활동」,『百濟文化史大系 9 - 百濟의 對外交涉』, 충청남도역사문화연구원.
尹琇姬, 2010,『百濟의 人的交流 연구 - 5세기를 중심으로』, 한국학중앙연구원 박사학위논문.
정재윤, 2012,「중국계 백제관료에 대한 고찰」,『史叢』77.

접적이나마 자신의 출신을 밝힌 자료가 없는 상황에서는 불가피한 방법이라 하지 않을 수 없다. 마찬가지 방법으로 고高·장張·양楊·진씨陳氏 성을 가진 인물이 중국계로서 백제에서 활동했다고 파악된 바 있다.[16]

이 가운데 진씨는 2012년에 소개된「진법자陳法子 묘지명墓誌銘」을 통해 그 출자와 가문의 내력을 엿볼 수 있다.

> 옛 조상은 漢이 쇠약해진 말년에 큰 바다를 뛰어넘어 재앙을 피했다. 후손들은 韓에 기대어 이끌던 때 熊浦에 의탁하여 가문을 이루었다. …… 증조 春은 본국(백제)의 太學正 恩率이었고, 조부 德止는 麻連大郡將 達率이었다. 부친 微之는 馬徒郡參司軍 德率이었다. …… 君은 맑은 식견이 어려서부터 빼어났고 바른 도리가 일찍이 드러났다. 아버지를 이어 좋은 평판과 아름다운 이름을 후세에 전했다. 관직에 나아가 旣母郡佐官에 제수되었고 稟達郡將을 거쳐 얼마 후 司軍 恩率이 되었다.
>
> <「陳法子 墓誌銘」>

진법자는 백제가 망한 후 당나라에 들어가 관직 생활을 하다가 690년에 사망한[17] 백제 유민이다. 그러나 먼 조상이 한말漢末의 혼란기를 맞아 본거지를 떠났고 후손들이 마한·백제로 이주해 와서 일문一門을 이루었다고 한다.

---

16) 李弘稙, 위의 논문, 358-360쪽은 이밖에 대성8족 중 燕氏와 일본 문헌에 나오는 姬·段·馬·吉·丁·賈氏,「鄭智遠銘 금동석가여래입상」의 鄭·趙氏를 중국계 성으로 파악했다.

17) 김영관, 2014,「百濟 遺民 陳法子 墓誌銘 硏究」,『百濟文化』50.
정동준, 2014,「「陳法子 墓誌銘」의 검토와 백제 관제」,『韓國古代史硏究』74.
박지현, 2014,「<陳法子墓誌銘>의 소개와 연구현황 검토」,『木簡과 文字』12.

진법자 가문은 증조 때부터 은솔恩率에 올랐고 자손까지 고위 관등을 이어온 중국계 백제인이었다. 백제가 멸망한 후 당唐에 들어가 관료가 되었으나 묘지명에 자기 조선祖先과 자신이 백제에서 중앙관中央官과 지방관地方官을 역임한 내역을 일일이 기록한 것으로 보아 진법자가 활동한 시기, 즉 백제 말기가 되면 중국 출신인으로서의 정체성正體性은 거의 사라졌다고 보인다.

한편 풍야부馮野夫는[18] 풍씨가 북연北燕의 왕성王姓이므로 그 일족으로서 역시 중국계의 인물이다. 앞선 연구에서 지적되었듯이, 436년 고구려가 북연을 멸망시킨 후 그 왕족이 고구려에 포섭되었으므로[19] 고구려에 머물던 풍씨 일족 가운데 일부가 백제로 건너왔다고 생각된다.

---

18) "(元嘉) 二十七年 毗上書獻方物 私假臺使馮野夫 西河太守 表求易林式占腰弩 太祖並與之." 〈『宋書』 卷97 列傳57 百濟國〉

19) 노태돈, 1999, 「5~6세기 동아시아 국제정세와 고구려의 대외관계」, 『고구려사 연구』, 사계절, 299-304쪽.

Ⅲ. 인구(人口) 유입의 과정과 배경

이제 위와 같은 중국계 인물이 백제로 들어오게 된 과정과 그 배경에 대해 살펴보자.

고구려가 313년과 314년에 낙랑군과 대방군을 각기 멸망시킴으로써 그 주민 가운데 일부가 사방으로 이산되었음은 잘 알려진 사실이다. 백제는 물론이고 고구려, 가야, 왜倭로 흡수되었으며 중국으로 돌아간 사례도 지적되었다.[20]

---

20) 金恩淑, 1988, 「西文氏의 '歸化'傳承」, 『歷史學報』 118.
______, 2007, 「일본 율령국가의 백제왕씨」, 『百濟文化史大系 7 - 백제유민들의 활동』, 충청남도역사문화연구원.
林起煥, 1995, 「4세기 고구려의 樂浪 · 帶方地域 경영 - 안악3호분 · 덕흥리고분의 墨書銘 검토를 중심으로」, 『歷史學報』 147.
尹龍九, 1995, 「樂浪遺民의 墓誌 二例」, 『仁荷史學』 3.
______, 2014, 「중국 출토 고구려 · 백제유민 묘지명 연구동향」, 『韓國古代史硏究』 75.
李成市, 1998, 「東アジア諸國と人口移動」, 『古代東アジアの民族と國家』, 岩波書店.
여호규, 2000, 「4세기 동아시아 국제질서와 고구려 대외정책의 변화 - 對前燕關係를 중심으로」, 『역사와 현실』 36.

〈그림 1〉 광주광역시 복룡동 토광묘 출토 貨泉(동북아지석묘연구소 제공)

그러나 중국계 인구人口가 백제로 유입된 것은 양군兩郡이 축출되기 전부터 이뤄지고 있었다.[21] 반양전半兩錢, 오수전五銖錢, 화천貨泉 등의 진秦 · 한대漢代 중국 고대화폐가 남한 지역에서 출토되고 있다. 그간 남해안과 제주도 지역에서 주로 출토되었으나 근래 서울 풍납토성과 경산 임당 유적과 같은 내륙 지역, 그리고 강릉시 초당동 유적과 같은 동해안 지역에서도 확인되어[22] 그 출토 범위가 확대되는 양상이다. 최근에는 인천 영종도의 운북동 유적에서 오수전 15매, 광주광역시 복룡동의 토광묘에서 화천貨泉 50여 점이 끈에 묶

孔錫龜, 2003, 「4~5세기 고구려에 유입된 중국계 인물의 동향 - 문헌자료를 중심으로」, 『韓國古代史研究』 32.
金泰植, 2004, 「加耶와 樂浪」, 『韓國古代史研究』 34.
박재용, 2014, 「6세기 고대일본 백제계 渡倭人과 불교」, 『百濟文化』 50.
안정준, 2016, 『高句麗의 樂浪 · 帶方郡 故地 지배 연구』, 연세대학교 사학과 박사학위논문.

21) 백제 쪽은 아니지만 秦 · 漢 교체기에 위만집단을 비롯한 燕, 齊, 趙의 다수 주민이 고조선으로 들어온 것이 유의된다("陳勝等起 天下叛秦 燕齊趙民 避地朝鮮 數萬口 燕人衛滿 魋結夷服 復來王之." 〈『三國志』 卷30 魏書30 烏丸鮮卑東夷傳30 濊〉).

22) 김창석, 2004, 『삼국과 통일신라의 유통체계 연구』, 일조각, 157-165쪽.

인 채 꾸러미로 발견되었다.

중국 고대화폐 가운데 전세품傳世品도 있을 터이나 대략 기원전 1세기~기원후 3세기에 사용되고 매몰되었다고 추정된다. 중국 商人이 왕래하면서 이러한 화폐를 가져왔을 것이고, 그들이 마한·백제 지역까지 활동 영역을 확대한 데는 한사군漢四郡의 설치가 주요한 계기가 되었다고 보인다.

> 郡이 처음 遼東郡에서 관리를 취했는데, 이들이 보니 (고조선) 주민은 저장시설을 잠그지 않았다. 상인들이 왕래하기에 이르러 밤에 (그것을) 훔치니 풍속이 점차 각박해졌다.
>
> <『漢書』卷28 地理志8 下>

한사군이 설치되어 관리와 군사가 파견되고 난 다음에는 상인商人이 구조선舊朝鮮 지역으로 들어와 활동했고, 이후 그 범위를 한반도 중·남부 지역까지 넓혀간 것이다. 이들 중 일부가 연안항로 혹은 내륙 교통로상의 요처에 머물면서 낙랑군 등의 군현과 네트워크를 형성했을 가능성이 있다. 광주 복룡동의 화천貨泉은 토광묘에 부장되었으므로 마한 소국의 수장층이 소유했다고 보이지만, 전남 여천군 거문도에서는 오수전五銖錢이 980매에 이를 정도로[23] 다량 수습되어 소유자의 성격이 달랐을 가능성이 높다. 한반도 지역의 명도전明刀錢 유적 가운데도 토착민이 남긴 것과 별도로 중국계의 색채가 강한 것이 있다고 한다.[24]

---

23) 池健吉, 1990,「南海岸地方 漢代貨幣」,『昌山金正基博士華甲紀念論叢』.

24) 田村晃一, 1994,「樂浪郡設置前夜の考古學(一) - 淸川江以北の明刀錢出土遺蹟の檢討」,『東

한사군 그리고 이어지는 대방군의 설치 목적은 고조선의 고지故地를 통치하는 것과 더불어 남만주와 한반도, 일본 열도를 중원中原 왕조 중심의 지배질서 안으로 포섭하기 위한 것이었다. 이를 뒷받침하기 위해 책봉-조공관계를 성립시키고 대외교역을 추진하였으므로 한군현이 직접 관장하는 바깥에도 중국 상인의 거류지가 형성되어 교역의 중간 거점으로 활용되었으리라 추정된다.

주지하듯이 한사군 체제가 변동하고 중국 내지의 정세가 변화하면서 한사군과 대방군의 주민들이 주변 토착민의 세계로 이탈해갔다. 그 중 한韓・예濊의 정치체로 흡수된 경우를 살펴보자.

> 始元 5년에 儋耳와 眞番郡을 혁파했다.
>
> 〈『漢書』卷7 昭帝紀7〉

> 昭帝 시원 5년에 이르러 臨屯과 眞番을 혁파하여 樂浪과 玄菟에 병합했다.
>
> 〈『後漢書』卷115 東夷列傳75 濊〉

한 조정은 기원전 82년에 진번군과 임둔군을 폐지하고 낙랑군과 현토군이 대신 그 지역을 다스리도록 했다. 이 과정에서 일부 군현민이 이탈했을 가능성이 있으나 진번군과 임둔군이 설치된 지 26년 밖에 지나지 않았으므로 군현의 관료, 장교와 같은 지배층은 새로운 군郡으로의 이관을 수용하고, 옛 진

アジア世界史の展開』, 汲古書院.

번과 임둔 주민의 일부가 동요했으리라 생각된다.

이러한 동요는 기원전 75년 무렵 낙랑군이 남부도위南部都尉와 동부도위東部都尉를 두어 구진번군 지역과 영동 지역을 각각 관할토록 함으로써 진정되었을 것이다.

> 沃沮가 다시 낙랑군에 속했다. 漢은 그 땅이 넓고 멀기 때문에 單單大領의 동쪽에 東部都尉를 分置하고 不耐城을 치소로 하여 領東의 7縣을 따로 주관토록 했다. 이때 沃沮 또한 그 현이 되었다.
>
> 〈『三國志』卷30 魏書30 烏丸鮮卑東夷傳30 東沃沮〉

동부도위는 동이東暆 · 잠대蠶台 · 불이不而 · 화려華麗 · 야두미邪頭昧 · 전막前莫 · 부조夫租의 영동 7현을 관장했고, 남부도위는 현재의 황해도 지역에 있던 소명昭明 · 대방帶方 · 함자含資 · 열구列口 · 장잠長岑 · 제해提奚 · 해명海冥의 7현을 나누어 맡고 소명현(지금의 황해도 신천信川)을 치소로 삼았다.[25]

기원후 30년 낙랑군의 동부도위와 남부도위가 폐지되자 상황은 다시 바뀌었다.

> 광무제 건무 6년에 邊郡을 줄이고 이로 인해 都尉를 없앴다. 그 뒤로 縣의 渠帥로써 縣侯를 삼고 不耐 · 華麗 · 沃沮縣은 侯國을 삼았다. 오랑캐들이 다시 서로 攻伐을 벌였는데 오직 不耐濊侯만이 지금까지 功曹 ·

25) 李丙燾, 1929,「眞番郡考」,『史學雜誌』40-4;『韓國古代史研究』, 1976, 博英社.

主簿 등 관직을 두고 모두 濊民을 이에 임명해왔다.

〈『三國志』 卷30 魏書30 烏丸鮮卑東夷傳30 東沃沮〉

한나라는 동부도위를 폐지하고 후국侯國을 중심으로 하여 영동 7현에 대한 통제체제를 개편했다. 이는 영동 7현에 대한 관할권을 다시 낙랑군이 가져가고 대신 후국이라는 간접지배 형태로 통제하는[26] 형식이었다고 생각된다. 그런데 동부도위 폐지 후 "오랑캐들이 다시 서로 공벌을 벌였다"고 하므로 이를 계기로 하여 한漢의 지배가 유명무실해졌고, 실질적으로는 영동지역이 기원전 108년 이래 140년에 이르는 한나라의 지배에서 이때 비로소 벗어나게 된 것이다.[27]

남부도위가 관할하던 지역에 대해서는 기록이 없으나 이곳 역시 지배의 공동화 상태가 빚어졌다고 보인다.

建安 연간에 公孫康이 屯有縣 남쪽의 荒地를 나누어 帶方郡을 두었다.

〈『三國志』 卷30 魏書30 烏丸鮮卑東夷傳30 韓〉

3세기 초 대방군이 신설되기 직전의 상황을 '황지'라고 표현했다. 지금의 황해도 지역이 황무지처럼 폐허가 되었다는 뜻과 함께, 이곳에 자리 잡은 진

26) 임기환, 2000, 「3세기~4세기초 위(魏) · 진(晉)의 동방 정책 - 낙랑군 · 대방군을 중심으로」, 『역사와 현실』 36.

27) 김창석, 2014, 「4세기 이전 한반도 중부지역의 정치체와 정세 변동 - 문헌자료를 중심으로」, 『고고학』 13-2, 38쪽.

번眞番 이래의 정치체들이 세력을 신장시켰으나 남부도위가 폐지된 이후 낙랑군이 구진번 세력을 통제하지 못함으로써 한나라 황제의 교화敎化에서 벗어나게 된 현실을 이렇게 표현했다고 본다. 공손씨 정권을 비롯한 한인漢人들은 이를 화외化外의 땅으로 인식했던 것이다.[28]

> 桓帝·靈帝의 치세 말년에 韓과 濊가 강성하여 군현이 제어하지 못하고 많은 인민이 韓國으로 흘러들어갔다.
>
> <『三國志』卷30 魏書30 烏丸鮮卑東夷傳30 韓>

2세기 중·후반에 벌어진 위의 상황은 바로 30년에 남부도위가 폐지된 이래 발생한 군현체제의 변동의 연장선상에서 이해되어야 한다. 영동지역의 예를 참조하면 황해도 지역에서도 남부도위가 폐지된 뒤에는 주요 현을 후국侯國으로 삼는 간접적인 통제방식을 상정할 수 있는데, 이는 진번군 설치 이후 중국 내지에서 이주해온 한인漢人 관리, 장교, 상인들이 재지화在地化하고 진번 이래의 토착 정치체가 성장하는 토양이 될 수 있었다.

이러한 상황에서 후한後漢 말기 중앙의 정치가 혼란해지자 지방에서 호족세력豪族勢力이 성장하여 할거하게 되었고,[29] 변군邊郡인 낙랑군의 통치 지역에서도 비슷한 양상이 전개되었을 것이다. 도위都尉가 폐지된 지역에서 이러한 추세는 가속화 되었을 터인데, 여기에 더해서 주변에 있던 한韓·예濊, 즉 마

28) 위의 논문, 45-47쪽.

29) 宇都宮清吉, 1977,「漢代豪族論」,『中國古代中世史硏究』, 創文社.
鶴間和幸, 1978,「漢代豪族の地域的性格」,『史學雜誌』87-12.

한과 영서예 세력이 강성해지자 구舊 남부도위 예하의 현민縣民이 이곳으로 유리遊離해갔다.

이때는 일반 주민은 물론이고 지배층의 일부도 낙랑군에서 이탈했을 가능성이 높다. 낙랑군 지배세력의 재지화가 진전되면서 후한 조정으로부터의 자율성이 그만큼 커졌을 것이기 때문이다. 이는 종래 일부 군현민에 한정되었다고 추정되던 양상과 달라진 모습이라 할 수 있다.

또 한 차례는 대방군이 설치되었을 때이다. 위에서 언급했듯이 3세기 초 대방군이 신설되기 직전의 상황은 한인漢人에게 '황지荒地'라고 인식될 정도로 종래의 지배질서가 와해되어 있었다. 이를 복구하려는 조치가 대방군의 설치였으나, 그 주체인 공손씨公孫氏 정권은 후한 말기의 혼란을 틈 타 요동 지역에서 자립한 지방세력이었다. 뒤에 위魏의 명제明帝가 공손연公孫淵을 공격하면서 대방군과 낙랑군을 평정했다고 하므로[30] 공손강公孫康은 대방군을 설치할 때 낙랑군까지 자신의 세력권으로 편입시켰음을 알 수 있다. 기왕에 후한後漢의 통제를 받고 있었고, 한편으로 자립성을 높여가던 낙랑군과 황해도 지역의 유력자들이 공손씨가 주도하는 새로운 군현의 지배를 쉽게 받아들이지 못했으리라는 것은 능히 짐작할 수 있다.

한편 고구려와 백제의 공략이 이 지역의 인구 이동에 영향을 미쳤다. 고구려는 백제 책계왕 때 대방군을 침략하기 전부터 일찍이 낙랑군을 침공한 바 있다.[31]

---

30) "景初中 明帝密遣帶方太守劉昕 樂浪太守鮮于嗣 越海定二郡." <『三國志』卷30 魏書30 烏丸鮮卑東夷傳30 韓>

31) "宮死 子伯固立 順桓之間 復犯遼東 寇新安居鄕 又攻西安平 于道上殺帶方令 略得樂浪太守妻

가을 8월에 위나라의 유주자사 毋丘儉이 낙랑태수 劉茂 및 삭방태수 王遵과 더불어 고구려를 쳤다. (고이)왕이 그 틈을 타서 左將 眞忠을 보내 낙랑군 변방의 인민을 습취했다. 유무가 이를 듣고 노하니 王이 토벌을 당할까 두려워 그들을 돌려보냈다.

〈『三國史記』 卷24 百濟本紀2 古爾王 13年〉

백제는 위魏와 고구려가 충돌한 틈을 타서 낙랑군을 기습했다. 뒤에 송환하긴 했으나 백제가 군사력을 이용하여 한군현의 인구를 약취掠取했고,[32] 분서왕 7년(304)에 낙랑군의 서쪽 현縣을 빼앗았다.[33] 이러한 방식의 인구 획득은 낙랑군·대방군 측에서도 한韓과 예濊로부터 노동력을 확보하기 위해 동일하게 이뤄졌다고 생각된다.

이밖에 낙랑과 대방을 거치지 않고 중국 내지에서 직접 백제로 오는 경우도 있었을 것이다. 앞에서 살펴본 진법자陳法子의 조상의 유입이 그러한 형태일 가능성이 있으나 기록이 소략하여 분명치 않다. 어하튼 중국 내지에서 마한·백제 지역으로 직접 들어온 사례는 양군兩郡이 존속하던 시기에는 양군을 거쳐 유입된 경우보다 소수였을 것이다. 그러나 두 군이 소멸한 이후는

子." 〈『三國志』 卷30 魏書30 烏丸鮮卑東夷傳30 高句麗〉

32) 『三國史記』 卷24 百濟本紀2 古爾王 28年條에 따르면, 古爾王이 다른 신하와 더불어 高壽를 衛士佐平에 임명했다고 한다. '좌평'은 후대의 관제를 부회한 기록이다. 그러나 高壽는 백제 고유의 성이 아닌 고씨를 쓰고 있어 유의된다. 고수가 중국계 관료가 맞는다면 15년 전 백제가 낙랑군을 공략했던 것이 그 배경일 수 있다.

33) "春二月 潛師襲取樂浪西縣 冬十月 王爲樂浪太守所遣刺客 賊害 薨." 〈『三國史記』 卷24 百濟本紀2 汾西王 7年〉

당연히 직접 백제로 오거나 풍야부馮野夫처럼 고구려를 거쳐 오게 되었다.

마한 · 백제 지역으로 중국계 유이민이 들어온 것은 기원전 82년 진번 · 임둔군이 폐지된 이래 파상적으로 이어져왔다. 경초景初 연간(237~239) 위魏의 낙랑 · 대방군 정벌, 274년 서진西晉의 동이교위부 설치와 같이 군현 체제에 정치 · 군사적 변동이 생겼을 때도 유이민의 파동이 백제에 미쳤을 수 있다. 고구려와 백제가 이들을 거부한 자료는 보이지 않고 오히려 양군을 공략하여 인민을 습취하고자 했다.

유이민의 무리 속에 지배층까지 합류한 것은 기원후 30년의 남부도위 폐지 이후라고 추정된다. 이때부터 3세기 초 대방군 설치 시까지 다양한 계층의 한인漢人과 구舊 진번眞番 주민이 마한 지역으로 흡수되었다. 어쨌든 낙랑 · 대방군으로부터 유입된 인구의 파고가 최고조에 이른 것은 4세기 초에 고구려에 의해 두 군이 멸망하고 근초고왕대 그 고지故地의 일부를 백제가 장악했을 때였음은 물론이다.

Ⅳ. 인구 이동과 중국계 인물 활동의 양상

1. 인구 이동의 특징

낙랑·대방군과 마한·백제 사이의 인구 이동이 전자에서 유출되어 후자로 흡수되는 일방향으로만 전개되지는 않았다고 보인다.

> (대방군에서) 公孫模와 張敞 등을 파견하여 遺民을 모아들이고 군사를 일으켜 韓濊를 정벌하니 舊民이 점차 돌아왔다. 이후로 倭와 韓이 마침내 대방군에 속했다.
>
> 〈『三國志』 卷30 魏書30 烏丸鮮卑東夷傳30 韓〉

대방군을 설치한 후 공손씨公孫氏 정권은 강온 양면책을 구사하여 이탈한 주민들을 안집安集했다. 그 대상은 주로 '환령지말'에 해당하는 후한後漢의 혼란기에 주변의 정치체로 이산離散해 간 군현민이었을 것이다. 그러나 이탈한 군현민의 쇄환에 그치지 않고 마한·백제 지역의 인구도 포함되었을 가능성이 크다.

봄 2월에 幽州刺史 毌丘儉이 고구려를 쳤다. 여름 5월에 예맥을 쳐서 모두 깨트렸다. 韓의 那奚 등 수십 국이 각기 種落을 이끌고 항복했다.

〈『三國志』 卷4 魏志4 三少帝紀4 正始 7年〉

246년에는 관구검이 이끄는 위군魏軍이 고구려와 함께 예맥濊貊을 침공하여 격파했다. 그런데 한韓은 위군魏軍의 공략 대상이 아니었음에도 불구하고 나해那奚 등의 정치체가 다양한 규모의 읍락집단을 거느리고 위나라에 항복했다. 마한은 아직 맹주국의 구심력이 약하여 주변에 강력한 세력이 등장하면 연맹체에 소속된 소국이더라도 그 원심력에 이끌릴 수 있는 상태였던 것이다.

대방군이 설치된 직후 중국계 유민을 회유하여 복귀시키고 한편에서는 군사를 동원하여 '한예韓濊'를 정벌했다고 하므로 마한과 영서예의 일부 세력이 이 과정에서 대방군으로 이탈해 들어간 것은 자연스러운 현상이다. 후한 말기에는 반대로 한예韓濊가 강성해져 낙랑군과 황해도 지역의 구진번계 주민들이 한예 사회로 유출되었던 것과 마찬가지이다.

마한·백제로부터 중국 군현으로 유입된 인구에 대해서는 기록이 없으나 다음 자료를 통해 유추가 가능하다.

왕망의 地皇 연간에 이르러 廉斯鑡가 辰韓의 右渠帥가 되었다. 樂浪의 토지가 기름지고 인민이 풍요롭게 산다는 말을 듣고 망명하여 항복하고자 했다. 그 읍락을 나와 밭에서 참새를 쫓고 있는 한 남자를 만났는데 그 말이 韓人의 것이 아니었다. 물어보니 남자가 말하길, "우리는 漢人이고 (저의) 이름은 戶來입니다. 무리 1,500명이 벌목을 하다 韓의 습격을 받아 포로가 되었습니다. 모두 머리를 깎이고 노예가 된 지 3년입니다." 鑡

> 가 말하길 "내가 이제 漢의 낙랑에 항복하려 하니 당신도 가려는가?" 호래가 말하길 "가겠습니다." 염사치가 호래를 데리고 탈출하여 含資縣에 이르렀다. 縣에서 郡에 보고하니, 군은 염사치를 통역으로 삼고 수초 사이[芩中]를 따라 큰 배를 타고 辰韓에 들어갔다. 호래를 맞이하고 그의 무리 1,000명을 쇄환했으나 나머지 500명은 이미 죽은 뒤였다. 염사치가 진한을 깨우쳐 말하길 "너희는 500명을 반환하라. 그렇지 않으면 樂浪이 마땅히 1만의 병사를 배에 태우고 와서 공격할 것이다."
>
> 〈『三國志』卷30 魏書30 烏丸鮮卑東夷傳30 韓〉

『위략魏略』에서 인용한 위의 기록은 신新나라 때인 1세기 초 낙랑군과 한韓의 관계의 일면을 엿볼 수 있게 한다. 여기서는 염사치를 진한辰韓의 수장이라 했지만, 당시는 아직 삼한이 완전히 분화되지 못하고 韓이라고 불린 종족 집단이 한반도 중・남부에 산재하여 다양한 규모와 수준의 정치체를 형성하고 있는 상태였다고 보인다. 따라서 이 설화를 통해 마한과 낙랑군의 관계도 유추할 수 있겠다.

'낙랑'은 낙랑 본군本郡을 가리키지만 당시는 남부도위南部都尉가 설치되어 있었으므로 위 기록의 보고체계는 〈함자현 - 낙랑군 남부도위(소명현昭明縣) - 본군(조선현)〉으로 이어지는 구조를 상정할 수 있다. 낙랑군은 우수한 목재를 구하기 위해 다수의 인원을 나중에 진한이 되는 지역의 인근까지 파견했다. 그런데 그 가까이 있던 한韓의 정치체가 이를 습취襲取하여 노예로 사역했다. 낙랑군이 이 정치체와 책봉관계를 맺고 있었다면 상상하기 어려운 일이다. 염사廉斯 지역의 경우는 그 수장이 낙랑의 문물에 우호적이었고 한인漢人과 의사소통이 가능할 정도로 한나라 문화에 친숙했던 듯하다. 아마 한나라 상인이 이곳까지 왕래했고 접촉이 반복되면서 이 지역 수장층 가운데 낙랑군의 문물을 선망羨望하는 인물이 출현했을 것이다.[34]

이처럼 남부도위와 인접해 있던 한·예족 정치체들은 낙랑군과 적대적이거나 우호적인 세력이 섞여 있었다. 그리고 염사치는 수장급 출신으로서 낙랑군으로 인입引入되었고 그 후에 역으로 한韓과의 외교 접촉에 나선 인물의 사례라고 생각된다.

일찍이 수장급 인물이 휘하의 인구를 이끌고 한漢나라로 편입된 경우가 있었다.

> 元朔 원년에 薉君 南閭 등이 右渠王을 배반하여 28만 구를 이끌고 요동에 이르러 내속했다. 武帝는 그 땅을 滄海郡으로 삼았으나 수년 만에 폐지했다.
>
> 〈『後漢書』 卷85 東夷列傳75 濊〉

기원전 128년에 남려라는 대수장이 이끄는 정치체가 한 무제에게 내속來屬했다. 예족濊族으로 구성된 임둔 방면의 정치체 가운데 일부가 위씨조선의 통제를 벗어나 한漢으로 투항해 간 것이다.[35] 창해군滄海郡이 오래 유지되지는 못했으나 남려南閭는 이곳에서 토착민의 대표로서 주요한 역할을 담당했으리라 여겨진다.

---

34) 김창석, 2014, 앞의 논문, 44-45쪽.
한편 建武 20년(44)에 염사인 蘇馬諟 역시 낙랑군에 귀부하고 光武帝로부터 廉斯邑君의 책봉을 받은 바 있다(『後漢書』 卷85 東夷列傳75 韓).

35) 金昌錫, 2008, 「古代 嶺西地域의 種族과 文化變遷」, 『韓國古代史硏究』 51, 21-23쪽.

이상 보아온 바와 같이 낙랑군과 대방군의 소멸이 인구 이동의 중요한 계기가 되었던 것은 분명하지만 주민의 이산과 이주는 그 전부터 이뤄지고 있었던 장기간의 지속적 현상이었다. 그리고 한군현 측으로부터의 일방적인 유출이 아닌 한군현과 주변 토착 정치체와의 상호 작용의 결과였다. 군현의 지배층과 주민이 자발적으로 한韓·예濊로 빠져나가거나 무력에 의해 끌려갔으며, 쇄환 정책에 의해 일부가 군현으로 복귀하고 한·예의 인구가 그 과정에서 포로가 되었다. 한·예의 수장층이 자의에 따라 군현으로 복속한 예도 있었다. 물리 현상에 비유하자면 질량이 큰 물체가 보다 큰 인력引力을 가지듯, 고대사회에서는 정치·군사·문화적 역량이 우세한 정치체가 유리하는 인구에 대해 보다 큰 인입력을 발휘했다고 보인다. 이는 중국 측뿐 아니라 마한, 백제, 그리고 예족 정치체 쪽에도 동일하게 작용했다.

동북아시아의 차원으로 시야를 넓혀보면, 기원전 1세기~기원후 7세기의 인구 이동은 가야加耶를 거쳐 일본 열도까지 미치는 모습이 확인된다.

> 이 해에 弓月君이 백제로부터 왔다. 이로 인하여 아뢰기를, "臣이 우리나라의 人夫 120縣을 거느리고 귀부하려 했습니다. 그러나 신라인이 막아서 모두 加羅國에 머물러 있습니다"라고 했다. 이에 葛城襲津彦을 보내 궁월군이 이끌고 온 인부를 加羅에서 불러들였다. 그러나 3년이 지나도록 襲津彦은 돌아오지 않았다.
>
> <『日本書紀』 卷10 應神天皇 14年>

> 太秦公宿祢는 秦始皇帝의 3세손인 孝武王에서 나왔다. 아들[男] 功滿王은 帶仲彦天皇(시호가 仲哀) 8년에 내조했다. 아들 融通王(弓月王이라

고도 한다)은 譽田天皇(시호 應神) 14년에 27縣의 백성을 이끌고 귀화하여 금, 은, 옥, 비단 등을 바쳤다.

〈『新撰姓氏錄』3帙 左京 諸蕃 上 漢〉

응신기應神紀는『일본서기』기년을 따르면 3세기 말~4세기 초이지만, 2주갑을 인하하여 기년을 조정하면 응신 14년은 4세기 말~5세기 초에 해당하는 시기이다. 궁월군이 백제로부터 인민을 이끌고 왜로 가려고 했으나 중간에 신라가 이를 막자 고령 지역에 머물렀다. 왜는 사신을 보내 궁월군의 무리를 맞아들였다고 한다.[36]

이 기록은 나중에 진씨秦氏가 되는 일족의 계보에 관한 전승이다.[37] 두 번째 자료를 보면 융통왕, 즉 궁월군은 그 출자를 진시황에 연결시키고 있다.[38] 이것을 입증할 근거는 없다. 다만 진秦을 씨로 삼은 것은 이 집단의 종족적 정체성이 중국계였고 왜倭 조정이 이를 인정한 결과라 할 수 있다. 흥미로운 점은 궁월군 집단이 왜로 가는 길을 신라가 막아서 가라국加羅國에 머물렀다는 것이다. 4세기 말~5세기 초에 주지하듯이 고구려가 남진을 펼치면서 신라를 준속국화准屬國化했고, 이에 대응하여 백제, 가야, 왜가 군사동맹을 맺고

---

36) "遣平群木菟宿禰 的戸田宿禰於加羅 仍授精兵 詔之曰 襲津彦久之不還 必由新羅人拒而滞之 汝等急往之擊新羅 披其道路 於是 木菟宿禰等進精兵 莅于新羅之境新羅王愕之 服其罪 乃率弓月之人夫 與襲津彦共來焉." 〈『日本書紀』卷10 應神天皇 16年 8月〉

37) 坂本太郎 外 校注, 1967,『日本書紀』上, 岩波書店, 370쪽.

38)『新撰姓氏錄』3帙 山城国 諸蕃 漢 秦忌寸 조에는 "太秦公宿祢同祖 秦始皇帝之後也 功智王 弓月王 誉田天皇(謚応神)十四年来朝 上表更帰国 率百廿七県伯姓帰化 并献金銀玉帛種種宝物等 天皇嘉之 賜大和朝津間腋上地 居之焉"이라 하여 같은 책 左京 諸蕃 上 漢 조의 功満王과 融通王이 각각 功智王과 弓月王이라고 적혀있다.

있었다. 궁월군 집단이 백제의 한성漢城 지역에서 출발했다면 <한성 - …… - 가라(고령) - 신라 - 왜>의 루트를 선택했다고 보인다. 당시 신라는 「광개토대왕릉비」에 기록되어 있듯이 왜倭의 공격을 고구려의 지원을 받아 물리친 바 있다. 따라서 신라 측에서 보면, 궁월군 집단이 중국계라고 하더라도 적대 세력인 백제로부터 이동해왔고, 또 전쟁을 치른 바 있는 왜로 향하는 것을 신라가 저지한 것은 당연한 대응이다. 고구려 역시 같은 상황에 처했다면 신라와 같은 선택을 했을 것이다. 궁월군이 신라를 통과하지 못하고 가라에 머문 것은 당시 국제정세와 상치되지 않는다.

따라서 궁월군과 그 휘하의 집단은 진나라 황실과 직결되지 않는다고 할지라도 중국계일 가능성이 높다고 판단된다. 3세기 중엽 경 기리영崎離營 전투가 벌어졌을 때 대방군帶方郡의 태수가 궁준弓遵이었다. '弓'이 궁준의 성이었으므로[39] 궁월군의 원래 성을 궁으로 볼 수 있다면, 그 일가一家는 중국 내지에서 대방군으로 이주해왔으며 군내郡內에서는 최고 지배자급에 속했다고 생각된다. 그 후 어떠한 계기로 - 대방군의 멸망이 가장 유력한데 - 백제로 흡수되었고, 우여곡절을 거쳐 왜까지 이르게 된 것이다. 궁월군의 사례를 통해 백제로 들어온 중국계 유이민이 다시 가야 혹은 신라로 확산되고 일부는 왜倭로 이주하는 인구이동의 연쇄를 확인할 수 있다.

그런데 궁월군 집단이 백제에 영주永住하지 않고 다시 이주한 배경은 무엇일까? 4세기 말~5세기 초에 고구려가 남진하여 백제 북부와 영서에 북부에 있던 58개 성城과 700개 촌村을 빼앗았다. 광개토왕의 군사가 한성 지역으로

39) "…… 攻帶方郡崎離營 時太守弓遵 樂浪太守劉茂 興兵伐之 遵戰死 二郡遂滅韓."<『三國志』 卷30 魏書30 烏丸鮮卑東夷傳第30 韓>

진격하지 않았지만 한성과 그 주변에 자리 잡은 중국계 주민의 위기의식은 심각했을 것이다. 낙랑군과 대방군이 고구려에 의해 멸망했는데, 다시 고구려의 군사적 압박이 가중되는 상황에서 피난처로 택한 백제마저 더 이상 안전지대가 아니라고 판단했을 것이다. 이주하여 정착한 정치체가 안정적이지 않을 때 이주민이 재차 다른 지역으로 옮겨가는 현상은 시대와 종족, 국가를 불문하고 보편적으로 나타나며 이는 생존을 위한 자연스러운 대응 방식이다. 그리고 이러한 상황에서 유이민 집단은 기성의 경험이 있기 때문에 토착민보다 상대적으로 기민하게 선택하고 행동으로 옮겼으리라고 예상할 수 있다.

군사적 배경 때문이 아니라 백제 조정이 왜와의 외교교섭을 위해 중국계 인물을 파견한 경우가 있다.

> 右衛士督 종3위 겸 下総守인 坂上大忌寸苅田麻呂 등이 表를 올려 말하기를, "臣 등은 본래 後漢 靈帝의 증손인 阿智王의 후손입니다. 漢 왕조가 魏로 바뀌자 阿智王은 神牛의 가르침을 따라 帯方郡으로 갔습니다. …… 뒤에 (아지왕이) 父兄께 고하기를 '듣건대 東国에 성스러운 임금이 있다고 하니 어찌 가지 않겠습니까? 만약 이곳에서 오래 머무르면 멸망당할까 두렵습니다.' 하고 母弟인 廷興徳과 7姓의 民을 거느리고 귀화하여 왔습니다. 이는 譽田天皇이 천하를 다스리던 때의 일입니다. 이때 阿智王이 아뢰어 청하길, '신은 전에 帯方에 살았는데 인민 남녀가 모두 재능이 있었습니다. 근래 百済와 高句麗 사이에 살며 마음으로는 머무를 곳을 찾지 못했으니 엎드려 바라건대 하늘과 같은 은혜로 사신을 보내 불러주십시오' 라고 하였습니다. ……"라 하였다.
>
> 〈『続日本紀』巻38 延暦 4年 6月 癸酉〉

후한後漢 영제靈帝의 증손이라는 아지왕阿智王이 위魏나라 때 대방군帶方郡으로 갔다가, 고구려와 백제 틈에 낀 대방군의 처지가 불안하여 왜倭로 건너갔다고 한다. 중국계 유이민이 대방군으로 이주했다가 백제 등의 다른 정치체를 거치지 않고 바로 왜에 간 것처럼 서술했다. 그런데 아지왕은 아지사주阿智使主, 즉 아직기阿直伎와 동일 인물이라고 한다.[40]

> 백제 왕이 阿直伎를 보내 좋은 말 2필을 바쳤다. 이에 輕坂 언덕 위에 있는 마구간에서 기르도록 하고 아직기로 하여금 馬飼의 일을 맡도록 했다. 이 때문에 그 말 기르던 곳을 廐坂이라고 불렀다. 아직기는 또한 經典을 잘 읽어 태자인 菟道稚郎子가 스승으로 삼았다. 이에 천황이 아직기에게 묻기를, "그대보다 뛰어난 博士가 또 있느냐?" 하니, 대답하여 이르길, "있습니다. 王仁이 뛰어납니다" 라고 했다. 이때 上毛野君祖인 荒田別과 巫別을 백제에 보내 王仁을 데려왔다. 阿直岐라는 자는 阿直岐史의 시조이다.
>
> 〈『日本書紀』 卷10 應神天皇 15年 8月 丁卯〉

주지하듯이 아직기는 백제가 왜와 수교하고 교섭을 벌이던 초기에 파견되었다. 마사馬飼의 전문가로서 왜에 가서도 관련 업무를 관장하여 일본에 대륙의 말馬 문화를 전파하는데 기여한 상징적 인물이다. 아직기가 유교 경전에도 밝았다고 하므로 『속일본기』에서 아지왕阿智王의 후손이 전한 내용과 종합해보면 중국계로 판단해도 좋을 듯하다.[41]

---

40) 青木和夫 外, 1995, 『續日本紀 四』, 岩波書店, 566쪽.

41) 『新撰姓氏錄』 左京 諸蕃 · 摂津国 諸蕃 · 和泉国 諸蕃 항목에 阿智使主 혹은 阿智王의 후손

그런데 『속일본기』에는 아지왕, 즉 아직기가 대방군에 머물다가 백제를 거치지 않고 도왜渡倭했다고 되어 있어 『일본서기』의 기록과 차이가 난다.

> 또한 백제 國主인 照古王이 숫말 1필과 암말 1필을 阿知吉師에게 붙여 貢上했다(阿知吉師란 자는 阿直史等의 시조이다). 더불어 橫刀와 大鏡를 바쳤다. 다시 백제국에 "만약 賢人이 있으면 貢上하라"고 요청하니, 명에 따라 人을 바쳤는데 和邇吉師라 하였다. 論語 10권과 千字文 1권, 모두 11권을 이 사람에게 붙여 貢進했다(이 和邇吉師란 자는 文首等의 시조이다).
>
> 〈『古事記』 中卷 應神天皇 段 5 〉

『고사기』에도 아지길사阿知吉師, 즉 아직기는 백제의 왕이 파견했다고 하여 『일본서기』와 혹사한 내용을 싣고 있다. 따라서 아지왕은 중국계로서 238년 위魏가 낙랑 · 대방군을 공손씨 정권으로부터 빼앗았을 무렵에 대방군으로 갔고, 그 뒤 어느 시기엔가 백제로 이주했을 것이다. 아지왕은 백제에서 활동하다가 4세기 중엽~5세기 초에 왜에 파견되었다고 보인다.

그렇다면 『속일본기』에서 아지왕이 대방군으로부터 백제를 경유하지 않고 왜로 왔다고 한 것은 사실과 다른 진술이라 할 수 있다. 판상대기촌예전마려坂上大忌寸苅田麻呂가 대표하는 아직기의 후손 집단이 스쿠네宿禰라는 새로운 성姓을 받기 위한 정치적 목적에서 표문表文을 올리면서 선조의 이동 과정을 변개했다고 생각된다. 단순히 백제 경유의 사실을 생략했다고 볼 수도 있으나,

---

을 자처하는 가문이 각기 漢條에 분류, 편집되어 있는 것도 그 방증이다.

표문을 올린 8세기 후반의 시점은 백제가 멸망당한 지 120여 년이 지났고, 그 유민 중 왕족과 그 후손들은 백제왕씨百濟王氏로써 천황가와 밀접한 관계를 맺고 있었다.[42] 이런 상황에서 아직기의 후손들은 백제와의 관련성보다는 후한後漢 출자와 그 집단이 재예才藝를 갖추어 일찍부터 왜 왕권에 봉사했음을 강조하는 것이 유리하다고 판단하지 않았을까 한다.[43]

웅진기熊津期가 되면 백제 왕권이 박사博士를 왜에 교대제交代制로 파견하는 양상이 보이지만[44] 아직기阿直伎는 왕인王仁이 파견된 다음에도 백제로 귀국한 것 같지 않다. 왕인 역시 마찬가지이다. 아직기와 왕인의 후손은 8세기 이후에도 일본에서 활동한 흔적이 보인다. 따라서 웅진기가 되면 기간을 정해서 왜에 체류하지만, 그 전에 파견된 인물들은 귀국의 의무가 없어 왜에 정착하기도 했다고 생각된다.

이밖에 왜와 대방군 사이에 직접 외교교섭과 대외교역이 이뤄지는 과정에서 대방군에서 보낸 사절단의 일부와 상인이 왜로 이주했을 가능성이 있다. 『삼국지』 왜전은 경초景初 2년(238) 이래 대방군과 히미코卑彌呼 정권 혹은 대방군을 매개로한 위와 왜 사이의 교섭 사실을 전한다.[45] 이 과정에서 다양한

---

42) 김은숙, 2007, 「일본 율령국가의 백제왕씨」, 『百濟文化史大系 7 — 백제유민들의 활동』, 충청남도역사문화연구원.

43) 고구려 유민의 墓誌銘을 보면 고구려 출신임을 숨기고 祖先이 중국계라고 冒稱한 사례가 발견된다(李文基, 2010, 「墓誌로 본 在唐 高句麗 遺民의 祖先意識의 變化」, 『大丘史學』 100, 88-89쪽). 이를 감안하면 중국계를 자칭한다 하여 이를 모두 사실로 받아들일 수 없음은 자명하다. 정치·사회적 상황에 따라 자신의 출자를 유리한 쪽으로 부회할 가능성이 상존하기 때문이다. 그러나 阿智王의 경우는 관련 자료가 비교적 풍부하고 馬飼와 儒敎에 대한 소양이 있는 인물이므로 漢系로 파악해서 무방하다고 본다.

44) 김창석, 2005, 「한성기 백제의 유교문화와 그 성립과정」, 『鄕土서울』 65, 41-43쪽.

45) "倭人在帶方東南大海之中 景初二年六月 倭女王遣大夫難升米等 詣郡 求詣天子朝獻 太守劉夏

중국계 문물이 일본 열도로 전해졌다.[46] 그러나 과문이지만 문헌기록에서 두 정치체 사이에 남만주와 한반도의 국가를 경유하지 않고 직접 이주해 간 인물은 확인하지 못했다.[47]

유이민 중 왜로 흡수된 경우는 대부분 백제, 가야, 신라를 거쳤다고 보이며, 이는 중국 대륙과 일본 열도 사이가 멀리 떨어져 있어 유이민이 곧바로 도왜渡倭하기 힘들다는 지리적 여건 때문이었다고 생각된다. 중국계 인구가 왜까지 이르는 경우는 대부분 중국 내지로부터 한군현漢郡縣, 그리고 삼국과 가야로 이어지는 이주移住의 연쇄를 거쳤으며, 백제는 왕권 차원에서 중국계 인물을 왜에 파견하는 특색을 보였다. 왜와 우호를 유지하려는 외교적 목적과 함께 왜가 선진문물을 흡수하기 위해서는 백제가 최상의 채널이라는 것을 과시하기 위해서였다.[48]

遣吏 將送詣京都 其年十二月 詔書報倭女王曰 ……" <『三國志』卷30 魏書30 烏丸鮮卑東夷傳 30 倭>

46) 金關 恕, 1993,「卑彌呼と帶方郡」,『彌生人の見た樂浪文化』, 大阪府立彌生文化博物館.
上林史郎, 2004,「古墳・飛鳥の渡來人」,『今來才伎』, 大阪府立 近つ飛鳥博物館.

47)『新撰姓氏錄』의 左京・右京・河内国의 각 諸蕃 漢 항목에는 常世連의 출자가 公孫淵이라는 기사가 전한다. 요동에 할거하던 공손씨의 후손임을 자처하는 혈족 집단이 9세기 초 일본에 형성되어 있었던 것이다. 과문이지만 일본 측 자료에 公孫氏와 관련된 더 이상의 문헌자료는 없고, 天理市 櫟本에 있는 東大寺山古墳에서 발견된 中平銘 鐵刀에 관해서 公孫度가 요동을 통과하던 倭 卑彌呼의 使者에게 이를 증여했을 것이라는 가설이(金關 恕, 위의 논문) 있는 정도이다. 따라서『신찬성씨록』에 등재된 공손씨 집단이 언제, 어떤 경로로 일본 열도에 이동해 왔는지 알기 어렵다. 후한 말의 혼란을 피해 직접 倭로 갔거나, 公孫康이 설치한 대방군을 거쳐 갔을 가능성이 있으나 확인되지 않는다. 출토지는 미상이나 한반도에서 "公孫護印"과 "公孫德印" 봉니가 발견된 바 있다(韓國古代社會硏究所 編, 1992,『譯註 韓國古代金石文』Ⅰ, (財)駕洛國史蹟開發硏究院, 351-352쪽).

48) 백제의 일부 인구가 중국에 유입된 것처럼 왜 출신으로서 백제에 들어와 활동한 인물이 확인된다. 이에 대해서는 笠井倭人, 1974,「欽明朝における百濟の對倭外交」,『古代の日本と朝

2. 중국계 인물의 활동

이제 중국계 인물이 마한과 백제에서 활동한 양상을 살펴보자. 편의상 백제로부터 왜에 파견된 인물부터 검토하겠다.

> 백제에서 姐彌文貴 장군, 洲利卽爾 장군을 파견하되 穗積臣押山(百濟本記는 倭의 意斯移麻岐彌라고 전한다.)을 딸려 보내 五經博士 段楊爾를 바쳤다. 따로 아뢰기를, "伴跛國이 우리나라의 己汶 땅을 빼앗았으니 엎드려 청하건대 하늘과 같은 은혜로써 본래대로 되돌려주십시오."라고 했다.
>
> 〈『日本書紀』卷17 繼体天皇 7年 6月〉

> 백제가 州利卽次 장군을 파견하고 物部連을 딸려 보내 己汶의 땅을 내려준 것을 감사했다. 따로 五經博士 漢高安茂를 바치며 博士 段楊爾를 대신할 것을 청하니 그에 따랐다.
>
> 〈『日本書紀』卷17 繼体天皇 10年 9月〉

> 백제가 下部의 杆率 장군 三貴와 上部의 奈率 物部烏 등을 보내 원병을 청했다. 이에 德率 東城子莫古를 바쳐 앞선 당번인 奈率 東城子言과 교대하고, 五經博士 王柳貴는 固德 馬丁安을, 승려 曇惠 등 9인은 승려 道深 등

鮮』, 學生社; 李在碩, 2000, 「소위 倭系百濟官僚와 야마토 王權」, 『韓國古代史研究』 20; 노중국, 2010, 「성씨집단과 그 出自」, 『백제사회사상사』, 지식산업사를 참조할 수 있다. 앞으로 왜 출신으로서 중국에서 활동한 인물에 대한 조사가 필요하다.

7인을 교대하도록 했다. 따로 칙서를 받들어 易博士 施德 王道良, 曆博士 固德 王保孫, 醫博士 奈率 王有㥄陀, 採藥師 施德 潘量豊과 固德 丁有陀, 樂人 施德 三斤과 季德 己麻次, 季德 進奴, 對德 進陀를 바쳤으니 모두 청에 따라 교대하도록 했다.

〈『日本書紀』 卷19 欽明天皇 15年 2月〉

단양이와 고안무는 오경박사로서 유교 경전을 연구하고 교육했다. 한漢은 무제 때인 기원전 136년에 동중서董仲舒의 건의를 받아들여 유교를 국교화 했다. 그리고 기본 경전으로 시詩·서書·역경易經과 예기禮記, 춘추春秋의 5경을 정하고, 이를 연구하여 황제의 자문에 응하는 오경박사五經博士를 두었다. 또 태학太學을 설치하여 유교 교육을 통해 인민을 교화하고자 하였다.[49]

백제의 오경박사는 이러한 중국의 제도를 수용한 것이다. 아직기阿直伎가 유교 경전에 조예가 있었으나 마사馬飼 전문가였다면, 왕인王仁(화이길사和邇吉師)은 왜에 『논어』와 『천자문』을 전했다고 하므로 유교에 특화된 업무를 맡았을 것이다. 이들은 모두 도왜渡倭하기 전 근초고왕·근구수왕의 조정에서 활동한 전문 직능인職能人이었다. 중국과 낙랑군·대방군을 거치면서 습득한 전문기술과 지식을 가지고 국왕의 자문에 응하는 등 백제의 왕정에 봉사했다.

이들의 전통을 잇는 인물이 단양이段楊爾, 고안무高安茂였다. 백제의 오경박사로서 처음 확인되는 이가 단양이이다. 시기가 내려오면서 유교에 대한 소양(아직기)으로부터 경전, 한문에 대한 지식(왕인)을 거쳐 특정 유교 경전에

49) 戶川芳郎·蜂屋邦夫·溝口雄三, 1987, 『儒教史』, 山川出版社; 조성을·이동철 옮김, 1990, 『유교사』, 이론과 실천, 38-76쪽.

대한 연구와 교육(단양이)으로 유교에 대한 이해가 심화, 특화되고 있는 양상이 간취된다. 또 554년에는 오경박사 왕유귀王柳貴가 고덕固德 마정안馬丁安과 교대했는데 이들 역시 중국계로 이해되고 있다.[50] 마정안은 9품 고덕 관등을 갖고 있어 중국계의 유교 전문가가 서서히 백제의 관료체제 안으로 편입되어 갔음을 짐작케 한다. 초기에 이들 중국계 직능인은 관료제의 밖에서 왕정王政을 자문하고 특수한 전문기술을 백제 장인匠人에게 전수하는 역할을 수행했을 것이다.

위의 흠명기 15년 조에 보이는 역박사易博士 왕도량王道良, 역박사曆博士 왕보손王保孫은 중국계로 보이지만 의박사醫博士 왕유전타王有悛陀, 채약사採藥師 반양풍潘量豊과 고덕固德 정유타丁有陀는 그 여부를 판단하기 어렵다. 여하튼 마사馬飼, 역학易學, 역법曆法, 그리고 의약醫藥과 같은 특수 분야의 전문지식은 중국 출신 인물에 의해서 백제에 소개·보급되었을 가능성이 높다고 여겨진다. 그 역사는 앞서 지적했듯이 한사군이 존속하던 시점까지 소급되므로 처음에는 중국계 인물에 의해 도입되었다고 하나 점차 이를 습득한 토착 백제인이 배출되었음에 틀림없다. 그럼에도 불구하고 백제가 왜에 파견한 인물이 후대까지 중국계 중심이었다는 것은 백제가 중국과 긴밀한 인적·외교적 네트워크를 확보하고 있다는 사실을 보여주기 위한 의도에서 비롯되었다고 보인다.

중국계 인물로서 백제에 들어와 관료로 발탁된 경우가 확인된다.

> 경인일에 (천황이) 사신을 보내 백제에 조서로 말하길(백제본기에 이

---

50) 李弘稙, 앞의 논문, 1971, 358쪽.

르길, 3월 12일 신유에 일본 사신 阿比多가 배 세척을 이끌고 도성에 이르렀다고 한다) " …… 또한 짐이 듣건대 奈率 馬武는 (백제) 왕이 신뢰하는 신하[股肱臣]로서 위로 보고하고 아래로 전할 때 왕의 마음과 잘 맞아서 왕의 보좌[王佐]가 되었다고 한다. ……"고 했다.

〈『日本書紀』卷19 欽明天皇 11年 二月〉

백제 聖明王이(聖王이라고 이름을 바꿨다) 西部 姬氏 達率 怒唎斯致契 등을 보내 석가모니 부처님의 금동상 1구, 약간의 幡蓋와 經論 몇 권을 바쳤다.

〈『日本書紀』卷19 欽明天皇 13年 10月〉

마무馬武는 흠명천황 5년(544)에 가야에 파견되어 왜 측과 협상을 벌인 바 있다.[51] 그 협상을 계기로 마무가 왜 조정에 알려지게 된 듯하다. 성왕의 '고굉지신'이었다고 하므로 중국계 관료로서 국왕 측근에서 주요 사안을 보고하고 왕명을 하달하는 임무를 맡았다고 보인다. 그리고 대對 가야 및 왜倭의 외교교섭에 참여했다.

노리사치계는 달솔 관등이므로 최고위 관료였다.[52] 그의 출자는 분명치 않으나 희씨姬氏라는 성씨를 인정한다면 중국계라고 보아야 하겠다. 그가 전한

51) "百濟遣施德馬武 施德高分屋 施德斯那奴次酒等 使于任那 謂日本府與任那旱岐等曰 ……." 〈『日本書紀』卷19 欽明天皇 5年 2月〉

52) 노리사치계에 대해서는 소속 部名의 차이와 '氏'라는 용어를 사용한 것을 두고 후대의 조작이 가해졌다는 견해가(坂本太郎 外 校注, 1965, 『日本書紀』下, 岩波書店, 554쪽) 있다.

표문에 의하면, 노리사치계를 '배신陪臣'이라 칭하여 백제 조정에서 그가 차지하는 위상이 높았음을 시사한다. 노리사치계 역시 외교 사절로서 파견된 점이 주목된다.

이밖에 백제에서 활약한 중국계 관료가 외교교섭에 참여한 사실은 그간 여러 연구에 의해[53] 지적된 바 있다. 남조 송宋에 파견된 장위張威·풍야부馮野夫·고달高達·양무楊茂, 제齊에 파견된 고달高達·양무楊茂·왕무王茂·장새張塞·진명陳明, 북위에 파견된 장무張茂, 수隋에 파견된 왕변나王辯那·왕효린王孝鄰 등이 이에 해당한다. 5세기 초~7세기 초의 대중 교섭에는 여례餘禮 등의 백제 왕족 출신도 참여했으나 중국계 관료의 비중이 압도적이었다. 백제는 몽촌토성, 홍성 신금성 등지에서 발견된 전문도기錢文陶器로 보아 서진西晉과 교류했음을 알 수 있고,[54] 372년에는 동진東晉과 통교했다.[55] 문헌에 남아 있지 않지만 4세기에 양진兩晋과 외교를 벌일 때부터 백제에 이주해 있던 중국계 인물이 참여했을 것이다. 이들이 중국의 정치문화에 친숙하고 이중언어 구사능력을 갖고 있다는 점을 백제가 활용했음은 물론이다.

대중 외교 분야에서도 점차 백제 본국 출신 인물의 비중이 높아졌겠지만, 200년 넘게 중국에 파견되는 사절단에 중국계 인물의 비중이 높았다면 그

53) 각주 15)의 논문을 참조할 것.

54) 朴淳發, 1999, 「漢城百濟의 對外關係 - 國家 成立期 對外交涉의 實狀과 意義」, 『百濟硏究』 30.
권오영, 2003, 「백제의 對中交涉의 진전과 문화변동」, 『강좌 한국고대사』 4, 가락국사적개발연구원.
『晉書』 武帝紀에는 276~290년에 동이의 2~29개에 이르는 小國이 10여 회에 걸쳐 東夷校尉府를 통해 西晉과 교섭한 사실이 실려 있다.

55) 『晉書』 卷9 帝紀9 簡文帝 咸安 2年.

사회·문화적 의미를 생각해볼 필요가 있겠다. 「진법자 묘지명」에 의해 백제에 태학太學이 있었고 진춘陳春과 같은 중국계 관료가 태학에 소속되어 있었음이 밝혀졌다. 태학이 언제 시치始置되었는지는 알 수 없으나 그 설립과 운영에 중국계 인물이 틀림없이 간여했을 것이다.

> 字는 仲通이고 樂浪郡의 講邯 사람이다. 8세조인 仲은 본래 琅邪의 不其 사람으로 道術을 좋아하고 天文에 밝았다. …… 濟北王 興居가 반란을 일으켜 병사를 仲에게 맡기려 하자 仲은 화가 미칠까 두려워하여 바다에 배를 띄워 동쪽으로 달아나 樂浪의 산속에 이르러 일가를 이루었다. 아비 閎은 郡의 三老였다. 更始가 패하자 土人 王調가 군 태수 劉憲을 죽이고 스스로 大將軍樂浪太守를 칭했다. 建武 6年에 광무제가 太守 王遵을 보내 군사를 거느리고 (왕조를) 쳤다. (이들이) 요동에 이르자 閎은 郡決曹史인 楊邑과 함께 왕조를 죽이고 왕준을 맞았다. 모두 列侯로 봉했는데 閎이 홀로 작위를 사양하니 황제가 기이하게 여겨 불렀으나 오는 도중에 병사했다. 景은 어려서 易을 배웠고 마침내 뭇 서적을 널리 읽었다. 또한 天文과 術數의 일을 좋아하고 여러 伎藝에 깊이 빠져들었다. 伏恭府의 司空이 되었는데 그 때 景이 治水를 잘한다고 추천하는 이가 있었다. 顯宗이 조서를 내려 將作謁者 王吳와 함께 浚儀渠를 만들게 했다. 왕오가 王景의 堨流法을 쓰니 다시는 수해가 나지 않았다.
>
> 〈『後漢書』 卷76 循吏列傳66 王景〉

왕경의 조상은 중국 내지에서 낙랑군으로 이주했다. 그 부친 왕굉王閎이 왕조王調의 반란을[56] 진압하는 데 공을 세웠다고 하는데, 왕조의 난은 기원후 30년에 일어났다.[57] 따라서 왕경은 기원후 1세기 초에 낙랑군에서 태어났다고 추정된다. 그런데 어려서부터 『주역』 등을 배우고 천문과 술수, 각종 기예에 밝았다고 한다. 한군현의 교육제도에 대해서는 알려진 바가 없는데, 그의 8세조인 왕중王仲이 '도술道術을 좋아하고 천문天文에 밝았'으며 부친 역시 군郡의 삼로三老였음을 고려하면, 가학家學으로 집안의 어른에게 여러 학술을 배우지 않았을까 한다.

이러한 가학의 전통은 낙랑군과 대방군이 소멸되어 백제로 이주한 뒤에도 이어졌을 것이다. 비록 백제 한성에 태학이 설립되었다 하더라도 중국 출신 가문은 한어漢語를 구사하여 교습하는 등 중국 문화의 고유성과 자신들이 이미 습득한 유교 지식의 수준을 유지하기 위해 전통적인 교육 방식을 고수했으리라 보인다. 가학家學을 통해 고급 지식과 기술에 대한 보안을 확보할 수 있다는 장점도 있었다. 타국他國인 백제에서 자신의 지위를 유지하기 위해서는 중국계만이 갖고 있는 전문성을 잃지 않아야 하고 백제의 왕권도 우수한 사회적社會的 기술技術, 즉 행정, 회계, 법제, 주변국의 언어 등에 능숙한 인물이 필요했다.

양자의 요구가 맞아 떨어져 가학이 태학과 병존할 수 있었고 이 때문에 가업家業의 형태가 자연스럽게 나타나지 않았을까? 백제에서 대중 외교에 종사

---

56) 王調는 '土人'이라 했으나 고조선의 토착민 출신은 아니고, 중국 내지에서 파견되었으나 오랜 기간 낙랑군에 머물면서 재지화한 인물이라고 생각된다.

57) "六月 …… 初 樂浪人王調據郡不服 秋 遣樂浪太守王遵擊之 郡吏殺調降." <『後漢書』 卷1下 光武帝紀1下 6年>

한 인물을 보면 적은 사례에도 불구하고 장張·왕씨王氏 성을 가진 이가 중복해서 확인된다. 성씨만 같을 뿐 각기 다른 가문이라 할 수도 있으나 장새張塞와 장무張茂, 왕무王茂와 왕변나王辯那·왕효린王孝鄰이 같은 집안 혹은 서로 친밀한 가문으로서 대중 외교에 필요한 예법禮法, 대화술, 문서 작성법 등에 대한 교육을 공유하며 대중국 외교를 일종의 가업으로 삼았다고 보인다. 가학家學을 통한 후세 교육과 가업家業의 계승을 통해 중국 출신인의 문화적 정체성이 유지되고, 앞서 살펴본 문헌에 기록된 바 가계家系에 대한 전승傳承도 이뤄졌을 것이다.

마지막으로 고흥高興의 활동에 대해 살펴보자.

> 古記에 이르기를, "백제가 개국한 이래 문자로써 일을 기록하지 못했는데[未有以文字記事], 이때 이르러 博士 高興을 얻어 비로소 書記가 있게 되었다[始有書記]"고 한다. 그러나 고흥은 다른 책에 나타나지 않으니 그가 어떤 사람인지 알 수 없다.
>
> 〈『三國史記』卷24 百濟本紀2 近肖古王 30年〉

고흥의 출자에 대해서는 동진계東晋系와 고구려계라는 견해가 있으나, 근초고왕대의 대고구려 관계를 감안하면 372년에 백제와 통교한 동진 정권이 고흥을 파견했을 가능성이 높아 보인다. 그의 활동으로 인해서 비로소 '서기書記가 있게 되었다'고 했는데, 서기에 대해서는 그간 백제의 국가사서國家史書로 이해해왔으나 근래 이것이 사서의 이름이 아니고 백제에 문서행정을 도입했다는 의미로 보아야 한다는 견해가 제기되고 있다.

그러나 '서기書記'를 문서행정의 실시로 보기에는 문제가 있다. 위의 기록에서 '문자로써 일을 기록'한다는 것은 무엇을 뜻할까? 풍납토성에서 출토된 '대부大夫'명 직구단경호, '직直'자명 전돌과 같은 명문자료나 마한 이래 한군현 및 서진西晉과 교섭한 사실로 미뤄볼 때 근초고왕 30년인 375년 전에 백제는 한자漢字를 사용하고 외교문서와 같은 일부 문서행정이 이뤄지고 있었다고 생각된다.[58]

그렇다면 '以文字記事'의 의미는 '문자로써 사건, 즉 역사를 기록한다'는 것으로 생각된다.

> 봄 정월 …… 태학박사 李文眞에게 조서를 내려 古史를 요약하여 新集 5卷을 짓도록 했다. 국초에 처음 문자를 사용했을 때 어떤 사람이 일을 기록하여[記事] 100권을 (만들고) 留記라고 이름 붙였다. 이에 이르러 (유기를) 깎고 다듬은 것이다.
>
> 〈『三國史記』卷20 高句麗本紀8 嬰陽王 11년〉

고구려의 예를 보면, 문자의 사용을 역사 기록과 관련짓고 있다. 문자의 사용이 한자의 도입을 뜻하지 않고 '사事' 즉 정치와 사건에 대한 기록과 등치되고 있는 것이다. 그 결과물이 바로 『유기留記』 100권이라는 것이다. 『유기』의 성격과 형태가 어떠했는지는 짐작하기 쉽지 않다. 다만 이를 '고사古史'라

58) 일찍이 고조선 말의 우거왕 때 진번 주변의 여러 정치체가 한나라와 國書를 가지고 교섭하고자 한것도("傳子 至孫右渠 所誘漢亡人滋多 又未嘗入見 眞番旁衆國 欲上書 見天子 又擁閼不通"〈『史記』卷115 朝鮮列傳55〉) 마한 정치체와 백제의 문서 사용 상황을 유추하는 데 참고가 된다.

고 하였고, 영양왕이 이를 요약하여 『신집新集』을 편찬하도록 했으므로 『유기』가 『신집』 보다 분량이 많고 덜 체계적이었다는 점은 분명하다. 따라서 국가사서의 형식은 띠었지만 실제로는 일종의 사료집과 같은 성격을 가진 책이지 않았을까 한다.

이러한 사정을 감안하면, 백제의 '서기書記' 역시 문서행정의 도입은 아니지만 그렇다고 하여 국가사서의 편찬이라고 보기가 어렵다. 근초고왕 30년에 이르기까지 왕실王室과 주요 귀족 가문에 전해 내려오던 전승傳承을 채록하고 백제사에 관련된 여러 계통의 자료를 취합한 사료집의 이름, 혹은 이때부터 주요한 사건을 편년編年에 따라 기록해나가기 시작했다는 의미로 생각된다.[59] 어느 쪽이든 국가사서 편찬의 기초가 되는 작업이라 할 수 있다.[60]

이밖에 김부식은 「진삼국사표進三國史表」에서 맹자의 말을 인용하여, 춘추시기에 『승乘』, 『도올檮杌』, 『춘추春秋』와 같은 사서가 여러 나라에서 편찬된 것을 특기하며 상찬했다. 삼국의 역사 기록에 대해서도 특별한 관심을 가졌을 것이다. 그 관심의 결과가 고구려의 『유기』와 『신집』, 백제의 '서기', 그리고 신라의 『국사』라고 여겨진다. 고구려와 신라만 국가 차원의 역사 편찬 사실을

---

59) 『日本書紀』 편찬의 기초 자료 가운데 하나인 帝紀와 舊辭가 문자기록으로 작성되기 시작한 것이 6세기 무렵이라는 견해를(坂本太郎 外 校注, 1967, 앞의 책, 岩波書店, 14쪽) 유의할 필요가 있다.

60) 근초고왕기의 '以文字記事'는 古記의 내용을 인용한 것이다. 이에 비해 영양왕기의 '記事'는 『삼국사기』 찬자의 표현이므로 지칭하는 내용이 서로 다르다고 볼 수도 있다. 그러나 『삼국사기』 찬자가 고기의 기록을 그대로 전재했는지, 아니면 자신의 용어와 개념으로 바꿨는지 알 수 없고, 영양왕기의 내용도 고구려의 古記類에 기초해서 작성되었을 수 있으므로 근초고왕기의 '以文字記事'와 영양왕기의 '記事'가 동일한 맥락에서 역사에 대한 기록을 지칭했을 가능성을 배제할 수 없다.

기록하고 백제의 그것을 생략했다고 볼 수 있을까? 설령 백제의 경우 역사 편찬 작업에 관한 자료가 없어 언급할 수 없었다고 하더라도, 왜 그러한 사정에 관한 설명을 사론史論의 형식으로 붙이지 않았는지 이해하기 어렵다.

그리고 만약 '以文字記事'와 '서기書記'가 문서행정의 도입을 가리킨다면, 고기古記의 찬자, 혹은 김부식을 비롯한 『삼국사기』의 찬자가 문서행정의 실시와 보급이 백제사의 전개에 있어서 중요하다고 평가했기 때문에 그러한 서술을 했을 것이다. 고대국가가 성숙·발전하는 데 문서행정은 지배체제 운영의 기초로서 중요한 의의가 있다. 그러나 이것은 근대 역사학의 시각에서 나온 이해이지, 백제 당시 혹은 고려 중기의 귀족, 관료들이 그러한 인식을 가졌다고 할 수 있을지 회의적이다. 사서 편찬자의 견지에서는 문서행정보다 삼국의 역사 기록 혹은 사서 편찬 경험에 대해 흥미를 느꼈다고 보는 것이 자연스럽다. 백제는 고흥高興이라는 인물에 의해 『서기』라는 사료집이 처음 지어졌거나 정치적 사건에 대한 기록이 이뤄지기 시작했는데, 아쉽게도 그 인물에 대해서 자세히 알 수 없다는 것이 고기古記, 그리고 이를 인용한 김부식이 전하고자 한 요지라고 보인다.

Ⅴ. 맺음말

서두에 제시한 『수서』 백제전에서 백제의 주민은 중국인을 비롯한 외국인이 혼재되어 있다고 했다. 고구려, 신라, 가야, 그리고 왜 사회에도 외국 주민은 살고 있었을 것이다. 그러나 백제전만 이 사실을 특기特記한 것은 백제 왕도王都에서 외국인의 존재가 그만큼 현저한 현상이었기 때문이다.

백제는 고구려, 신라, 가야와 국경을 접했고, 중원中原의 정권 및 왜와는 바다를 격하고 있으나 항해를 통해 직접 교류가 가능했다. 이에 비해 다른 나라는 원격지의 국가와 교류하기 위해 중간에 경유해야 할 국가가 끼여 있고 따라서 그 협조를 구해야 했다. 삼국시기의 항해기술 수준은 원양항해가 불가했고 따라서 연안항로를 이용하려면 경유지 국가의 협조가 필수적이었다. 백제의 경우 중국으로 가기 위해서 고구려高句麗의 협조가, 그리고 왜로 가기 위해서는 가야加耶의 협조가 필요했다. 그러나 한반도의 서남부에 있으면서 서해와 남해를 끼고 있는 점은 대외 교통의 측면에서 주변국에 비해 월등하게 유리했다고 하지 않을 수 없다. 백제에 유입된 외국 출신 인구를 고찰할 때 이러한 지정학적地政學的 여건을 우선 고려해야 한다.

백제는 이러한 이점을 활용하여 일찍부터 중국 왕조와 고구려로부터 선진 문물을 수용하기 시작했다. 가야를 압박하여 대외교역의 주도권을 장악하고, 왜倭로의 항로를 안정화시켜 왜로부터 군사력을 지원받은 다음 이를 대고구려 전투에 투입하거나, 왜에게 군사를 요청하여 신라를 배후에서 견제하는 전략을 구사했다.

대외교섭과 문화교류뿐 아니라 인구이동의 측면에서도 백제는 타국에 비해 주목되는 면모를 보인다. 특히 한사군漢四郡 설치와 여러 차례의 군현체제 변동, 그리고 낙랑군과 대방군이 4세기 초에 폐지되는 과정에서 중국계 인구가 유입되었다. 백제로 흡수된 이들 가운데 유교儒敎, 술수術數, 각종 기술 분야의 전문인이 확인되는 점 또한 고구려, 신라, 가야로 유입된 중국계 인구와 다른 점이다.

이방인異邦人이었던 이들은 백제라는 이역異域에서 생존하기 위해 자신의 전문 분야를 보존하려 노력했다. 백제 정부는 소정의 절차를 거쳐 중국계 유이민을 공민화公民化 해나갔을 것이다. 그리고 전문적인 직능을 가진 고급 인력은 점차 관료화官僚化가 진행되어 백제의 지배체제 정비와 생산력 제고 및 외교 분야, 역사 기록 작업에 활용되었다.

참고문헌

『史記』, 『三國志』, 『後漢書』, 『晉書』, 『宋書』, 『南齊書』, 『隋書』

『三國史記』

『日本書紀』, 『古事記』, 『續日本紀』, 『新撰姓氏錄』

韓國古代社會研究所 編, 『譯註 韓國古代金石文』 I, ((財)駕洛國史蹟開發研究院, 1992)

강종원, 2002, 『4세기 백제사 연구』, 서경문화사.

김창석, 2004, 『삼국과 통일신라의 유통체계 연구』, 일조각.

안정준, 2016, 『高句麗의 樂浪·帶方郡 故地 지배 연구』, 연세대학교 사학과 박사학위논문.

윤수희, 2010, 『百濟의 人的交流 연구 - 5세기를 중심으로』, 한국학중앙연구원 박사학위논문.

青木和夫 外, 1995, 『續日本紀』 四, 岩波書店.

青木和夫 外, 1998, 『續日本紀』 五, 岩波書店.

坂本太郎 外 1965, 校注, 『日本書紀』 下, 岩波書店.

坂本太郎 外 校注, 1967, 『日本書紀』 上, 岩波書店.

戶川芳郎·蜂屋邦夫·溝口雄三, 1987, 『儒教史』, 山川出版社; 조성을·이동철 옮김, 1990, 『유교사』, 이론과 실천.

孔錫龜, 2003, 「4~5세기 고구려에 유입된 중국계 인물의 동향 - 문헌자료를 중심으로」, 『韓國古代史研究』 32.

권오영, 2003, 「백제의 對中交涉의 진전과 문화변동」, 『강좌 한국고대사』 4, 가락국사적개발연구원.

김기섭, 2000, 「주민의 출신성분」, 『백제와 근초고왕』, 학연문화사.

김영관, 2014, 「百濟 遺民 陳法子 墓誌銘 硏究」, 『百濟文化』 50.

金恩淑, 1988, 「西文氏의 '歸化'傳承」, 『歷史學報』 118.

김은숙, 2007, 「일본 율령국가의 백제왕씨」, 『百濟文化史大系 7 — 백제유민들의 활동』, 충청남도역사문화연구원.

김창석, 2005, 한성기 백제의 유교문화와 그 성립과정」, 『鄕土서울』 65.

金昌錫, 2008, 「古代 嶺西地域의 種族과 文化變遷」, 『韓國古代史硏究』 51.

김창석, 2011, 「7세기 초 榮山江 유역의 戶口와 農作 - 羅州 伏岩里 木簡의 분석」, 『百濟學報』 6.

김창석, 2014, 「4세기 이전 한반도 중부지역의 정치체와 정세 변동 - 문헌자료를 중심으로」, 『고고학』 13-2.

김태식, 2004, 「加耶와 樂浪」, 『韓國古代史硏究』 34.

노중국, 2007, 「百濟의 姓氏와 貴族家門의 出自」, 『大丘史學』 89.

노중국, 2010, 「성씨집단과 그 出自」, 『백제사회사상사』, 지식산업사.

노태돈, 1999, 「5~6세기 동아시아 국제정세와 고구려의 대외관계」, 『고구려사 연구』, 사계절.

박순발, 1999, 「漢城百濟의 對外關係 - 國家 成立期 對外交涉의 實狀과 意義」, 『百濟硏究』 30.

박재용, 2014, 「6세기 고대일본 백제계 渡倭人과 불교」, 『百濟文化』 50.

박지현, 2014, 「<陳法子墓誌銘>의 소개와 연구현황 검토」, 『木簡과 文字』 12.

여호규, 2000, 「4세기 동아시아 국제질서와 고구려 대외정책의 변화 - 對前燕關係를 중심으로」, 『역사와 현실』 36.

윤용구, 1995, 「樂浪遺民의 墓誌 二例」, 『仁荷史學』 3.

윤용구, 2007, 「중국계 관료와 그 활동」, 『百濟文化史大系 9 - 百濟의 對外交涉』, 충청남도역사문화연구원.

윤용구, 2014, 「중국 출토 고구려 · 백제유민 묘지명 연구동향」, 『韓國古代史硏究』 75.

이문기, 2010, 「墓誌로 본 在唐 高句麗 遺民의 祖先意識의 變化」, 『大丘史學』 100.

이병도, 1929, 「眞番郡考」, 『史學雜誌』 40-4; 1976, 『韓國古代史硏究』, 博英社.

이병도, 1976, 「百濟의 建國問題와 馬韓中心勢力의 變動」, 『韓國古代史硏究』, 博英社.

이재석, 2000, 「소위 倭系百濟官僚와 야마토 王權」, 『韓國古代史硏究』 20.

이홍직, 1971, 「百濟人名考」, 『韓國古代史의 硏究』, 新丘文化社.

임기환, 1995, 「4세기 고구려의 樂浪 · 帶方地域 경영 - 안악3호분 · 덕흥리고분의 墨書銘 검토를 중심으로」, 『歷史學報』 147.

임기환, 2000, 「3세기~4세기초 위(魏) · 진(晉)의 동방 정책 - 낙랑군 · 대방군을 중심으로」, 『역사와 현실』 36.

정동준, 2014, 「「陳法子 墓誌銘」의 검토와 백제 관제」, 『韓國古代史硏究』 74.

정재윤, 2012, 「중국계 백제관료에 대한 고찰」, 『史叢』 77.

池健吉, 1990, 「南海岸地方 漢代貨幣」, 『昌山金正基博士華甲紀念論叢』.

金關 恕, 1993, 「卑彌呼と帶方郡」, 『彌生人の見た樂浪文化』, 大阪府立彌生文化博物館.

笠井倭人, 1974, 「欽明朝における百濟の對倭外交」, 『古代の日本と朝鮮』, 學生社.

上林史郎, 2004, 「古墳 · 飛鳥の渡來人」, 『今來才伎』, 大阪府立 近つ飛鳥博物館.

宇都宮淸吉, 1977, 「漢代豪族論」, 『中國古代中世史硏究』, 創文社.

李成市, 1998, 「東アジア諸國と人口移動」, 『古代東アジアの民族と國家』, 岩波書店.

田村晃一, 1994, 「樂浪郡設置前夜の考古學(一) - 淸川江以北の明刀錢出土遺蹟の檢討」, 『東アジア世界史の展開』, 汲古書院.

鶴間和幸, 1978, 「漢代豪族の地域的性格」, 『史學雜誌』 87-12.

주제발표 2

백제 한성기 횡혈식고분의 발생과 낙랑 · 대방의 묘제

조 윤 재 고려대학교

Ⅰ. 백제 한성기 횡혈식석실묘의 생성과 낙랑 · 대방 전실묘

Ⅱ. 위진시기 중국묘제의 변화와 전실묘 구조의 지역성

Ⅲ. 기원전후 한강유역 묘제와 외래계(중국계) 문물

Ⅳ. 맺음말

Ⅰ. 백제 한성기 횡혈식석실묘의 생성과 낙랑 · 대방 전실묘

1. 백제 한성기 횡혈식석실분의 출현

백제 한성기(B.C. 18~475년)의 횡혈식석실묘의 기원문제는 주로 낙랑 · 대방의 전실묘,[1] 고구려의 횡혈식석실분,[2] 남북조의 전실묘,[3] 낙랑고지 횡혈식석실분[4] 등에 초점을 맞추어 그 가능성을 타진하였다. 특히 묘실 평면

1) 小田富士雄, 1980,「百濟橫穴式の導入と源流」,『日本古代史講座』4, 學生社, 280-290쪽.
西谷正, 1980,「百濟前期古墳의 形成過程」,『百濟文化』13, 百濟文化硏究所.
홍보식, 1993,「백제 횡혈식석실묘의 형식분류와 대외전파에 관한 연구」,『부산시립박물관연구논집』제2집, 부산시립박물관.

2) 安承周, 1975,「百濟古墳의 硏究」,『百濟文化』7 · 8合, 公州師範大學 百濟文化硏究所, 81-150쪽.
조영현, 1990,『삼국시대 횡혈식석실분의 계보와 편년연구』, 충남대석사학위논문.

3) 강현숙, 1996,「백제 횡혈식석실분의 전개과정에 대하여」,『한국고고학보』34, 한국고고학회, 91-92쪽.

4) 김규운, 2014,「가락동 · 방이동고분군으로 본 백제 횡혈식석실의 성립」,『先史와 古代』40, 韓國古代學會.

이 방형 및 장방형을 이루는 횡혈식석실의 계보는 낙랑지역에서 전이된 것으로 파악하여 평양을 그 연원지淵源地로 보고 있다. 한강유역에서는 일찍이 가락동, 방이동, 중곡동 및 여주의 매룡리, 상리, 보통리 등에서 확인된 횡혈식석실분은 백제 한성기의 초기 횡혈식석실분으로 파악된 바 있다. 한성기의 중앙과 지방의 중심묘제에 대한 구분[5]을 하고 횡혈식석실분의 출현이 지방에서 먼저 보인다는 고찰이 제시되기도 했으나 이후 신자료의 생성으로 경기 및 충청지역 일원에도 횡혈식석실분이 확인됨으로써 이에 대한 논의는 일단락되었다.[6] 그러나 이들 고분의 조영주체에 대한 이견이 언급되어 백제 고분의 횡혈식구조 출현 자체가 다시 논의되었고 일부 고분에 대해서는 여전히 귀속歸屬의 문제가 해결되지 못하고 있다.[7]

2. 낙랑 · 대방의 전실묘 및 횡혈식석실분

한편 백제 한성기 횡혈식석실분의 출자 후보지 중 하나인 낙랑 · 대방지역에서는 중원식 수혈토광목곽묘의 대체묘제代替墓制로 횡혈식 분묘가 등장하는데 구조적 속성 및 조영재료에 따라 전실묘와 횡혈식석실묘로 대별할 수 있다. 전실묘에 대한 기본적인 정리는 다카쿠겐지에 의해 이루어져 그 대개

5) 朴淳發, 1994, 「漢城百濟 成立期 諸墓制의 編年 檢討」, 『先史와 古代』, 韓國古代學會, 3-22쪽.

6) 성정용, 2011, 「중부지역에서 백제와 고구려 석실묘의 확산과 그 의미」, 『횡혈식석실분의 수용과 고구려 사회의 변화』, 동북아역사재단연구총서 52.

7) 金武重, 2012, 「百濟 漢城期 橫穴式石室墳의 構造와 埋葬方法」, 『제18회 고분문화연구회 발표요지』, 고분문화연구회.

를 파악할 수 있다.[8] 전실묘의 세부 구조적 특징과 다양한 속성을 제시하며 이에 대한 분석과 종합적인 계통을 마련하였다. 횡혈식석실묘는 주로 3~4세기대에 집중된 대동강수계의 분묘를 대상으로 하여 북한의 이순진[9]과 다카쿠겐지[10]가 분류를 시도하였다. 이 지역의 횡혈식석실분은 낙랑후기, 즉 전실묘의 수량이 격감하는 시점부터 전석혼합구조磚石混合構造의 고분형태로 등장하기 시작하여 고구려 멸망단계까지 존속된다. 기존의 전실묘가 소성된 실심전實心塼을 사용해 구축함으로써 축조 비용이 상당히 높았던 반면 횡혈

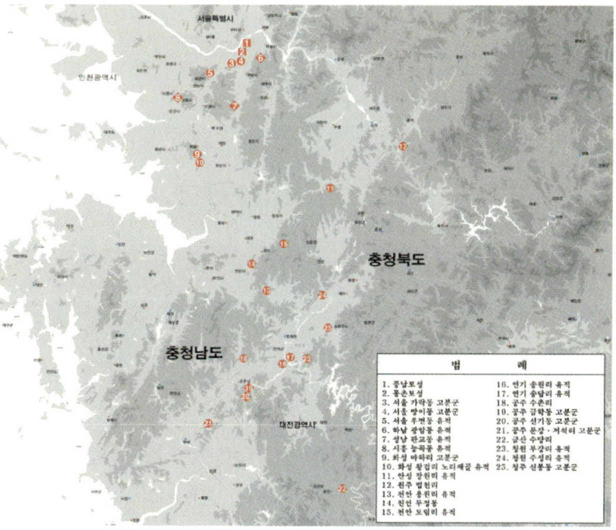

〈도 1〉 중부지역 백제한성기 횡혈식석실묘 분포(이문형, 2014 轉載)

8) 高久健二, 1995, 『낙랑고분문화연구』, 학연문화사; 高久健二, 2007, 『樂浪塼室墓の研究』, 2005-2006年度科學研究費補助金(B)研究成果報告書, 琦玉大學教養學部.

9) 리순진 · 김재용, 2002, 『락랑구역일대의 고분발굴보고』, 사회과학원출판사.

10) 高久健二, 2005, 『낙랑고분문화연구』, 학연문화사.

식석실분은 적어도 고분축조 주재료의 경제적 효용성은 전실묘을 능가함으로써 또 다른 속성의 묘제로 이해할 수 있다. 이렇듯 낙랑 · 대방지역은 2세기 초기에 횡혈식 구조의 전실묘가 등장하고 그 후 3세기 초기경 횡혈식석실묘도 등장하면서[11] 횡혈식 구조의 묘제가 가장 이른 시기 서북한지역에 정착하는 양상을 보여주고 있다.

3. 백제 횡혈식석실분의 기원과 낙랑 · 대방 횡혈식 고분

낙랑 · 대방전실묘에 대한 국내의 연구는 일제강점기 이루어졌던 일련의 발굴조사 및 연구보고서를 기초자료로 주로 활용하였으며 1950년대 이후 북한의 관련 유적 조사가 생성되면서 전실묘의 수량은 더욱 증가함으로써 낙랑의 선행묘제와의 시간적 서열과 변용을 적출해내는데 적극 활용되었다.[12] 그러나 북한의 낙랑전실묘는 발굴조사 후 계속적으로 진행되어야 할 조사보고서의 미간으로 인해 상당수의 자료에 대한 구체적 접근을 담보하지 못하고 있다.

전실묘는 중국 서한시기 중엽 전통묘제인 수혈식 토광목곽묘를 대체하는

11) 高久健二, 2007,『樂浪塼室墓の硏究』, 2005-2006年度科學硏究費補助金(B)硏究成果報告書, 琦玉大學敎養學部, 52쪽.

12) 김원룡, 1973,『韓國考古學槪說』, 일지사; 홍보식, 1993,「낙랑전축분에 대한 일고찰」,『부대사학』17, 부산대학교사학회; 高久健二, 1995,『樂浪古墳文化硏究』, 학연문화사; 국립중앙박물관, 2001,『봉산 양동리 전실묘』, 일제강점기자료조사보고2; 정인성, 2011,「낙랑고분의 특징과 변천」,『동아시아의 고분문화』.

새로운 주류묘제로서 한漢의 변군인 낙랑·대방지역에도 이식되었기에, 낙랑·대방 전실묘의 기원과 변화과정에 대한 이해도 이를 통해 시작되어야 할 것이다. 낙랑지역에서 전실묘가 출현하는 시점은 당시 한漢의 중심지역보다는 늦은 시기인 2세기 전반 경부터로 보고 있다. 물론 최근의 연구에서는 낙랑지역에서 묘실축조용 실심전實心塼의 출현이 1세기대부터 보이고 있으며 전목혼합구조를 갖춘 정백리127호분(왕광묘), 정백리2호분, 석암리6호분 등의 연대를 1세기 후반기에서 2세기 초엽으로 설정하고 있어 전실묘의 출현을 좀 더 소급할 필요성도 있다는 의견이 제기되기도 하였다.[13] 그러나 이러한 견해는 순수전축구조의 고분 자료가 확인되기 전까지는 '예견'의 수준 이상을 담보하기는 어렵다. 낙랑지역의 묘제 변천 과정에서 하나의 획기를 긋는 사안은 수혈식 목곽묘에서 횡혈식 전실묘로의 전이과정을 들 수 있다. 이의 변천과정은 중국의 중원 및 관중지역에서 나타나는 서한 중기 이른 시점에서 보이는 변화와 그 맥락을 같이하고 있다. 본문에서는 순수전축구조를 갖춘 고분을 대상으로 하고 전목혼합구조塼木混合構造를 갖춘 과도기적 현상을 보이는 고분은 논외로 하겠다.

전묘塼墓, 전축묘塼築墓 혹은 전실묘塼室墓로 지칭되는 고분구조는 고대 중국의 경우 서한西漢 중기부터 중원 및 관중지역을 중심으로 보급되는 묘제이다. 장강 중하류 지역에서는 서한 말기에서 동한東漢 초기부터 출현하고 있으며 여타 지역에서는 그 출현시기가 다소 편차를 보이고 있지만 서한 말기를 상

13) 高久健二, 2007, 『樂浪塼室墓の硏究』, 2005~2006年度科學硏究費補助金(B)硏究成果報告書, 琦玉大 學敎養學部, 43쪽.

한으로 하고 있다.[14] 전실묘는 묘실의 바닥, 묘벽, 천정 등 소성된 실심전實心塼을 사용하여 고분 전체를 체축砌築한 형태를 말한다. 하장방식下葬方式은 전통적인 수혈식 목곽묘 체제에서 보이는 상하방향上下方向에서 묘문墓門과 용도甬道 등을 통해 횡방향으로 주검, 장구 및 부장품 등을 안치하는 횡혈식 하장방식을 갖추고 있다. 백제 한성기의 횡혈식석실분의 생성에 대해 기존의 연구와 고찰은 낙랑·대방의 전실묘와의 관련성에 주로 경향傾向되고 있다. 즉 백제의 횡혈식 묘제의 출자배경과 기원에 대한 문제는 고분구조의 친연성, 낙랑인들의 공간적 이동, 백제 중앙과의 묘제적 이질성, 백제계 석실묘의 연대[15] 등이 제시되면서 낙랑·대방의 전실묘를 주목하고 있다.

전실묘가 묘실내부의 공간성을 기존의 수혈식 분묘에 비해 증폭시켰으며 이차장이 가능한 실묘室墓의 개념을 실현하고 있고, 용도甬道(연도)를 체축砌築하여 묘문과 묘실을 연계하는 완정한 횡혈식 하장방식을 채택하였다. 이러한 고분구조의 친연성이 백제의 횡혈식석실분에서 번안된 면모를 감지하는 것은 어렵지 않다. 특히 한성기 석실묘 중 하남 광암동과 연기 송원리 등에서 보이는 석실분의 구조적 특징은 낙랑 등 군현지역에서 조영된 한계 전실묘와 매우 유사하여[16] 그 출자배경과 기원에 대한 개연성이 자주 언급되고

14) 趙胤宰, 2007, 『長江中下游漢六朝塼墓的建築結構與技術研究』, 北京大學博士研究生學位論文, 1쪽.

15) 성남 판교유적, 하남 광암동유적, 시흥 능곡동유적, 화성 마하리유적, 원주 법천리유적, 천안 용원리 유적, 천안 두정동유적, 천안 도림리유적, 공주 분강저석리유적, 공주 수촌리유적, 청원 부강리유적, 청원 주성리유적, 연기 송원리유적, 청주 신봉동고분군, 익산 입점리 석실묘(86-1호) 등 대략 4세기 후반~5세기말의 중심연대를 보여주고 있다.

16) 특히 묘벽의 호형 처리 기법은 낙랑은 물론 중국 내지의 일부 전실묘에서 확인되고 있다. 벽체가 弧狀을 이루는 구조적 특징의 출현과 지역적 유사성에 대해서는 다음 장절에서 논급하

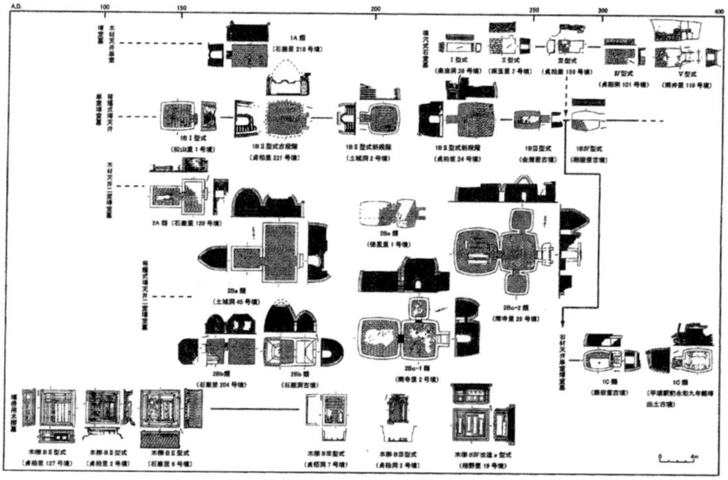

〈도 2〉 樂浪帶方郡 塼室墓, 塼木混合構造墓, 橫穴式石室墳 編年(高久健二, 2006)

있다. 그러나 낙랑대방 고지의 횡혈식석실묘도 전실묘와 동일한 횡혈식 묘제이념을 구현하고 있는 장제로서 그 구축재료나 구조적 속성이 백제의 한성기 횡혈식석실분과 상대적으로 더 가까운 정황을 면밀하게 검토할 필요가 있다. 더욱이 전실묘의 소멸시점 이후 계속적으로 조영된 사실은 백제 횡혈식석실분의 출현시점과도 정합되고 있어 백제 횡혈식묘제의 기원문제에서 완전히 배제할 수는 없다.

낙랑인의 이동 혹은 이주는 역사적 맥락에서 접근되어야 할 중요한 대목이다. 이들의 유입으로 횡혈식 묘제의 이식이 발생했을 가능성을 전제한다면 관건이 되는 사안이다. 2세기 후반 군현의 정치군사적 역량이 위축되면

도록 하겠다.

서 주변지역에 작동되었던 실질적 위하력은 급격히 저하된다. 이러한 대내외적 변화는 군현 구성원들의 이탈을 초래하였고 특히 후한대 낙랑군의 동부도위東部都尉가 폐지되고 한반도 동북부지역이 한의 지배권에서 이탈하였다. 이를 계기로 대량의 유이민流移民이 한韓의 영역으로 來附하면서 군현郡縣의 문물과 풍속이 군현지역 외부로 확산되기 시작하였다. 4세기 전반 중국 내륙의 혼란과 낙랑 · 대방군의 소멸을 통해 '낙랑계 유이민'이라는 거대한 인적 자원이 생성되었다. 중국 내륙과 한반도 그리고 일본열도로 이어지는 유이민流移民의 유동流動이 5세기까지 계속되었다. 유이민流移民의 파상적인 유입은 백제 역시 예외가 아니었다. 백제로 유입한 낙랑계 유이민의 일부는 백제 중앙의 관인으로 기용되는데, 이들의 존재가 인지되는 계기는 5세기 후반 백제가 중국식 관작을 수용하면서 사가私假와 추인追認을 요청하는 과정에서 노출된다.[17] 이 과정에서 태수호를 사여 받은 집단은 장씨張氏, 왕씨王氏 및 고씨高氏 등의 낙랑계 한인으로 추정된다. 장군, 태수 및 부관호에 임명되는 한계漢系 성씨는 낙랑 전축분의 명문전에서 확인되는 성씨들과 상당부분 일치하고 있다.[18] 이들 외에도 450년 비유왕은 풍야부馮野夫를 서하태수西河太守의 관호官號를 사여하며 백제중앙에 편입시킨다.[19] 5세기말 개로왕 및 동성왕대에 진행된 관호사여는 더욱 빈출하는데 이들 관호의 지역명은 중국의 교현제도僑縣制度[20]를 그대로 습용한 것으로 보인다. 3세기 말경 고구려의 압박으

17) 백길남, 2015, 「4~5세기 百濟의 中國系 流移民의 수용과 太守號」, 『東方學志』 172, 2쪽.

18) 孔錫龜, 1988, 「平安 · 黃海道地方出土 紀年銘塼에 대한 硏究」, 『震檀學報』 65, 19-20쪽.

19) "私假臺使馮野夫西河太守". 〈『宋書』 卷97 夷蠻列傳57 百濟國〉

20) 胡阿祥, 2008, 『東晉南朝僑州郡縣與僑流人口研究』, 江蘇教育出版社.

로 인한 낙랑대방지역의 구성원 이탈도 주목할 만하다.

백제의 횡혈식석실분이 한성기 중앙의 주변지역에서 주로 확인되고 있어 낙랑계 유이민의 묘제가 차별화된 과정으로 이해하고 있기도 하다[21]. 그러나 이는 유이민의 백제유입 시점과 해당고분의 축조시기 등 시간성의 정합이 해결되어야 하므로 향후 계속적인 검토가 필요할 것으로 판단된다.

21) 성정용, 2011, 「중부지역에서 백제와 고구려 석실묘의 확산과 그 의미」, 『횡혈식석실분의 수용과 고구려 사회의 변화』, 동북아역사재단연구총서 52.

Ⅱ. 위진시기 중국묘제의 변화와 전실묘 구조의 지역성

1. 위진시기 북방묘제의 변천

위진시기 고분의 주요 분포지역은 장강 이북지역을 중심으로 하서지역과 동북지역까지 포괄하고 있다. 한편 서진고분은 일부 장강 이남지역에까지 분포하고 있다. 위진고분魏晉古墳은 한대고분漢代古墳과 수당고분隋唐古墳의 과도기적 단계에 생성된 물질문화로 한대漢代의 핵심 고분문화를 기본적으로 전승하고 있으며 원래 변연邊沿에 위치했던 다수의 소수민족정권이 내입하면서 수반된 비중원계통의 고분문화도 함께 담아내고 있다. 1949년 이전 위진북조고분魏晉北朝古墳에 대한 고고학적 조사의 결핍과 낙양 등지에 집중 분포되어 있던 대량의 북조 고분이 도굴되면서 상당수의 고분출토 유물이 해외로 유실되었다. 1950년대 이후에서야 위진남북조고분魏晉南北朝古墳에 대한 조사와 연구가 본격적으로 시작되면서 하남성河南省, 하북성河北省, 산서성山西省, 감숙성甘肅省 및 요녕성遼寧省 등지에 산재해 있던 이 시기 고분에 대한 고고학

조사 진행되었다. 위진고분魏晉古墳은 시기적으로 조위曹魏(220~265), 서진西晉(265~316) 단계로 나눌 수 있다.

1) 위진제릉(魏晉帝陵)

조위曹魏 및 서진제릉西晉帝陵은 "부봉부수不封不樹", "부립묘비不立墓碑" 또는 장지를 철저히 함구하는 잠장潛葬을 시행한 관계로 고분의 구체적 위치를 밝히는 것이 어려운 실정이다. 이로 인해 아직까지 조위 · 서진의 제릉은 정식 발굴이 시행된 예가 없다. 다만 최근 하남성河南省 안양安陽 안풍현安豊縣에서 발굴된 동한말기 대규모 전실묘가 조조曹操의 묘로 추정되고 있어 그 첫 번째 예시가 될 가능성이 높아 보인다.[22]

위문제魏文帝 조비曹丕의 수양릉首陽陵은 하남성河南省 낙양시洛陽市 동쪽의 수양산首陽山에 위치하는 것으로 알려져 있다. 그러나 임종 시 "因山爲體, 無爲封樹, 無立寢殿, 造園邑, 通神道"라는 유명遺命을 내림으로써 능의 지면 건축물이 전무하여 그 위치를 파악하는 것은 힘들다. 조위시기曹魏時期의 제릉은 주로 낙양지역에 집중분포하고 있으며 이 시기 고분의 구조는 동한말기의 전통을 여전히 따르고 있다.[23]

이 시기 고분의 구조는 경사식묘도傾斜式墓道, 용도甬道, 양측의 이실을 달고

---

22) 潘偉斌, 2010, 「安陽西高穴曹操高陵發掘獲重要成果」, 『中國文物報』 1月 8日; 齊東方, 2010, 「曹操墓的發現與考古」, 『文彙報』 2月 27日. 그러나 최근 조조묘의 진위에 대한 공방이 다시 재개되면서 묘주에 대한 시비가 단시일 내에 그치지는 않을 것으로 보인다. 다만 묘실구조와 일부 수장품으로 보아 동한 말기의 귀족묘로는 손색이 없다.

23) 徐殿魁, 1988, 「試述洛陽地區曹魏墓的分期問題」, 『中原文物』 4期.

있는 방형의 전실과 장방형의 후실로 크게 구획된다.[24] 낙양지역의 일부 고분에서는 전실에 유장을 설치했던 흔적도 확인되었다. 유장帷帳은 고구려벽화 묘주도墓主圖에서 흔히 보이는 장막시설로 이해할 수 있다.[25] 유장의 금속 부속구에서 정시팔년正始八年(247)의 연호가 확인되면서 기년을 갖춘 조위시기 귀족묘貴族墓의 정황을 파악할 수 있게 되었다. 부장품의 조합은 전대에 비해 단조로워졌으며, 수량도 감소된 것이 특징이다. 이는 조위서진시기에 제기되었던 박장풍속과 관련이 깊다. 이와 같이 조위정권의 상층부와 관련된 고분 자료는 최근까지도 절대부족의 상태였다. 그러나 2008년 하남성河南省 안양현安陽縣에서 전대미문의 미스터리로 회자되어 왔던 조조曹操의 무덤이 발견되면서 조위시기曹魏時期 제릉연구帝陵研究는 새로운 전기를 마련하게 되었다.[26] 조사결과 대형고분 2기가 병렬 배치되어 있었으며, 2기의 고분 모두 훼손이 심한 상황이었다. 이 중 규모가 상대적으로 큰 2호분이 조조묘로 확인되었다. 2호분의 평면은 갑자형甲字形을 이루고 있는데 서향의 경사식 장축 묘도를 달고 있으며 묘광은 횡장방형을 이루고 있다. 묘도의 길이는 39.5m, 너비 9.8m에 이른다. 묘광을 굴착한 후 전축의 묘실을 축조한 전형적인 동한시기의 전실묘 형태를 갖추고 있다. 묘광의 규모는 가로 22m, 세로 19.5m에 달한다. 주요 매장 공간은 동서방향으로 조성된 전실과 후실로 양분할 수 있으며 전후실 모두 좌우에 이실耳室을 두고 있다. 전후실과 이실耳室 간에는 용도로 이어져 있으며 전후실과 이

---

24) 張小舟, 1987,「北方地區魏晉十六國墓葬的分區與分期」,『考古學報』1期.

25) 李宗道 · 趙國璧, 1958,「洛陽十六工區曹魏墓清理」,『考古通訊』7期.

26) 河南省文物考古研究所, 2010,『曹操墓眞相』, 科學出版社.
河南省文物考古研究所(渡邊義浩 解說), 2011,『曹操墓の眞相』, 國書刊行會(東京).

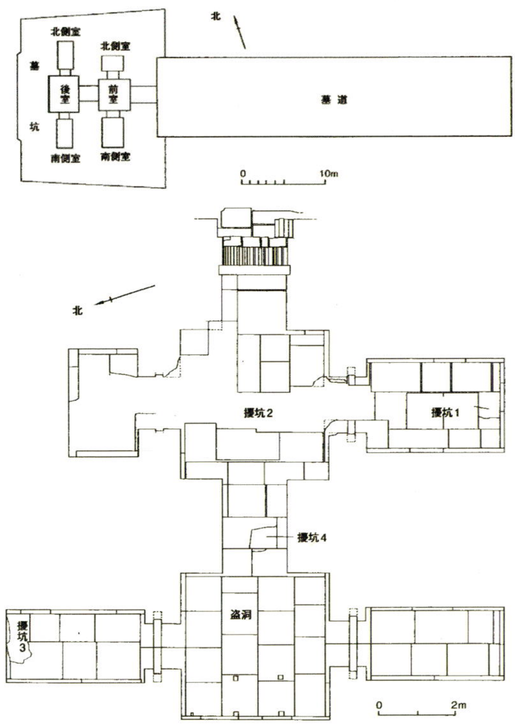

〈도 3〉 西高穴2號墳(조조묘) 평면도(河南省文物考古研究所, 2011)

실耳室의 천정부天頂部는 각각 사면결정식四面結頂式과 권정식券頂式의 구조를 취하고 있다. 출토유물은 약 250여점으로 토기, 청동기, 금은기, 석제품, 칠기 및 인골 등이 출토되었다. 특히 명문석패와 인골은 서고혈 2호분의 묘주를 판단하는데 결정적인 증거로 작용하였다. 규형석패圭形石牌 2점에는 각각 "魏武王常所用挌虎大戟", "魏武王常所用挌虎大刀"라고 각기刻器되어 있어 고분의 주인공이 조조일 가능성을 강하게 시사하고 있다. 또 인골의 DNA 분석결과 조조의 사망연대와 성별도 부합하고 있어 묘주에 대한 논쟁은 일단락되었다.

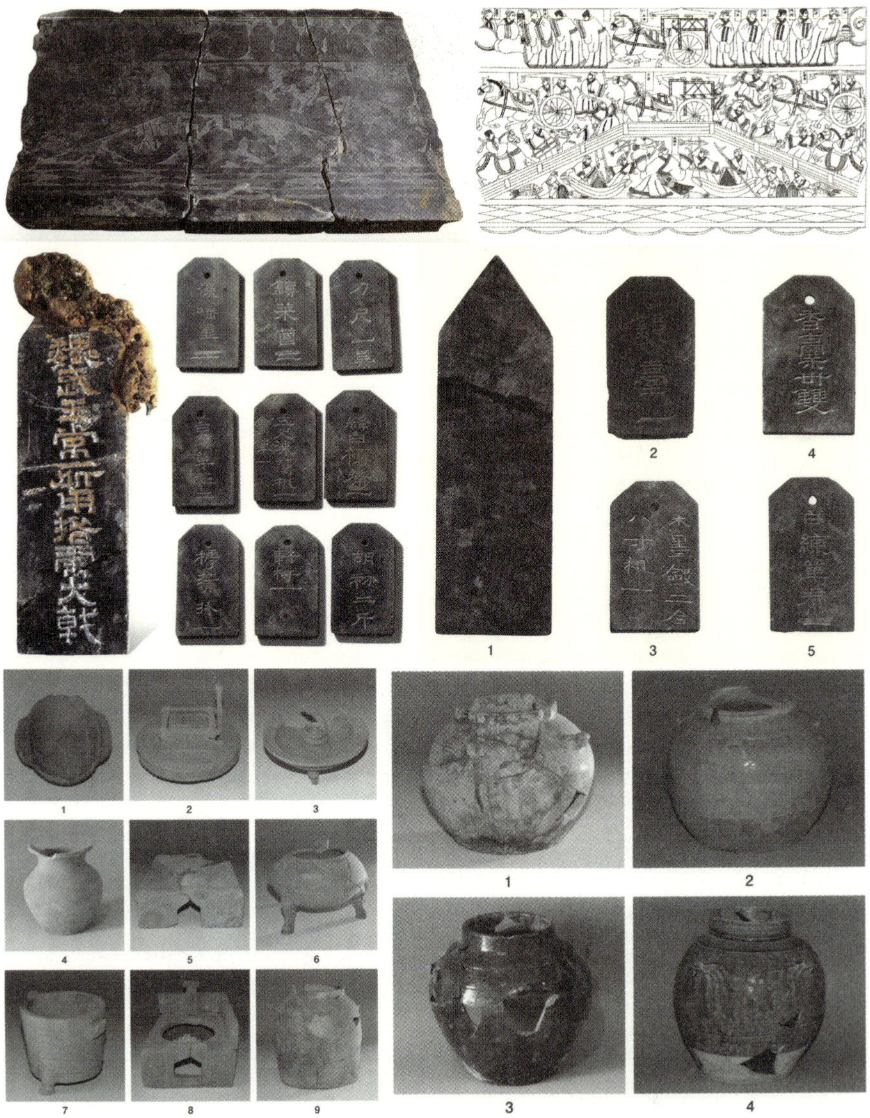

〈도 4〉 西高穴2號墳(조조묘) 출토 유물(河南省文物考古研究所, 2011)

서진西晉 건국 후 무제武帝 사마염司馬炎은 조부祖父인 사마의司馬懿를 선제宣帝로 백부伯父인 사마사司馬師를 경제景帝로, 부친父親인 사마소司馬昭를 문제文帝로 각각 추존함으로써 그들의 무덤도 고양릉高陽陵, 준평릉峻平陵, 숭양릉崇陽陵으로 격상하였다. 이후 무제武帝 사마염司馬炎과 혜제惠帝 사마충司馬衷은 준양릉峻陽陵과 태양릉太陽陵에 안치되었다. 혜제惠帝 이후 서진의 정국이 혼란해지면서 회제懷帝와 민제愍帝는 사후 능묘를 수건하지 못하였다. 이로써 서진西晉의 제릉帝陵은 모두 5기에 불과하며 낙양 동북쪽의 언사시偃師市 북망산北邙山에 위치하고 있다. 북망산은 낙양 북쪽에 동서로 뻗은 산맥으로 그 동단에 수양산首陽山 등이 위치하고 있다. 출토 묘지명 등의 기록에 의하면 서진의 5기 제릉이 모두 이 일대에 위치하고 있음을 알 수 있다. 근년에 출토된 서진고분의 묘지문[27]에 의하면 동서방향으로 숭양릉崇陽陵, 준양릉峻陽陵, 태양릉太陽陵 등이 배열되어 있고 산줄기의 북쪽 사면에 고양릉高陽陵과 준평릉峻平陵이 위치했을 가능성이 높다. 그러나 선제의 고양릉 외의 다른 제릉은 역대문헌에서 보이지 않고 있어 결국 발굴조사를 진행해야만 구체적 위치를 얻을 수 있을 것이다.

1971년 숭양릉崇陽陵 추정지 부근에서 출토된 순악묘지旬岳墓誌에서 "陪附晉文帝陵道之右"라는 기록이 확인됨으로써[28] 순양릉崇陽陵의 상대적 위치가 좀 더 선명해졌다. 묘지출토 지점에 대한 시굴조사 결과 총 5기의 고분이 확인되었으며 그 중 M1고분의 규모가 가장 큰 것으로 보아 순양릉崇陽陵으로 추정

27) 蔣若是, 1961,「從旬岳左棻兩墓志中得到的晉陵線索和其他」,『文物』10期.

28) 郭玉堂, 1941,『洛陽出土石刻時地記』, 참고 氣賀澤保規,『復刊 洛陽出土石刻時地記 - 附解說 · 所在墓誌碑刻目錄』, 明治大學東洋史資料叢刊 2.

되고 있다.[29] 순양릉崇陽陵 주변에는 능원과 건물지가 추가로 확인되었다. 능원의 경우 동, 서, 북 삼면에 원장垣墻을 설치했던 흔적이 확인되었다. 능원의 평면 형태는 사다리꼴로서 남북방향으로 조성되어 있다. 남북 400m, 동서 250m의 면적을 보이고 있다.

司馬炎의 峻陽陵은 순양릉崇陽陵의 서쪽 오자산鏊子山 남록南麓에 위치한 것으로 추정하고 있다. 현지인들은 속칭 "峻陽兒地"라고 부르기도 한다. 1930년 서진西晉의 저명한 문학자인 좌사左思의 여동생이며 진晉 무제武帝의 귀인貴人이었던 좌분左棻의 묘지가 출토되었다. 묘지문墓誌文에서 "葬峻陽陵西徼道內"이라는 문구가 확인되었는데 이는 좌분묘左棻墓와 준양릉峻陽陵의 상대적 위치에 관한 기록으로 준양릉峻陽陵의 대략적 위치가 가늠되고 있다. 지표조사 및

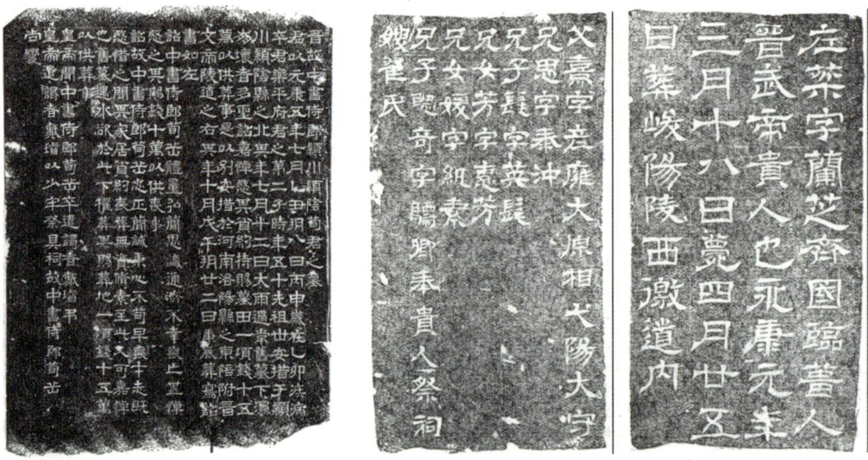

〈도 5〉 洛陽 부근 출토 西晉 묘지 : 荀岳墓誌, 左棻墓誌

29) 中國社會科學院考古研究所洛陽漢魏故城工作隊, 1984, 「西晉帝陵勘察記」, 『考古』 12期.

부분 시굴조사 결과, 이 일대에는 약 23기의 크고 작은 고분이 조성되어 있으며 대부분 남북방향으로 조영되어 있다. 고분의 구조는 장축의 경사식 묘도와 토동묘실로 구성되어 있다. M1의 경우 묘도의 길이가 36m, 너비 10.5m, 묘실길이 5.5m, 너비 3m, 높이 2m로 가장 규모가 크며 동급 황제릉에 필적하는 수준이다. 규모면으로 본다면 진무제의 능인 준양릉峻陽陵일 가능성이 추정되고 있다. 나머지 22기의 경우 M1 묘도의 서쪽에 일정한 규칙으로 배열되어 있다. 공간적 배치로 보아 진무제의 무수한 비빈묘일 공산이 크다. 좌분묘도 이곳에 위치하고 있다. 준양릉은 아직까지 능원유적이 발견되지 않고 있어 능묘 조영시 능원을 설치 않았던 것으로 판단된다.

〈표 1〉 西晉帝陵一覽表

	帝號	名諱	陵號	매장위치
1	宣帝	司馬懿	高陽陵	河南省 偃師市 首陽山(邙山의 일부분)
2	景帝	司馬師	峻平陵	河南省 偃師市 首陽山 高陽陵 서쪽
3	文帝	司馬昭	崇陽陵	河南省 偃師市 潘屯村과 杜樓村 북쪽의 枕頭山
4	武帝	司馬炎	峻陽陵	河南省 偃師市 南蔡庄 북쪽 鏊子山
5	惠帝	司馬衷	太陽陵	河南省 偃師市 鏊子山 峻陽陵 서쪽

2) 위진고분(魏晉古墳)

위진魏晉 · 십육국시기十六國時期 고분의 주요 분포지역은 중원지역, 하서지역, 관중지역 및 동북지역으로 크게 나눌 수 있다. 중원지역의 조위시기 고분이 희소한 관계로 대다수의 고분 자료는 서진시기에 집중되고 있다. 하서지역의 위진시기魏晉時期 고분은 감숙성甘肅省 서부지역에 집중되고 있는데 주로 주천酒泉, 가욕관嘉峪關 등지의 고분이 대표적이다. 중원지역의 십육국시기 고분은 현재까지 보고된 자료가 희소하여 관중지역의 고분을 위주로 살펴보는 것이 효과적이다.

① 중원지역(中原地域) 서진묘(西晉墓)

중원지역에서는 다양한 규모의 서진고분이 확인되고 있는데 대부분 도성인 낙양지역에 위치하고 있다. 서진시기 고분은 동한 말기의 고분구조를 크게 탈피하여 종전의 경사식묘도, 용도, 이실, 방형전실 및 장방형후실 등의 동한시기 고분 전형성이 사라진다. 이 시기 고분의 구조적 특징은 단실묘 혹은 장방형단실에 편실偏室을 부가한 형태가 주를 이룬다. 부장품의 종류와 조합에서도 비교적 통일성을 보여주고 있는데 도제 기물이 대종을 이루고 있

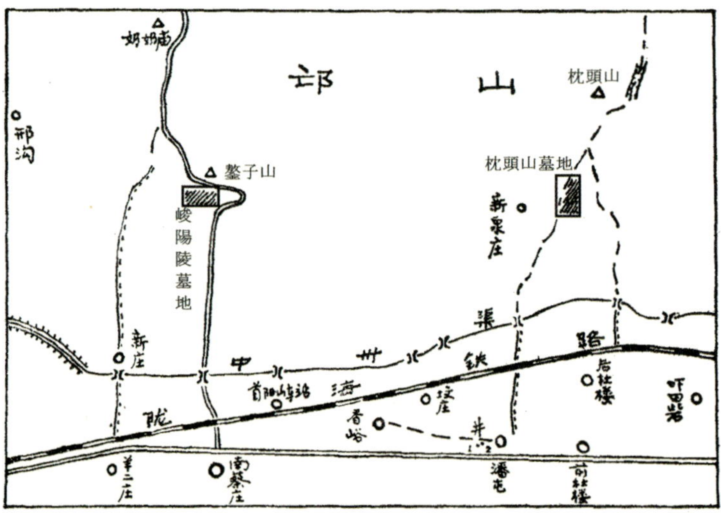

〈도 6〉 河南省 偃師市 首陽山 一帶 西晉帝陵 分布地域 상세도

다. 부장조합은 대략 세 가지 형태로 구분할 수 있다.

* 용기(容器) : 관(罐), 호(壺), 발(鉢), 이배(耳杯), 다자역, 준작, 편호, 번구관(飜口罐) 등의 시기 특성을 갖춘 토기
* 차마모형기(車馬模型器): 우차, 안마, 견마용, 무사용, 남녀시용 등
* 명기(冥器): 주방모형기, 부뚜막모형, 우물, 창고, 맷돌, 방아, 돼지, 개, 말, 소, 새, 측소(厠所) 등의 생활명기

이들 고분의 경우 청자 기물의 부장이 이루어지지 않고 있어 지역적 특징을 보여주고 있다.

서진고분의 경우 묘주가 확인된 고분이 많지 않은 편인데, 현재까지 묘주의 신분이 밝혀진 사례로는 서진배지묘西晉裵祗墓,[30] 북경화방묘北京華芳墓,[31] 낙양서미인묘洛陽徐美人墓,[32] 산동추성유보묘山東鄒城劉寶墓,[33] 임기세연지묘臨沂洗硯池墓[34] 등이 있다. 이중 세연지진묘洗硯池晉墓의 경우 규모, 피장자 및 부장유물면에서 주목할 만한 고분이다. 2003년 산동성山東省 임기시臨沂市 세연지가洗硯池街에 있는 왕희지王羲之 고가古家를 확장 보수하는 과정에서 대형전실묘 2기 및 대량의 유물이 출토되었다. 1호분은 왕희지王羲之 고가古家 동북부의 구릉에서 발견되었는데 조사과정에서 구릉은 봉토로 판명되었다. 1호분의 축조

30) 黃明蘭, 1982,「西晉裵祗和北魏元暐兩墓拾零」,『文物』1期.
31) 北京市文物工作隊, 1965,「北京西郊西晉王俊妻華芳墓淸理簡報」,『文物』12期.
32) 河南省文化局文物工作隊, 1957,「洛陽晉墓的發現」,『考古學報』1期.
33) 山東鄒城市文物局, 2005,「山東鄒城西晉劉寶墓」,『文物』1期.
34) 山東省文物考古研究所, 2005,「山東洗硯池晉墓」,『文物』7期.

는 전석혼합塼石混合의 구조로 이루어져 있다. 묘문은 남쪽을 향하고 있으며 동서방향으로 2개의 장방형 묘실을 배치하고 있다. 묘문은 석재로 제작하여 2장의 석비를 갖춘 석문을 부착하고 있으며 석문에는 별다른 문양이 보이지 않고 있다. 2개의 묘실은 전돌로 구축하였으며 바닥은 가운데 부분이 융기한 형태를 취하고 있어 배수를 고려한 것으로 보인다. 피장자는 모두 3명으로 미성년자가 안장되어 세간의 주목을 받았다. 동실에는 2구의 관이 확인되었는데 유해분석 결과 2세 가량의 유아와 1세 미만의 영아로 밝혀졌다. 묘실은 도굴흔적이 없는 걸로 보아 처녀분일 가능성이 높다. 동서묘실에서는 약 273점의 각종 부장품이 검출되어 진대 전실묘 중 이채로운 사례로 평가되고 있다. 출토유물 중에는 기년을 파악할 수 있는 칠기 등이 확인되고 있는데 "大(泰)康七年李次上牢", "大(太)康八年王女上牢" 등의 명문으로 보아 서진의 관영 수공업공방에서 제작된 것으로 보인다. 출토유물의 격식과 수량으로 보아 왕실 구성원의 수준에 육박하고 있어 피장된 3명의 미성년 묘주는 당시 서진 왕실과 관련이 깊은 인물일 가능성이 높다.

세연지지묘洗硯池晉墓에서는 중원 및 북방진묘에서 자주 보이는 유물조합보다는 강남지역 진묘에서 대량 출토되는 월요계 청자류들이 압도적인 수량을 점하고 있어 묘주의 배경 및 출자가 강남지역과 관련이 깊은 특수성을 보여주는 것도 이채롭다. 1호분에서 출토된 금당은 모두 9점으로 묘주의 구체적 신분을 추정하는데 결정적인 증거로 작용하고 있다. 『속한서續漢書 · 여복지輿服志』 및 『진서晉書 · 여복지輿服志』 등에 나타나는 당시의 복식관련 기록을 살펴보면 한진시기漢晉時期 시중侍中, 산기상시散騎常侍 등의 고관들이 착용했던 관식은 매미(蟬) 모양을 넣은 금당과 담비(貂)의 꼬리털로 장식하였고 이를 "초선貂蟬" 이라 칭하였다. 양진시기 시중 및 산기상시의 관직에 올랐던 인원

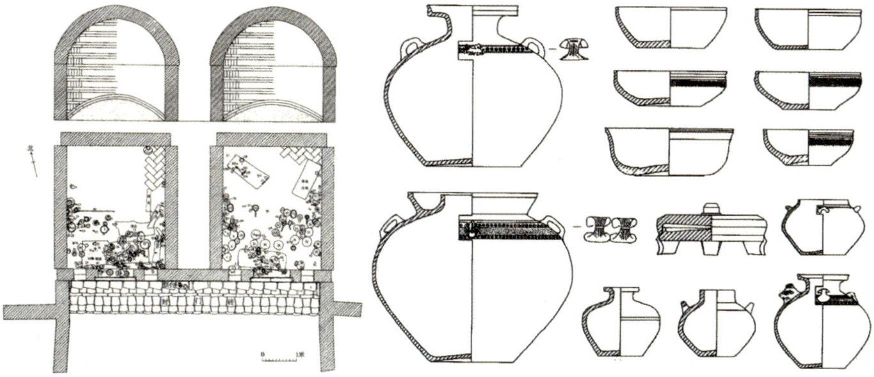

〈도 7〉 山東 洗硯池晉墓 평단면도, 출토 유물조합

은 서진시기에만 백여 명 이상으로 추정되고 있다.[35] 그러나 1호분의 묘주가 미성년자들인 것을 감안한다면 이러한 시중侍中 및 산기상시散騎常侍의 관직에 사여되는 금당장식이 아무 연고도 없이 부장되었을 리는 없다. 즉 이들 3명의 미성년 묘주들이 황실구성원의 일원이어야만 가능한 상황인 것이다. 월요계 고급 청자의 대량부장, 칠기의 제작수준 및 금당장식 등을 비추어 보아 이들 묘주는 양진 교체기의 사마씨司馬氏 황실과 연관이 있는 인물일 가능성이 크다.

35) 『晉書 · 帝紀』, 『晉書 · 志』, 『晉書 · 載記』, 『晉書 · 列傳』 등.

〈표 2〉 위진고분(魏晉古墳)의 구조변천

시기	고분 평면구조
東漢 末期	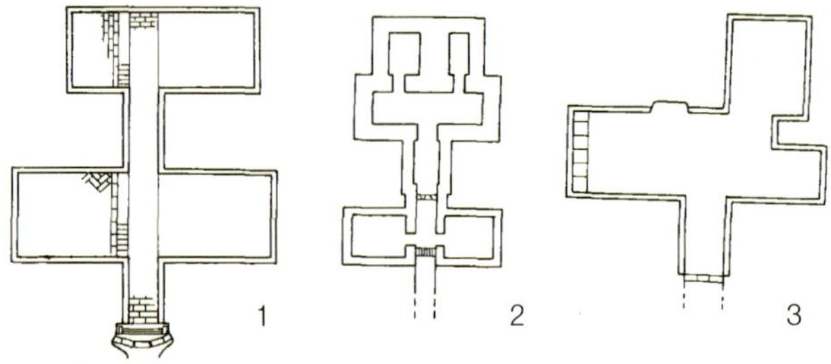
曹魏	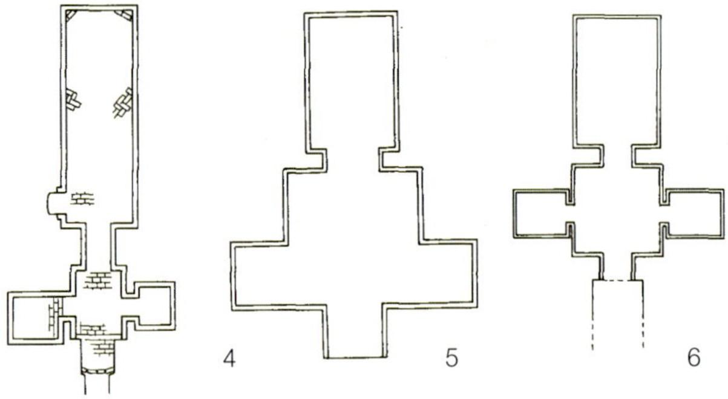
西晉	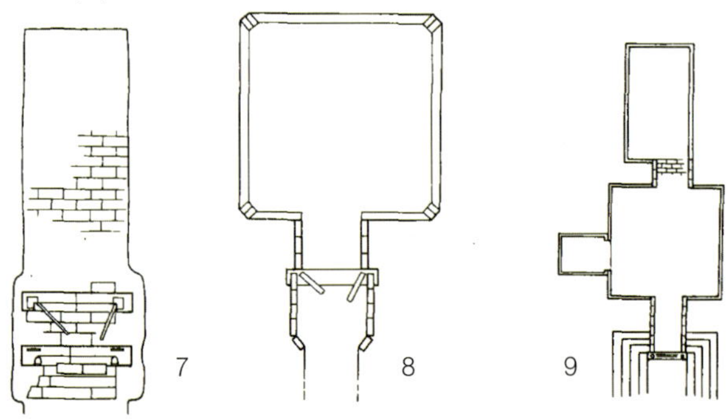

1. 洛陽 唐寺門M1(桓帝 永康元年, 167年) 2. 河北 定縣 北陵頭M4(中山穆王 및 王后墓)
3. 洛陽 王當墓(靈帝 光和二年, 179年) 4. 偃師M1606 曹魏墓
5. 洛陽 十六工區 正始八年 墓(魏 齊王 曹芳, 247年)
6. 甘肅 嘉峪關 新城M1(曹魏 高貴公 曹髦 甘露二年墓, 257年) 7. 偃師 樓枕頭山M4
8. 洛陽 西郊 太康八年墓(267年) 9. 洛陽 西郊 永寧二年墓(302年)

〈표 3〉 中原地域 위진고분(魏晉古墳) 출토 유물조합

조합	고분출토유물
생활 용기	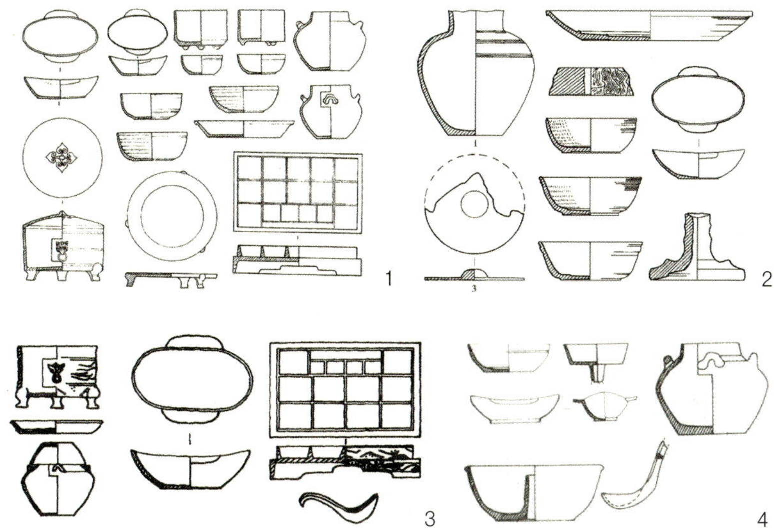
거마 모형기 도용	

구분	도면
모형명기	
진묘수	
화폐	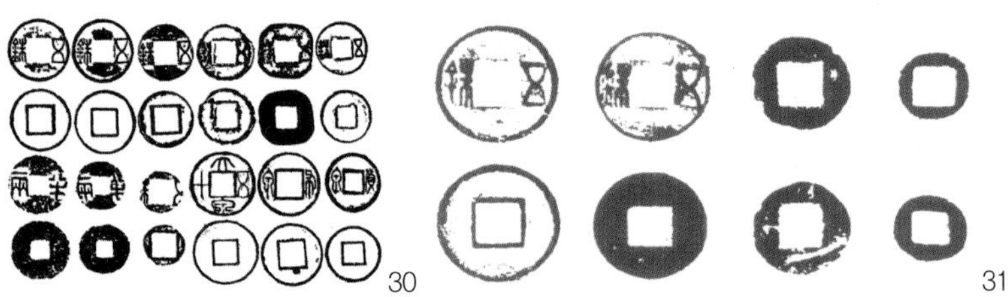

1, 7, 8, 9, 10, 24, 29. 洛陽谷水晋墓 2. 洛陽孟津大漢塚西晋墓
4, 5, 12, 16, 19, 20, 22, 23, 25, 27. 洛陽北郊西晋墓
3, 6, 11, 14, 15, 17, 18, 21, 26, 28. 洛陽春都路西晋墓

② 하서지역(河西地域) 위진벽화묘(魏晉壁畫墓)

감숙성甘肅省 주천酒泉, 가욕관嘉峪關 및 돈황敦煌 등지에 집중 분포하는 하서지역 위진십육국 고분은 특수한 자연조건으로 인해 보존상태가 매우 양호한 편이다.[36] 이들 고분은 화려한 화상전과 벽화를 통해 당시 하서지역의 생활상을 잘 표현하고 있어 위진시기 하서지역의 고대사연구에도 중요한 자료로 평가되고 있다.

주천酒泉과 가욕관嘉峪關 사이에는 남북 약 20km, 동서 3km의 사막이 형성되어 있는데 이곳에서 수천기의 위진십육국시기魏晉十六國時期 고분이 확인되었다. 1972년에서 1993년까지 주천시酒泉市 정가갑丁家閘 및 가욕관시嘉峪關市의 신성향新城鄕 등지에서 3세기초에서 5세기 중엽에 상당하는 20기 이상의 고분이 조사되었다. 대형고분의 경우 그 피장자가 군현급郡縣級 문관文官 및 지방호족으로 확인되었으며 공통적으로 묘실 전체에 벽화로 장식한 특징을 보여주고 있다.

하서지역의 위진십육국시기魏晉十六國時期 고분들은 타 지역과는 다른 조영적 특성을 표출하고 있다. 이 지역의 고분군은 가족 단위로 철저하게 분리배치되는데 특히 가족묘군 주위에 영권塋圈(원장垣墻)을 수축하여 공간적 배타성을 표시하고 있다. 영권은 내륙 호수였다가 고갈된 고비사막 지역의 자

36) 甘肅省文物管理委員會, 1959, 「酒泉下河淸第1號和第18號墓發掘簡報」, 『文物』 10期.
甘肅省文物考古研究所, 1998, 『敦煌佛爺廟灣-西晉畫像塼墓』, 文物出版社.
甘肅省文物考古研究所, 1994, 『敦煌祁家灣-西晉十六國墓葬發掘報告』, 文物出版社.
甘肅省博物館, 1979, 「酒泉 · 嘉峪關晉墓的發掘」, 『文物』 6期.
嘉峪關市文物管理所, 1982, 「嘉峪關新城十二 · 十三號畫像磚墓發掘簡報」, 『文物』 8期.
嘉峪關文物管理小組, 1972, 「嘉峪關漢畫像磚墓」, 『文物』 12期.

갈(역석礫石)을 이용하여 너비 2m 가량의 원장을 방형으로 수축하고 있다. 원장의 단면은 사다리꼴 형태로 축조하였으며 잔존 높이는 0.6~1.0m 가량이다. 가족 구성원들의 분묘는 내부 서열에 따라 정연하게 배치하고 있으며 측면에 출입문을 내놓고 있다.[37]

하서지역河西地域 고분의 조영방법도 기타지역과의 지질환경의 차이로 인한 특성을 보여주고 있다. 고분조영의 공정은 먼저 모래와 역암이 섞인 토양으로 인해 경사식 묘도를 굴착한 후 묘도의 끝부분에서 전면으로 묘실공간을 확보하기 위해 동굴을 판다. 일반적으로 동혈을 그대로 묘실로 사용하기도 하지만 일부 고분의 경우 묘실에 전돌을 사용해 전실묘를 구축하기도 한다. 묘문 상부 단벽은 전돌을 사용해 복잡한 구조의 문루를 체축하여 장식효과를 극대화하고 있다. 이 지역 고분의 봉토는 역석礫石을 사용하여 복두형의 봉분을 조성하고 있으며 다시 역석礫石과 모래를 이용해 묘도를 복토하면서 생긴 공극으로 개별 고분의 묘도흔적이 지표면에서 확인이 되고 있다. 이는 다른 지역에서는 보기 힘든 현상이기도 하다.

주천酒泉과 가욕관嘉峪關 지역의 위진묘魏晋墓 중 대다수의 고분이 벽화 혹은 화상전을 이용해 묘실을 장식하고 있다. 회화의 소재는 출행, 가축, 수렵, 농경, 목축, 포주, 연회 등 서북지역 호족세력의 일상생활을 주로 표현하고 있다. 화상전의 제작과정은 먼저 가로 36cm, 세로 17cm 크기의 전돌 표면에 채로 친 고운 황토를 한 겹 바른 후 전돌 사주에 홍적색의 안료를 사용해 사주 곽선을 그리고 흑색으로 스케치를 한 후 채색을 한다.

---

37) 甘肅省文物考古研究所, 1994,『敦煌祁家灣-西晉十六國墓葬發掘報告』, 文物出版社.

이러한 서북지역 고분의 벽화 및 화상전의 연원은 동한말東漢末 중원지역의 전통을 상당부분 계승하고 있으나 구체적인 회화소재 및 기법은 이미 현지화 되어 새로운 스타일을 표방하고 있다.[38] 1977년 발굴된 주천酒泉 정가갑丁家閘 5호묘五號墓는 십육국十六國 북양시기北涼時期의 고분으로 이 시기 벽화묘를 대표한다. 묘실은 묘도, 용도, 전실 및 후실로 구성되어 있으며 묘실 전체 벽면과 후실 서벽 상부에 대폭의 벽화를 장식하고 있다. 벽화채색 과정은 먼저 묘실 벽면에 진흙과 풀을 이긴 피막을 얇게 바른 후 그 위에 다시 얇은 황색 진흙 피막을 입혀 채색을 하였다. 채색은 묵선으로 스케치를 하거나 홍적색 바탕을 입힌 후 스케치하기도 하였다.

벽화의 구성은 묘실공간을 효율적으로 분할하여 주제별로 배치하고 있다. 전실 서벽 상단에는 묘주의 좌정도와 시종을 표현해놓고 있으며 그 외 벽면에는 우차牛車, 우경牛耕, 목축牧畜, 탈곡脫穀, 선곡選穀, 창고倉庫, 포주庖廚 등의 소재를 그려 놓고 있다.

〈표 4〉 주천지역 위진십육국시기 벽화묘의 유형 및 분기

형식		제1기(257~290년경)	제2기(290~378년경)	제3기(378~439년)
A型	A1型 I 式	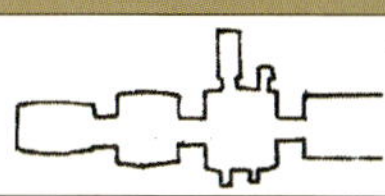 1		
	A1型 II 式		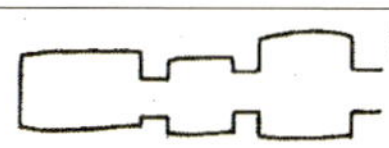 2	
	A2型		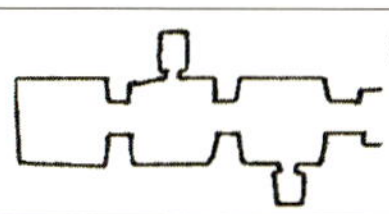 3	

38) 王天一, 1989,『地下畵廊-嘉峪關的魏晉墓塼畵』, 新世界出版社.

B型	B1型 I 式		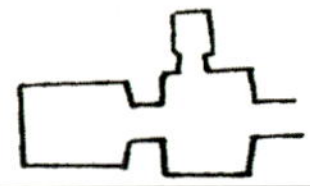 4	
	B1型 II 式		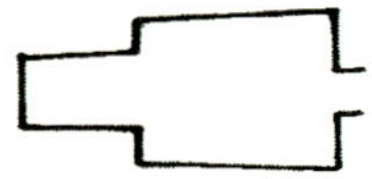 5	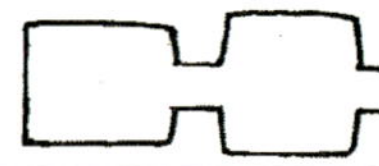 6
	B2型	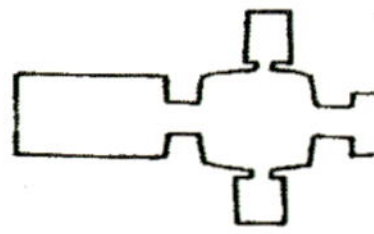 7		
	B3型	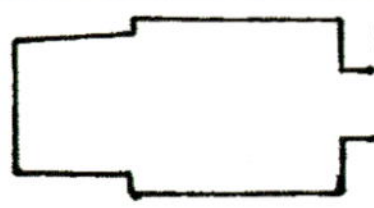 8		
	B4型			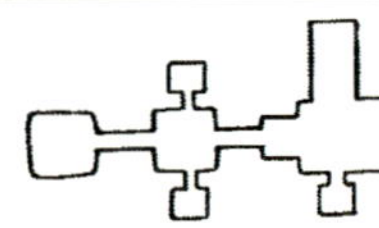 9

1. 嘉峪關M3 2. 酒泉下河淸M1 3. 嘉峪關M7 4. 西溝M7 5. 民樂八卦營M3 6. 酒泉丁家閘M5
7. 嘉峪關M1 8. 民樂八卦營M2 9. 酒泉小土山墓

2. 동오양진시기(東吳兩晉時期) 남방묘제

1) 동진제릉(東晉帝陵)

육조시기六朝時期 제릉帝陵은 주로 남경 및 그 주변지역(강녕江寧, 구용句容, 단양丹陽 지역 포함)에 분포하고 있다. 북방과 상통되는 매장제도를 상당부분 가지고 있으나 지역적인 차이와 왕조 건립의 배경이 서로 다르기에 다소 다른 묘제를 실현하였다. 이로 인해 그 제도와 격식이 다소 차이를 보이고

있다. 육조제릉의 매장제도의 특징으로는;

* 장지선택에 대한 풍수를 대단히 중요시 생각하였다.
* 족장(族葬)의 현상이 북방보다 강하다.
* "배의산봉(背倚山峰), 면림평원(面臨平原)"의 장지선택과 장법이 성문화되었다. 그러나 남향의 획일화는 보이지 않고 있다. 상당부분의 묘장이 남향을 택하고 있으나 북향, 동향의 묘장도 다수 보이고 있다. 이는 지형에 맞게 묘향을 정한 것으로 보인다.
* 육조묘는 모두 전실묘 구조이다. 이는 북방지역과는 대별되는 정황이다. 북방의 경우 토동묘도 상당수 보이고 있으나 남방지역의 경우

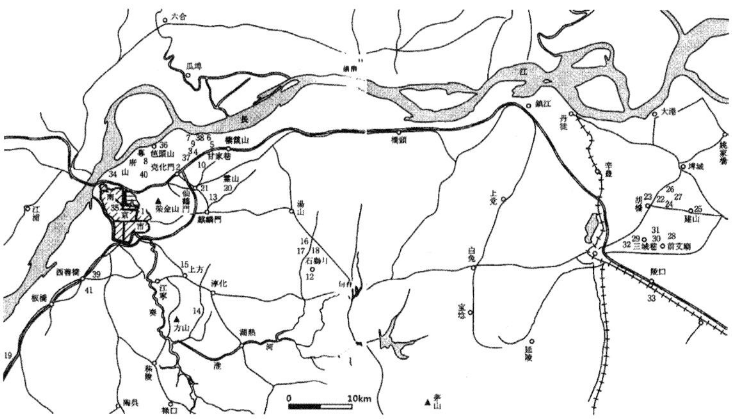

1. 東晋恭帝 司馬德文 沖平陵 2. 梁吳平忠侯 蕭景墓 3. 梁始興忠武王 蕭憺墓
4. 梁鄱陽忠烈王 蕭恢墓 5. 梁安成康王 蕭秀墓 6. 梁桂陽簡王 蕭融墓 7. 梁建安郡王 蕭偉墓
8. 梁昭明太子 蕭統墓 9.梁新渝闕侯 蕭暎墓 10. 宋文帝劉義隆 長寧陵 11. 失明墓 12. 梁南康簡王 蕭績墓
13. 宋武帝劉裕 初寧陵 14. 梁建安敏侯 蕭正立墓 15. 晉武帝陳霸先 萬安陵 16~18. 失明墓
19. 齊豫章文獻王 蕭嶷墓 20. 陳文帝 陳倩 永寧陵 22. 梁臨川靖惠王 蕭宏墓 23. 齊高帝 蕭道成 泰安陵

〈도 8〉 六朝 陵墓 位置圖

토질과 기후 등의 제약으로 인해 전실묘를 택한 것으로 보인다.

* 육조제릉의 묘문은 모두 석문(石門)이다.

* 육조제릉의 묘실 전방에는 상당히 긴 장축의 배수구가 모두 설치되어 있다.

* 육조제릉의 묘역 지상에는 신도를 따라 석주(石柱), 석비(石碑), 석수(石獸) 등의 석각 구조물들이 배열되어 있다.

2) 세가대족(世家大族) 및 일반묘(一般墓)의 묘제 특성

남방지역 육조고분의 분포는 공간적으로 5개 지역으로 분획된다. 또 시간적으로는 4단계로 변용과정을 설명할 수 있다.

① 동오전기(東吳前期)

전체 고분 수량이 많지 않다. 분포 중심 지역은 호북성湖北省 무창武昌, 악성鄂城, 대야大冶 등지의 고분형태가 비교적 유사하다. 묘실의 구조는 2실二室을 두는 전 · 후 양실구조와 소형 장방형단실구조가 다수를 점하고 있다. 출토유물로는 4이박四耳罐, 4이편관四耳扁罐, 청자완靑瓷碗, 호자虎子 등이 주를 이룬다. 강서 남창江西 南昌, 청강 등지淸江 等地의 묘실구조는 내부에 전축 기둥을 올리는 독특한 양식을 취하고 있다.

② 동오중기(東吳中期)-동진전기(東晋前期)

고분 수량이 전기에 비해 상대적으로 급증한다. 지역적으로는 강소성, 안휘성 지역의 장강북안, 강소 남부, 안휘 남부, 절강 전역, 강서 북부 등의 고분들에 해당한다. 묘실구조는 다실, 전후양실 혹은 병렬양실 등이 주를 이루고 "四隅券進式" 穹窿狀의 묘실천정 구조가 유행하는 시기이다. 묘실내부에 등대를 설치한 고분이 다수 보이고 있다. 출토유물로는 청자사이관, 대구관, 반구호, 타호唾壺, 호자, 향훈香薰, 사자형수주獅子形水注, 와형수우蛙形水盂 등이 있다. 도기로는 관, 혼병魂甁, 주방명기 등이 대종을 이룬다. 호북성과 호남성 등지의 출토고분이 구조적 유사성을 보이고 있다. 묘실구조는 전후양실, 다실 등이 주를 이루며 천정구조는 "四面結頂式" 궁륭상과 券頂의 형태가 대부분이다.

③ 동진중기(東晋中期)-유송중기(劉宋中期)

고분 수량이 더욱 증가한다. 강소 중부 및 남부, 안휘 남부, 절강 전역, 강서 북부의 고분 양상이 유사하다. 묘실구조는 단실묘가 주를 이루며 천정구조는 대부분 권정券頂의 형태를 가지고 있다. 묘실내부에 전축한 제대를 시설하고 벽면에 감실을 두며 연가창靈假窓 문양으로 장식하고 있다. 출토유물로는 청자가 주를 이룬다. 기종은 반구호, 계수호, 훈향, 빙기, 이배 등이 주를 이룬다. 전각묘지 등도 다수 출토되고 있다. 청자의 착유상태가 이 시기에 와서도 여전히 크게 개선되지 않고 있으며 탈유의 현상도 자주 보인다.

3) 장강중하류(長江中下流) 동오(東吳) · 양진묘장(兩晉墓葬)의 유형과 분기

장강중하류 지역은 크게 강소성, 절강성, 안휘성 일부를 포함하는 강 · 절지역江 · 浙地域과 장강중류지역長江中流地域으로 양분兩分할 수 있다. 이 지역 묘장의 시간적 분절은 다섯 단계로 획기할 수 있다. 묘장 편년의 표준기물로는 관罐, 반구호盤口壺, 계수호鷄首壺, 이배耳杯, 완碗, 다자합多子盒, 향훈香薰, 타호唾壺, 호자虎子 등이 있다. 장강중하류역의 묘장 유형은 중원지역에 비해 더욱 복잡한 양상을 띠고 있다. 묘실의 규모에 따라 9m 이상, 6m 좌우, 2.5m 이상, 2.5m 이하 등 네 가지 규격으로 구분이 가능한데, 2.5m 이상의 묘들은 모두 전실묘이나 그 이하인 2.5m 이하 묘들은 대부분 토광묘土壙墓이다. 수장 유물은 기종과 용도에 따라 네 가지 종류로 구분되며 각 기종은 하나의 조합을 이루고 이들이 다시 전체적 수장조합을 이루어 묘실에 안치된다.

〈표 5〉 長江中下流 지역 墓葬의 유형

번호	형식	규격	구조
1	Ⅰ型	9m 이상의 대형묘	塼室墓
2	Ⅱ型	9m∽6m 좌우의 중대형묘	塼室墓
3	Ⅲ型	6m∽2.5m의 중형묘	塼室墓
4	Ⅳ型	2.5m 이하의 소형묘	土壙墓

〈표 6〉 長江中下流 지역 묘장의 유물조합

번호	조합	기형	기종
1	一組	瓮, 罐, 碗, 燈	용기
2	二組	盤口壺, 耳杯, 盤, 洗, 薰, 唾壺, 爐, 鷄首壺	용기 및 생활용구
3	三組	竈, 井, 家畜模型器, 廚房容器	모형명기
4	기타	五聯罐, 虎子, 兵器, 鏡, 錢, 金銀裝飾器, 棺釘	

① 제1기 (3세기초~3세기중엽)

武昌(무한)지역에서 발견된 동오東吳 황무6년黃武六年(227년)의 매지권賣地券이 기년유물로서 대표적이다. 황무6년黃武六年, 동오東吳가 건국한지 6년六年이

채 되지 않는 시간으로 동한말에서 동오초에 해당하는 시간이다. 이 시기에는 I 형型의 묘가 보이지 않고 있다. II 형型의 경우 전·후실 구조를 갖추고 있고 전실 좌우에는 이실을 두고 있다. 후실의 천정부는 권정券頂 혹은 평정平頂 형태를 채용하고 있으며 전실은 대부분 사면결정식四面結頂式 궁륭상 천정부로 이루어져 있다. 전체적인 묘장의 규모는 8m 내외이며 1조一組, 2조二組, 3조三組의 수장품이 확인되고 있다. 또 장강하류 지역인 안휘성 마안산에서는 적오12년赤烏十二年(249년) 동오東吳의 대장군인 주연의 묘가 확인되었다.[39]

이 시기 묘장의 가장 큰 특징은 묘실의 규격과 수장품 조합에서 피장자의 신분과 정치적 등급에 따라 확연한 차이를 보여주고 있다. 이는 동오가 이 시기 장강중하류 지역에서 비교적 안정된 국가운영 체계를 확립한 것으로 이해할 수 있다. 장강중류의 동오 묘제는 일정부분 중원中原의 묘제를 수용한 것으로 나타났는데 특히 무창武昌 임가만묘任家灣墓의 구조와 수장기물의 조합에서 이러한 특징이 잘 반영되어 있다.[40] 출토 토기와 동경 등에서 나타나는 구제舊制의 습용현상襲用現象으로 보아 묘제 및 장제의 실현에 있어 여전히 상당부분 현지의 재지적在地的 특성과 전반적인 한제漢制의 잔류殘留가 잘 나타나고 있다.

② 제2기 (3세기중엽~4세기초)

남경지역에서 출토된 동오 적조14년赤烏十四年(251년) 기년명 청자호자가 대표적인 기물이다. 그 외 감로원년甘露元年(265년) 기년명 청자 등과 동오와

39) 安徽省文物考古研究所等, 1986,「安徽馬鞍山東吳朱然墓發掘簡報」, 『文物』 3期.

40) 武漢市文物管理委員會, 1955,「武昌任家灣六朝初期墓葬清理簡報」, 『文物參考資料』 12期.

서진묘에서 출토된 각종 기년명전과 매지권賣地券 등이 있다. 그리고 소주蘇州, 항주杭州, 의흥宜興, 장사長沙 등지에서 확인된 전실묘 등에서도 각종 기년유물이 출토되었다. 이러한 기년유물 중에서 가장 늦은 연대의 유물은 남경상방촌묘南京上坊村墓에서 출토된 태녕2년太寧二年(319년) 기년명전으로 동진이 건국한 후 3년이 지난해에 해당한다.

③ 제3기 (4세기초~5세기초)

이 시기는 역년대曆年代를 구명할 수 있는 기년유물이 대량으로 출토되었다. 대표적으로 남경노호산안시묘군南京老虎山顔氏墓群과 상산왕씨묘象山王氏墓群[41]에서 출토된 기물들이 있으며 동진시기에 해당한다.

41) 南京市博物館, 1972년, 「南京象山5號、6號、7號墓清理簡報」, 『文物』 11期.
南京市文物保管委員會, 1965년,「南京象山東晉王丹虎墓和二、四號墓發掘簡報」, 『文物』 10期.

〈표 7〉 長江中下流 지역 묘장의 분기 및 유형

분기	묘실구조	출토유물
1기	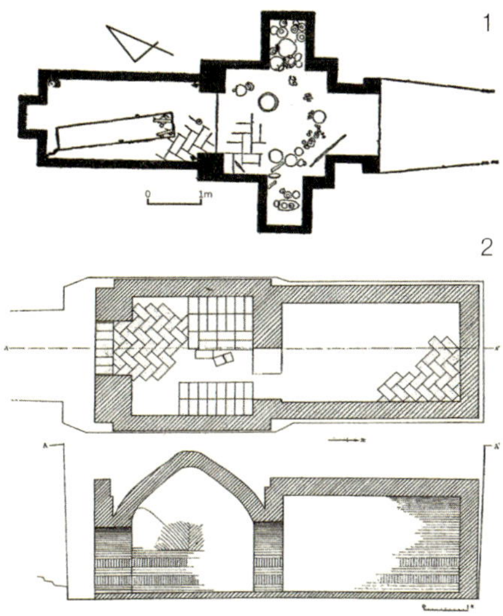 1, 2 동오전기	
2기	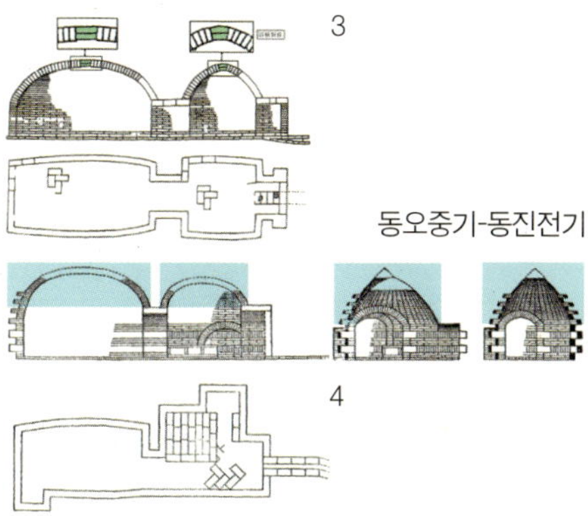 3, 4 동오중기-동진전기	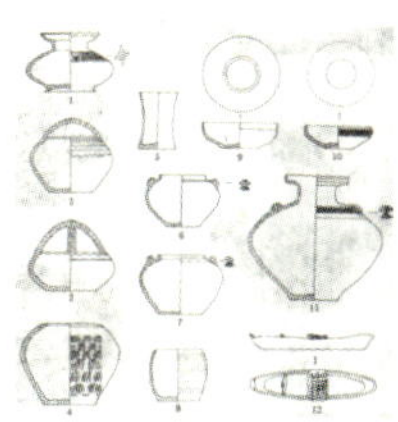

3기	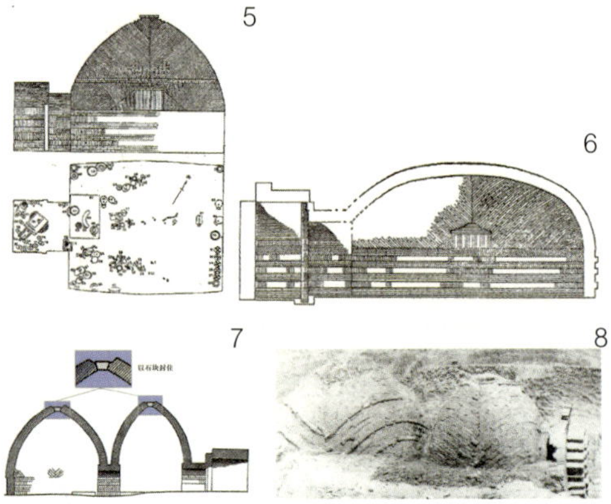 동진중기 - 유송중기	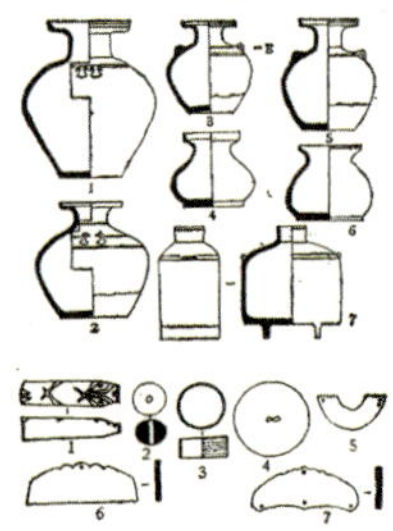

1. 湖北 武昌 任家灣東吳墓 2. 安徽 馬鞍山 朱然墓 3. 江蘇 金壇縣 方麓 東吳墓 4. 安徽 和縣 西晉墓
5. 江蘇 南京 象山7號墳 6. 江蘇 南京 北郊 郭家山5號墓 7, 8. 江蘇 宜興 周墓墩 西晉墓M1, M2

3. 중국 내지 호상묘벽(弧狀墓壁) 전실묘의 지역성을 통해 본 백제 횡혈식석실의 동장(胴張)[42] 문제

동장胴張(호벽弧壁, 호상弧狀, 유호도有弧度) 묘벽 전실묘는 한위진남북조漢魏晉南北朝시기 전실묘의 구조형식 중 매우 특수한 현상으로 볼 수 있다.[43] 전실

---

42) 胴張의 용어 사용에 대해서는 좀 더 검토해 보아야할 것으로 생각된다. 묘벽의 형태 및 기술적 문제를 내포할 수 있는 용어로는 호형묘벽(弧狀墓壁) 혹은 묘벽의 호형화 등이 더욱 적절할 것이다.

43) 趙胤宰, 2007, 「各區塼結構墓的異同及聯系」, 『長江中下游漢六朝塼墓的建築結構與技術研究』, 北

구조의 묘벽이 전체적 혹은 부분적으로 불룩해지는 독특한 현상을 말한다. 이러한 동장현상 출현의 계기적 요인과 경위는 분명히 밝혀지지 않고 있으나 중국 및 한국의 일부 고분에서도 유사현상이 확인되고 있어 묘제의 유사성을 통한 당시의 인적 교류 및 역사적 배경의 설명을 고고학적 시각으로 진행할 때 언급되고 있다. 현재까지의 관련 자료를 검토해 볼 때 이는 비교적 이른 시기부터 동장현상이 확인되는 낙랑지역 전실묘와의 관련을 고찰해 볼 필요가 있다. 즉, 낙랑인의 귀환과 중국內地 동장전실묘의 출현 및 그 시점을 주의 깊게 관찰해보는 것도 큰 의미가 있으리라 본다.

진한시기 중원과 낙랑지역의 인적 교류는 상당히 빈번하게 진행되었다.[44] 군현지역으로 이주하여 일정기간 거주한 후 선세의 관직 변동, 당사자의 관직 변동 등으로 다시 내지로 귀환하는 중원인사의 사례도 확인되고 있다. 동한시기 중원의 정치적 혼란은 중원인사의 대량의 이주를 초래하였는데 그 중 상대적으로 정국이 안온한 요동과 낙랑지역은 최고의 피난처가 되었을 것이다. 그 대표적인 예로 서한초기 낭야琅琊 출신의 대족大族인 왕중王仲 일가의 이주 및 동한東漢 명제년간明帝年間 중원사회의 정국이 회복되면서 그 후세인 왕경王景의 귀환은 당시 중원과 낙랑지역의 문화적 교류를 시사하는 대목이다[45]. 왕경王景은 수리전문가로서 중요한 저수시설 및 관개시설인 안풍당

京大學博士研究生學位論文.

44) 蘆敏, 2015,「秦漢時期中朝移民及其特點」,『信陽師範學院學報(哲學社會科學版)』5.

45) “王景字仲通, 樂浪詌邯人也. 八世祖仲, 本琅邪不其人. 好道術, 明天文. 諸呂作亂, 齊哀王襄謀發兵, 而數問於仲.……辟司空伏恭府. 時有薦景能理水者, 顯宗詔與將作謁者王吳共修作浚儀渠. 吳用景堨流法, 水乃不復爲害.……明年, 遷廬江太守. 先是百姓不知牛耕, 致地力有餘而食常不足. 郡界有楚相孫叔敖所起芍陂稻田. 景乃驅率吏民, 修起蕪廢, 教用犂耕.” 〈『後漢書』 卷76 · 循吏列

(芍陂)과 준의거浚儀渠를 구축하였다. 그의 출생지는 낙랑군으로 선대에 이주하였다가 다시 본토로 귀환하여 수리기술자로서 명성을 떨쳤다. 이러한 중원인사들의 귀환은 중원지역에 돌출적으로 나타나는 고분의 특이현상과 시간적으로 그 궤를 같이하고 있어 흥미롭다.[46]

동한전중기(1세기말~2세기) 낙랑지역 전실묘 중에는 묘벽이 호상을 이루는 독특한 구조가 보이기 시작하는데[47] 이러한 특이현상은 중원지역에서는 보이지 않고 있다. 이로보아 낙랑지역에서 자생한 고분의 속성으로 판단된다. 이러한 속성이 동한초기부터 중원, 산동, 장강중하류 및 요동 일부지역에서도 출현하고 있어 주목되는데, 이는 전술한 중원인사의 본토 귀환과 모종의 관계가 상정된다. 전실묘의 호상묘벽弧狀墓壁 현상은 출현의 원인과 분포에 있어 다분히 돌발적이고 국지적이다. 이러한 현상은 이전시기 중국의 전통적 묘제에서 전혀 확인된바 없는 외래적 요인으로 낙랑의 고분문화를 통해 표출되는 낙랑군과 중원지역의 교류는 주로 요동지역의 육로와 발해만 및 동해연안을 통해 이루어진 것으로 판단된다. 육로를 통해서는 요녕遼寧, 북경北京, 천진天津, 하북성河北省 등지의 고분 특성이 군현지역으로 수송되었으며 해로를 통해서는 산동, 강소지역 묘제의 영향이 이식되었다. 낙랑과 중국 내지의 교류는 주로 이들 지역의 지역적 특성이 눈에 띈다.[48] 군현설치 초기 낙랑지역의 묘제는 주로 요녕遼寧, 북경北京, 천진天津 및 하북성河北省, 요녕 지역 한대고

傳 · 王景〉

46) 李梅田, 2012,「魏晉南北朝墓葬中的弧壁塼室現像研究」,『中國國家博物館館刊』7期, 中國國家博物館.

47) 高久健二, 1995,『樂浪古墳文化研究』, 學研文化社, 174쪽.

48) 王培新, 2007,『樂浪文化-以墓葬爲中心的考古學研究』, 科學出版社, 116쪽.

분漢代古墳의 직접적인 영향을 받아 군현의 중심지역에 목곽묘가 출현하기 시작하였다. 1세기초 군현의 조정이 진행되면서 낙랑군은 산동 및 강소 북부지역과의 교류도 진행되는데 이 시기 출현하는 변상邊廂을 갖춘 목곽묘는 바로 산동 및 강소 북부지역의 동한 초기 목곽묘의 영향을 받은 것으로 추정된다. 1세기말~2세기경에는 석암동전실묘, 태성리5호분과 같은 전실묘가 출현하는데 묘실벽면이 동장 처리된 특이한 구조를 보여주고 있다.[49] 낙랑지역의 동장전실묘의 출현배경은 현재까지 구체적으로 설명된 바가 없지만 이후 등장하는 횡혈식석실묘에도 채용되고 있으며 백제 한성기의 횡혈식석실분에서도 구현되고 있어 기술적 계보를 주목하는 연구가 시도되고 있다.

이와 비슷한 시기, 중국의 남방과 북방지역의 전실묘 중에서도 벽면을 호장弧狀 처리한 고분이 출현하고 있는데,[50] 그 시기가 동한중만기 이후로 비정됨으로써 적어도 낙랑지역의 동장전실묘보다 이른 시기 자료는 아직 보이지 않고 있다. 동한말 공손씨의 요동지역 점유 및 낙랑지역에 대한 영향력 강화 및 이주민의 발생으로 낙랑지역의 동장처리 전실묘가 산동지역은 물론 감숙 주천지역에까지 이입되었을 가능성이 크다. 서진시기 전실묘의 호상묘벽 현상은 산동을 중심으로 주변지역으로 확산되었고 이와 접경을 맞대고 있는 중원지역 및 장강중하류 지역까지 파급되었다. 특히 동진시기 중원인사의 남천으로 남경지역에서 이러한 고분의 형태가 빈출하고 있다.

---

49) 高久健二, 1995, 『樂浪古墳文化硏究』, 學硏文化社, 83쪽.

50) 濱田耕作, 1933, 「南山里-南滿洲旅順老鐵山麓の漢代塼墓」, 『東亞考古學會』.
旅順博物館, 1986, 「遼寧大連前牧城驛東漢墓」, 『考古』 5期,
大連市馬圈子漢魏晉墓地考古隊, 1993, 「遼寧瓦房店市馬圈子漢魏晉墓地發掘」, 『考古』 1期,
山東省文物管理處, 1956, 「山東福山東留公村漢墓淸理簡報」, 『考古通訊』 5期.

백제 한성기 횡혈식석실분의 묘벽 동장현상도 이러한 맥락에서 고찰해 볼 필요가 있으며 전술했듯이 낙랑인의 본토 귀환과 같은 인구이탈현상이 낙랑 · 대방지역에서 한반도 중부지역으로도 발생한 사실을 염두해 본다면 고분구조의 특이현상이 특정시기에 백제의 초기 영역에 등장하는 배경에 대해 설명이 가능해진다.

〈표 8〉 樂浪古墳 編年(高久健二, 1995)

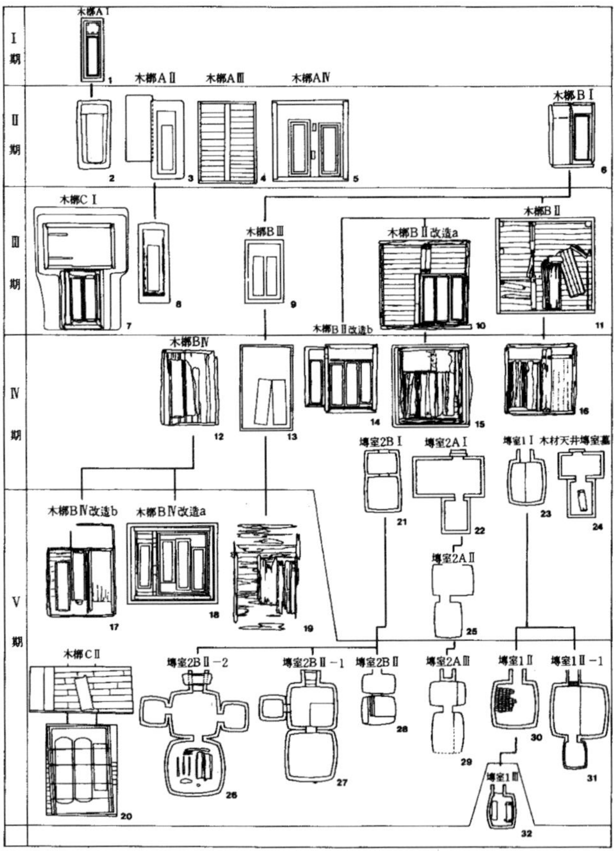

〈표 9〉 요녕, 산동지역 호상묘벽 고분

연대	평면
1C 말~3C 초	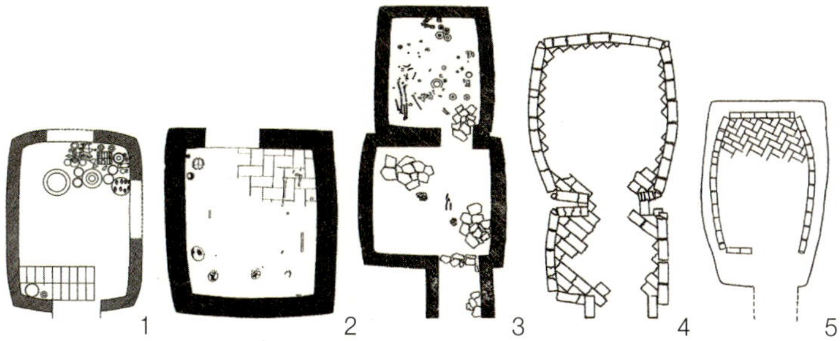
1. 大連前牧城驛M802 2. 旅順南山里M6 3. 瓦房店馬圈子M2 4, 5. 濰坊後埠下M14,M100	

〈표 10〉 장강중하류 전실묘 弧狀墓壁 변화
(1期 : 동한전기, 2期 : 동한중만기~동오조기 3期 : 동오중기~동진조기, 4期 : 동진중만기)

區 / 期	A(호북성)	B(호남성)	D(안휘성,강소성)	E(절강성)
一期	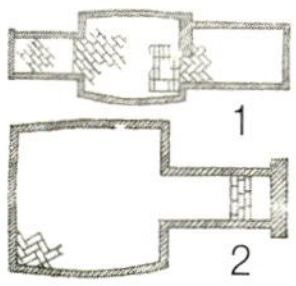			
二期	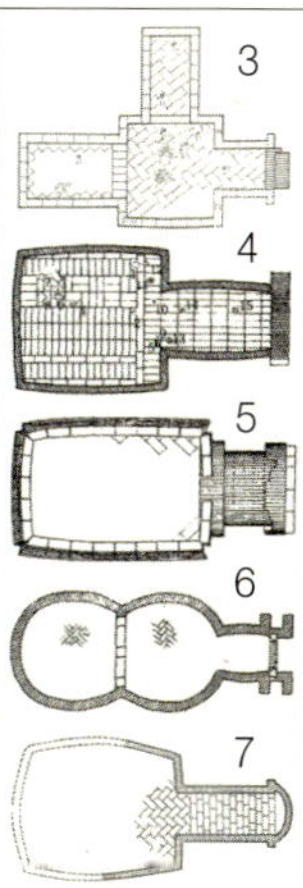			

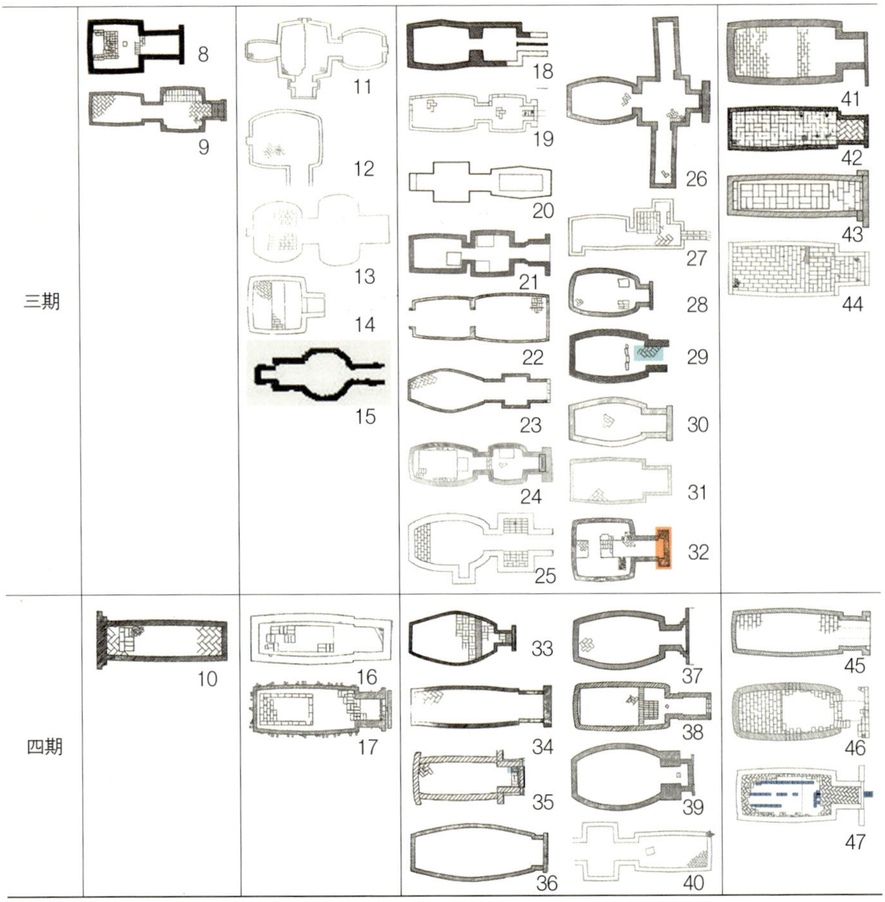

1. 湖北襄樊市東漢墓M1 2. 湖北襄樊市東漢墓M2 3. 湖北老河口市楊寨東漢墓M2
4. 湖北老河口市北崗東漢墓M1 5. 湖北襄陽竹條東漢墓葬M2 6. 湖北當陽市鄭家大坡東漢畫像石墓
7. 湖北襄樊市餘崗東漢墓M58 8. 湖北均縣雙塚M1 9. 湖北黃梅縣松林咀西晉紀年墓
10. 湖北鄂州市塘角頭六朝（東晉）墓M10 11. 湖南長沙西晉墓M22 12. 湖南長沙西晉墓M21
13. 湖南長沙西晉墓M23 14. 湖南安鄉西晉劉弘墓 15. 湖南長沙容園西晉墓M006 16. 湖南長沙晉墓M4
17. 湖南株洲東晉墓 18. 江蘇溧陽孫吳鳳凰元年墓 19. 江蘇金壇縣方麓東吳墓
20. 江蘇宜興丁蜀鎮青龍山西晉墓 21. 江蘇宜興西晉墓M1 22. 安徽和縣西晉紀年墓
23. 江蘇句容西晉元康四年墓 24. 安徽馬鞍山桃沖村西晉墓M3 25. 江蘇宜興周氏家族墓M4
26. 江蘇吳縣獅子山西晉墓M1 27. 江蘇宜興周氏家族墓M6 28. 江蘇宜興周氏家族(周玘) 墓M5

29. 安徽蕪湖赭山M111東晉墓鋪地磚 - 券頂(《文物》1956年12期) 30. 江蘇無錫赤墩裏東晉墓 - 券頂(《考古》1985年11期) 31. 安徽馬鞍山東苑小區東晉墓M2 - 穹隆頂(四隅券進) (《文物研究》第11輯)
32. 江蘇吳縣何山東晉墓 33. 江蘇句容陳家村六朝墓M2 34. 安徽馬鞍山桃沖村東晉墓M1
35. 江蘇南京呂家山M1東晉墓 36. 江蘇鎮江諫壁磚瓦廠東晉墓M25 37. 安徽馬鞍山東晉墓
38. 南京邁皐橋小營村東晉墓 39. 江蘇溧陽果園東晉墓 40. 江蘇鎮江東晉隆安二年畫像磚墓
41. 浙江上虞周家山西晉墓M1 42. 浙江寧波洪塘盧家山西晉墓M2 43. 浙江上虞周家山西東晉墓M55
44. 浙江上虞驛亭謝家岸後頭山西晉墓M36 45. 浙江上虞馱山M10東晉墓
46. 浙江慈溪窯頭東晉紀年墓M23 47. 虞驛亭謝家岸後頭山六朝墓M28

Ⅲ. 기원전후 한강유역 묘제와 외래계(중국계) 문물

1. 기원전후 한강유역의 묘제

기원전후 시점 한강유역은 낙랑의 영향 속에서 토광목관묘, 소형옹관묘가 출현하기 시작하며 한강유역 이외의 지역에서는 주구를 시설한 분구묘가 등장한다. 토광목관묘는 주변지역에 미친 낙랑군의 문화적 영향을 가장 잘 보여주는 고분으로 낙랑 목곽묘의 영향이 한반도 중부지역에서 확인된다.[51] 가평 달전리達田里에서는 기원 전후한 무렵에 만든 낙랑계통의 목관, 목곽묘 5기가 발견 조사되었다. 한쪽 단벽에 부장칸을 설치한 구조였으며, 분형토기, 단경호 및 주조철부 등 대부분의 유물이 낙랑지역에서 제작되었을 것으로 추정된다.[52] 원주 법천리法泉里 24호분도 낙랑의 영향을 받은 목곽묘로 분류

51) 김기섭, 2012, 「백제의 건국시기와 주체」, 『선사와 고대』 27, 한국고대학회, 16쪽.
52) 한림대학교박물관, 2003. 6, 『경춘선 복선전철 제6공구 가평역사부지내 문화유적 발굴조사 지도위원회의 자료』.

되며, 천안 청당동, 청주 송절동의 목관묘도 낙랑과의 연관성이 지적되고 있다. 특히, 청주 송절동의 B지구 4호묘는 이혈합장묘로서 평양지역의 낙랑합장목곽묘와 그 구조가 유사하여 묘제의 영향관계를 지적한 바 있다. 이후 중도문화의 확산으로 북한강과 남한강 상류지역에서는 2~3세기에 해당하는 즙석총이 새로이 나타난다. 이들 분묘의 조영세력으로는 고구려의 유이민으로 추정되는 건국세력[53] 혹은 영서지역을 중심으로 활동한 예족을 지명하고 있다.[54]

2. 외래계(중국계)문물

한강유역 외래계유물의 실재는 주로 한계문화의 파급으로 형성되었다는데 의견이 일치되고 있다. 특히 기원전 2세기초 위만조선과 전국 연의 관계 속에서 숙성된 한계문화의 유입, 이후 위만조선의 멸망과 낙랑을 중심으로 하는 서한의 변군설치(한사군), 낙랑대방의 위축과 소멸과정에서 이탈된 낙랑대방 유이민의 내입 등은 이러한 외래계 특히 중국계 문물의 빈출을 조성한 배경이 될 것이다.

북한강유역의 최근 자료를 살펴보면 외래계 관련유물이 출토된 유적이 총

53) 권오영, 1986, 「初期百濟成長過程에 대한 一考察」, 『韓國史論』 15, 서울대학교 국사학과.

54) 임영진, 2010, 「묘제를 통해 본 마한의 지역성과 변천 과정 -백제와의 관계를 중심으로」, 『백제학보』 3, 백제학회, 28쪽; 박순발, 1999, 「한성백제 성립기 諸墓制의 編年檢討」, 『선사와 고대』 12, 한국고대학회, 6쪽.

26곳에 이르고 있으며 주로 낙랑계 토기의 출토 정량이 높다[55] 낙랑계 토기의 속성 구분은 주로 제작기술의 차별성으로 인지할 수 있는데 성형타날, 회전물손질, 사절, 깎기 등의 조정기법을 들 수 있다.[56] 토기 기종의 구성은 주로 평저호와 단경호의 수량이 많고 분형토기, 완형토기, 시루, 토관 등도 확인되고 있다. 그러나 이들 토기들 중 일부는 기형과 성형기법에서 다소 차이를 보이고 있어 제작기법의 전이가 이루어졌던 것으로 파악하고 있다. 직접 수입된 토기와는 구분할 필요가 있는데, 이는 기술자 혹은 기술자 집단의 이

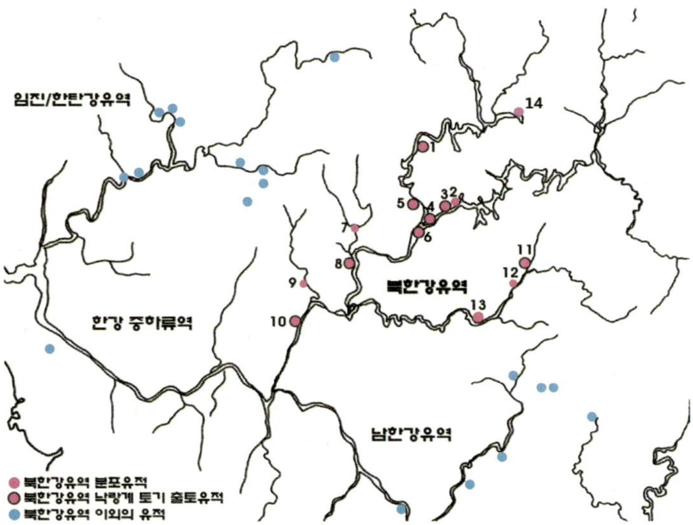

〈도 8〉 북한강유역 낙랑계 토기 출토유적 분포(홍주희, 2013)

55) 홍주희, 2013, 「북한강유역 원삼국시대 외래계 토기」, 『韓國基督教博物館誌』 9, 숭실대학교박물관.

56) 정인성, 2014, 「낙랑군의 토기문화」, 『낙랑고고학개론』, 중앙문화재연구원학술총서 18, 108-113쪽.

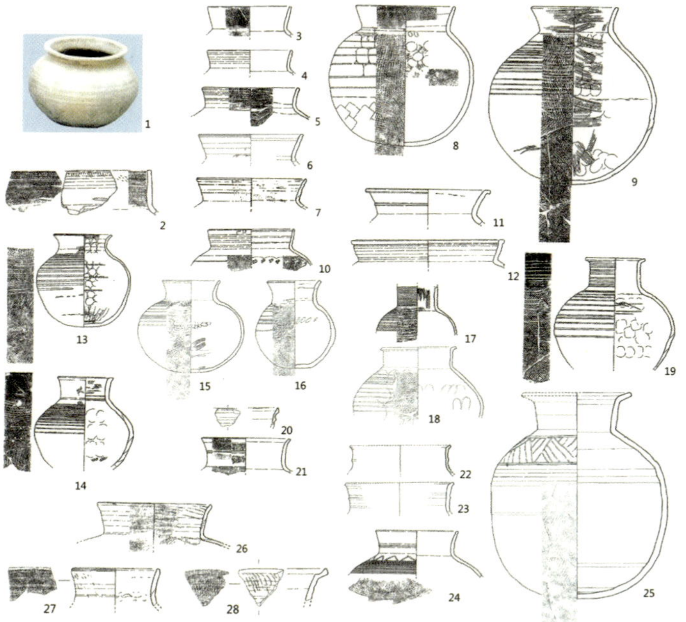

〈도 9〉 북한강유역 낙랑계 단경호(홍주희, 2013)

주, 기술을 습득한 재지공인 등 그 제작배경을 구명하는데 단서로 작용할 가능성이 높기 때문이다. 현재까지 가장 이른 시기로 편년되는 달전리 2호토광묘 출토 화분형토기와 단경호 및 대성리 49호수혈 출토 화분형토기 등의 연대는 2세기경으로 기원전후 시점의 외래계 징후가 포착되는 토기자료는 아직 확인되지 않고 있어 이 시기 중국계문화의 유입경위가 전면적으로 규명되지는 못하고 있다.

최근 경기도 일원의 발굴조사가 증가하면서 한강하류 인천 김포지역의 원삼국시대유적에서 기원전 1세기대에서 3세기대에 이르는 외래계유물들이 확인되고 있다. 이들 유물의 종류는 토기, 장신구, 철기류 등으로 전국시대

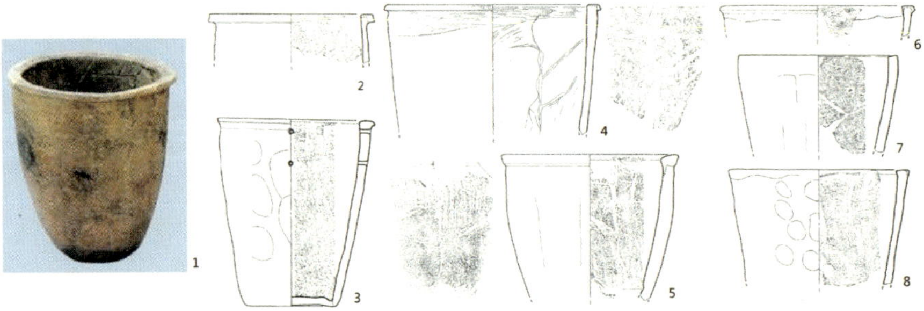

〈도 10〉 낙랑계 화분형토기: 달전리2호토광묘-1, 대성리-2, 8(홍주희, 2013)

이래 한계문화의 영향으로 생성된 물질문화 현상으로 이해되고 있다.

김포 운양동에서는 중국 길림성 유수노하심楡樹老河深유적에서 보이는 금제 이식과 동일한 계통의 유물이 출토되고 있어 부여계 혹은 북방계 문화와의 접촉을 시사하고 있다. 해당 유물의 정량적 축적과 공간적 집중성이 확보되지 않은 상태라 계통에 대한 단언은 이른 상황이다. 철기류 유물 중에는 7점의 장검이 출토되었는데 이 중 13호 철제장검에 부착된 청동제 검격은 유수노하심과 평양일대 낙랑고분에서 출토된 것과 동일한 형식이다. 철제장검은 목곽묘 출현 단계에서 보이는 한계양식의 무기로서 한강하류지역의 교섭정황을 이해하는데 중요한 자료로 평가할 수 있다.[57] 이외에도 회백색단경호와 승문타날단경호가 출토되어 낙랑 토기제작기법의 영향이 지적되고 있다.[58] 인천 운북동유적에서는 기원전 1세기대로 비정되는 삼릉형 철경동촉 13점과

57) 김기옥, 2013,「한강 하류역 원삼국시대 외래계 유물」,『韓國基督敎博物館誌』 9, 숭실대학교 한국기독교박물관.

58) 高麗文化財硏究院, 2011,『김포 한강택지개발지구 내 문화재 시발굴조사 약보고서(2단계)』.

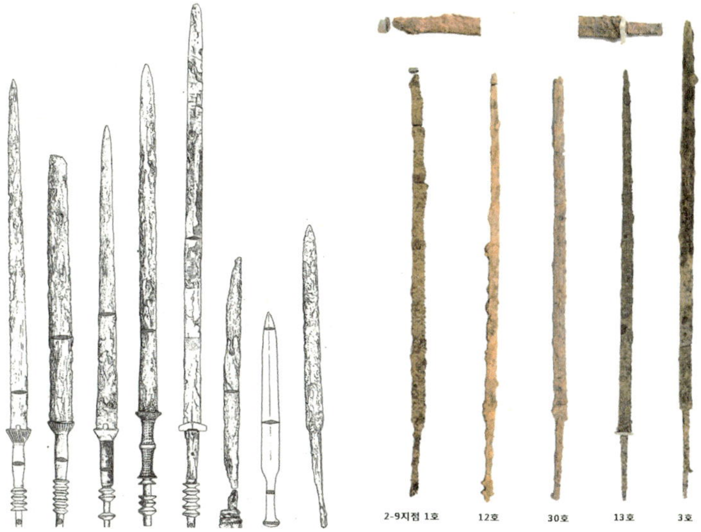

〈도 11〉 유수노하심 철검, 김포 운양동 철검(김기옥, 2013)

〈도 12〉 인천 운북동유적 출토 오수전, 삼릉형 철경동촉(김기옥, 2013)

오수전 15매가 확인되었다. 삼릉촉은 전국시기에 출현하여 서한대까지 성행하는 무구로서 전국 혹은 낙랑지역 한계문화와의 관련을 보여주고 있다.

최근 중부지역 원삼국시대 철기에 대한 자료의 출현과 이에 대한 연구는

"2세기이후" 라는 고정관념을 탈피하기 위한 노력에 집중되고 있다.[59] 낙랑군설치 전후 시점부터 2세기대까지의 외래계 철기유입의 현황은 신출한 최근자료에서 더욱 선명하게 표출되고 있다. 안성 만정리 신기유적, 가평 대성리유적, 인천 운북동유적 등에서 출토된 철기의 동향은 낙랑지역의 제철수준과 동일 형식의 유물을 비교분석함으로써 철기의 유입시기와 행로를 밝히는데 주력하고 있다. 특히 중부지역에서 지속적으로 검출되는 이조선돌대주조철부二條線突帶鑄造鐵斧의 연대 설정에 대한 논의는 기원전으로 소급될 가능성도 있어 기원전후 외래계 유물의 유입배경을 설명할 수 있는 근거를 마련하고 있다.

59) 김무중, 2013,「中部地域 原三國時代 鐵器를 통해 본 樂浪」,『崇實大學校 韓國基督教博物館誌』9.

Ⅳ. 맺음말

위만조선의 몰락, 한사군의 설치, 고구려의 약진, 중국 군현의 쇠퇴, 요동의 판도변화 등 기원전후시기 이래 대방군의 몰락으로 인한 한계문화의 종국적 퇴색까지, 백제는 국가형성 전야를 거쳐 명실상부한 국가로 성립되는 짧지 않은 역정을 거친다. 특히 고고학에서 주시하는 국가형성 과정에서 나타나는 묘제의 차별성과 정형성은 고대 정치세력 간의 변별을 진행할 수 있는 중요 지표이다. 백제 한성기 주류묘제로 확립되는 횡혈식석실분의 태생과 변용에 대한 설명은 아직 완전히 이루어지지 못했으며, 특히 횡혈식구조의 수용배경이 구체적으로 무엇에 기인한 것인지, 그 연원이 어디에 닿아 있는지 등에 대한 논의는 현재 축적된 자료를 바탕으로 하는 계통적 고찰과 향후 기대되는 새로운 자료의 증가로 인해 더욱 구체화될 것으로 생각된다.

주제발표 4

백제 토기 · 와전문화의 발달과 낙랑 · 대방

정 인 성 영남대학교

Ⅰ. 머리말

이번에 필자에게 주어진 주제는 제목에서도 드러나는 것처럼 백제 토기의 발전과 와전문화의 성립 및 변천 양상을 낙랑·대방의 그것과 비교하여 검토하는 것이다. 기실 이 주제와 관련해서는 이미 2014년 하반기에 열린 쟁점백제사 학술대회에서 정리(정인성, 2014)한 바 있으며 그 내용은 2015년에 단행본으로도 발간되었다.

물론 당시의 발표는 마한제국馬韓諸國과 낙랑의 상호관계를 고고학적으로 살피는 내용이었으므로 백제 토기나 와전 문제가 직접적으로 다루어지지는 않았다. 다만 필자가 다룬 내용이 종래에는 마한제국과 낙랑·대방의 문화를 고고학적으로 비교하는 데 이르렀기 때문에 본 주제와 완전히 유리되었다고 할 수는 없다.

2014년의 연구 성과 중에서 특히 토기문화의 특징에 대한 분석은 나름대로 한강유역권 토기문화의 성격과 변천을 이해하는데 도움이 되었다고 자평한다. 특히 낙랑 토기문화에 대한 기초 이해의 향상은 그 후 김무중, 홍주희, 심재연, 이나경 등의 연구에 적극 활용되어 한반도 중부지역권 토기문화의 특징과 변천을 설명하는데 구체적인 비교 대상이 되었다. 따라서 이번의 발표를 통해 당시 언급한 내용과 비교하여 특별히 새로운 이야기를 하기는 어려울 것이라 판단한다.

그러므로 본고에서는 토기에 비해 정리가 비교적 미흡했던 와전문화에 초점을 더 맞추어 양자를 비교해 보고자 한다.

Ⅱ. 한강유역권의 토기문화 전개와 낙랑토기

토기문화는 이 시기 정치체의 동향이나 백제의 성장 과정을 고고학적으로 이해하는데 도움이 될 것으로 판단하기에 본론에 들어가기 앞서 먼저 2014년의 발표 개요概要를 간단하게 소개하고자 한다.

우선 대성리 등지의 사례를 바탕으로 하여, 마한지역에 새로운 토기문화로서 회도와 활석혼입계 화분형토기 등이 이입되는 배경을 이야기하였다. 여기서는 그 배경과 동인을 종전처럼 낙랑군 설치로 한정시키지 않고 그 시기가 상향 조정될 수 있음을 역설했다(정인성, 2014). 삼한 지역에서 전개된 다양한 물질문화의 변화를 낙랑군 영향설로 몰아서 설명하는 경우가 많지만, 대성리 유적 등지의 주조철부 동반 회도灰陶나 화분형 토기 등 시기가 소급되는 자료도 적지 않다고 보았다. 달전리 유적의 목곽(관)묘 등에서 출토되는 화분형 토기는 낙랑군이 설치됨에 따라 서북한 지역에서 발생한 유이민의 흔적이라 판단하였으며 누세대적인 공간점유는 없었다고 판단했다.

파주 와동리에서 출토된 중국식 동검도 동반유물의 시기는 늦을지언정 그 반입 시기는 군현 설치보다 소급되는 것으로 판단하였다. 이렇게 이해한다면 완주 상림리는 물론 익산 평장리 등의 유물도 그 반입시기를 억지로 내리거나 긴 전세기간을 설정할 필요가 없어진다(정인성, 2013·2014).

그런데 김무중 등의 연구(김무중, 2014)를 참고하면 낙랑군이 전성기를 맞이하는 기원전 1세기대 이후가 되면 오히려 한성백제 지역으로 이입된 외래계 토기들이 줄어드는 현상이 관찰된다. 비록 토기는 아니지만 세형동검과 무기형 철기류들을 위시하여 한경漢鏡이 집중적으로 출토되는 진변한 사회와는 사뭇 다른 현상이라 할 것이다. 이러한 고고학적인 현상에 대하여 발표자는 낙랑군이 안정된 결과 대외교섭을 포함한 원거리 무역을 군현 측에서 주도적으로 관리하면서 생겨난 현상으로 보았다. 즉 군현 측의 외교전략 상 근거리의 마한제국을 견제한 결과를 반영하는 고고학적 현상일 가능성이 있다고 판단한 것이다. 마한을 견제하면서 원거리의 진변한辰弁韓과 왜倭를 우대한 결과일 수도 있다.

한편 한강 하류의 작은 섬인 영종도 운북동(그림 1)에서 출토된 회도灰陶와 백색토기, 그리고 평기와 등은 낙랑의 그것과 형태 및 제작기법에서 차이가 있음을 분명히 하였다. 즉 군현과는 다른 교역장이 서해안의 섬에서 기능했다는 이해이다. 물론 그 시기는 길지 않다. 또한 이러한 현상에 대하여 기원전 1세기 후엽에 군현이 대외무역권을 접수하자 한강유역권의 마한제국이 산동 등 타 지역과 적극적으로 통교를 시도한 결과일 수 있다고 추정하였다. 최근 부여세력과 관련된 유물들이 한강유역과 그 주변에서 출토량을 늘려가는 것도 같은 맥락에서 이해할 수 있을 것이다. 지금까지 삼한사회의 성장을 일방적으로 낙랑군과의 상호작용만으로 설명해 온 기존의 통설들을 비판하고 이를 좀 더 중층적中層的으로 이해할 필요가 있음을 역설한 것이다.

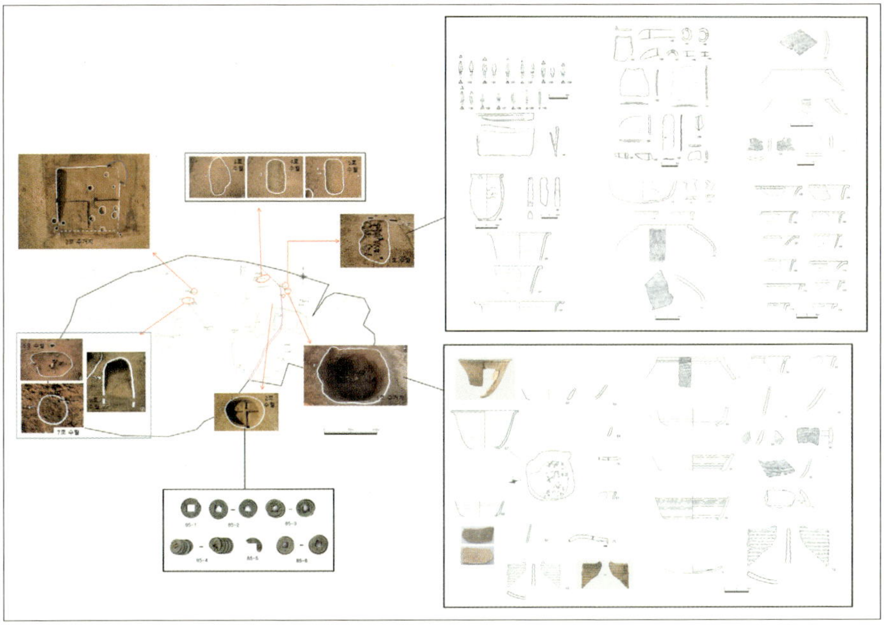

〈그림 1〉 운북동유적

이와 관련하여 최근 한강 하류역을 중심으로 출토량을 늘려가고 있는 백색토기에 대해서도 언급하였다. 원래는 이를 평양에서도 제작된 낙랑토기의 한 종류라고 이해하였으나 산동 용구지역에서 생산시설이 가마와 폐기장이 대량으로 발견되고 그 내용이 알려지면서 평양지역의 백색토기류도 산동반도 특산의 토기임이 밝혀졌다. 서북한지역 뿐만이 아니라 요동지역, 나아가 길림지역 출토 백색토기들 역시 산동의 용구시 부근에서 생산된 토기들임을 현지답사를 통해서 확인할 수 있었다.

한편 기원후에는 한강하류역에도 백색토기가 수입되는 현상이 확인되는데, 이를 낙랑 경유가 아니라 마한세력이 산동지역에서 직접 구매한 결과일 수도 있다고 보았다. 백색토기는 그 자체가 교역품일 가능성은 낮은 것으로 소금이나 젓갈 등의 보존식품을 운반하는 특수용기로 사용되었을 가능성이 높다고 판단했다. 이는 풍납토성 등지에서 출토량이 많은 시유 전문도기와 같은 성격이다. 이와 관련하여 최근 마한의 분묘에서는 낙랑에서도 흔치않은 대형 철기들이 부장되는 사례가 많다. 물론 이들 철기가 군현을 통해서 입수되었을 가능성을 완전히 부정할 수는 없으나 제 3의 공급처를 통해서 반입되었을 수도 있다고 본다. 마한제국에서 백제국이 급성장하고 몽촌토성이나 풍납토성이 조영되는 배경에는 이러한 교역권의 확보와 통제가 결부되었을 가능성이 높다고 보았다.

철기의 확산 문제도 마찬가지이다. 역시 지금까지의 이해와 다르게 군현이 그 중심에서 철기 확산을 주도했을 리는 없다고 판단하였다. 군현의 설치는 주변지역의 통제와 관리가 주 목적인 만큼 중요한 전략물자인 철기를 주변지역에서 자유로이 생산하게 허용하지 않았을 것이라 이해하였다. 최근 필자는 낙랑군 내부에서의 철기 생산 자체도 제한적이었다고 논증하였다. 즉 당시로서는 첨단기술이라고 할 수 있는 제철과 철기 생산은 중앙정부가 군현을 통해 철저하게 통제했을 가능성이 높은 것이다.

중국 내부의 정치적 혼란이 마한제국 등의 성장과 맞물리면서 군현 내부에서 유이민이 발생하는 상황이 전개되는데 이를 뒷받침이라도 하듯이 낙랑의 니질계 회도류가 한강유역권과 동해안 지역으로 확산된다. 한강유역권과 동해안지역으로 확산된 낙랑토기들은 현지 생산되면서 차츰 지역화되어 간다. 이러한 상황은 무문토기(점토대토기)가 차츰 환원염 소성토기로 바뀌어 가는 진변한지역과는 매우 다른 전개이다. 한편 현재까지 알려진 고고학자료로 보건데 한강유역권에서 타날문토기류打捺文土器類(회도灰陶)의 본격적인 확산은 군현 설치 후 공백기를 거친 다음에 전개된 2차 파급의 결과일 가능성이 높다.

끝으로 마한지역 철기문화에 영남지역에서 전개된 철기문화 요소가 인지된다는 연구가 있고(김새봄, 2011), 이에 대한 반론도 이어지고 있다. 좀 더 심화된 논의가 필요하겠지만 마한제국과 백제국의 성장을 군현이나 중국과의 교섭에서만 구하던 선행 연구에서 탈피해야 될 필요성은 충분히 인정된다. 내적 성장요인과 그 동안 간과되었던 삼한三韓의 지역 간 교류라는 요인도 좀 더 적극적으로 고려되어야 할 것이다.

Ⅲ. 초기 백제의 와전문화에 대한 최신정리

초기 백제의 와전문화瓦塼文化는 오래전부터 일방적으로 낙랑과의 관계 속에서 설명해온 측면이 있다. 그런데 여기서 문제가 되는 것은 이 분야의 토기연구와 마찬가지로 우리 학계가 낙랑의 와전문화에 대해서 제대로 이해하지 못하고 있었다는 점이다.

마한·백제와 낙랑의 와전문화에 대한 관련성에 있어서는 정치영의 정리(정치영, 2014)가 가장 새로우며 망라적이다. 그러므로 이 장에서는 정치영의 정리를 바탕으로 초기 백제 와전문화에 대한 성과를 소개하도록 하겠다. 이 정리에 따르면, 백제는 이미 한성백제기에 기와를 사용하였음이 분명하고 이는『삼국사기』의 기록과도 부합한다.

원삼국시대부터 한성백제기까지에 해당하는 기와 출토 유적은 현재까지 40개소인데, 풍납토성과 몽촌토성, 그리고 주변 석촌동 왕릉지구에 가장 집중된다. 와당은 이러한 왕릉지구에서만 출토되고 나머지 취락에서는 대부분 평와가 출토된다. 특히 한강과 안성천 사이의 공간에서 집중 출토되는 경향이 인정되는데, 이들 지역을 마한과 한성백제의 거점 취락들이 분포하던 공간이었다고 이해해도 좋을 듯하다.

그런데 완성도가 높은 기와지붕이 상정되는 유구는 풍납토성 등이 유일하며, 나머지 유적은 대개 수혈이나 가마, 고분, 그리고 주거지 내부에서 소량 출토되는 경우가 대부분이다. 이는 기와를 지붕 전면에 얹는 것이 아니라 부분적으로 사용하였을 가능성을 시사한다. 정치영은 전용되어 원거리로 이동한 경우도 있을 것이라 추정하였다.

1. 한성기 백제의 와당문화

웅진과 사비를 포함하는 광역의 백제지역에서 나타나는 일반적인 와당 문양은 연화문이다. 한성지역에도 연화문 와당이 있지만, 대부분의 와당이 이것과는 이질적인 형태와 문양을 갖추고 있다. 지금까지 한성백제와 관련하여 알려진 와당은 그 종류가 11종인데, 정치영은 이를 33종으로 세분하였다.

정치영에 따르면, A·B·C·D 4종류의 와당은 기본적으로 와당면을 4분할하는 것인데, 한성백제 와당 중에서 가장 많은 출토량을 보인다. 와당면을 4구획하는 방법은 십자형의 선을 두는 것으로, 이 선 끝에 가지를 표현한 수지형으로 마무리 된 사례가 많다. 4구획 와당의 경우 오래전부터 낙랑와당의 영향이 상정되었는데, 이는 1925년에 풍납토성에서 채집된 와당이 둥근 중방에 4분할이 분명한 것이었기 때문이다(그림 2). 이러한 의견은 최근까지도 많은 연구자들에게 신뢰받고 있다.

한편으로 이들 중 A-1식 와당이 중국 육조의 전문도기와 유사하다고 판단하여 전범錢範을 의식한 전문와당이라는 견해도 있다. 요전수와 연결하거나,

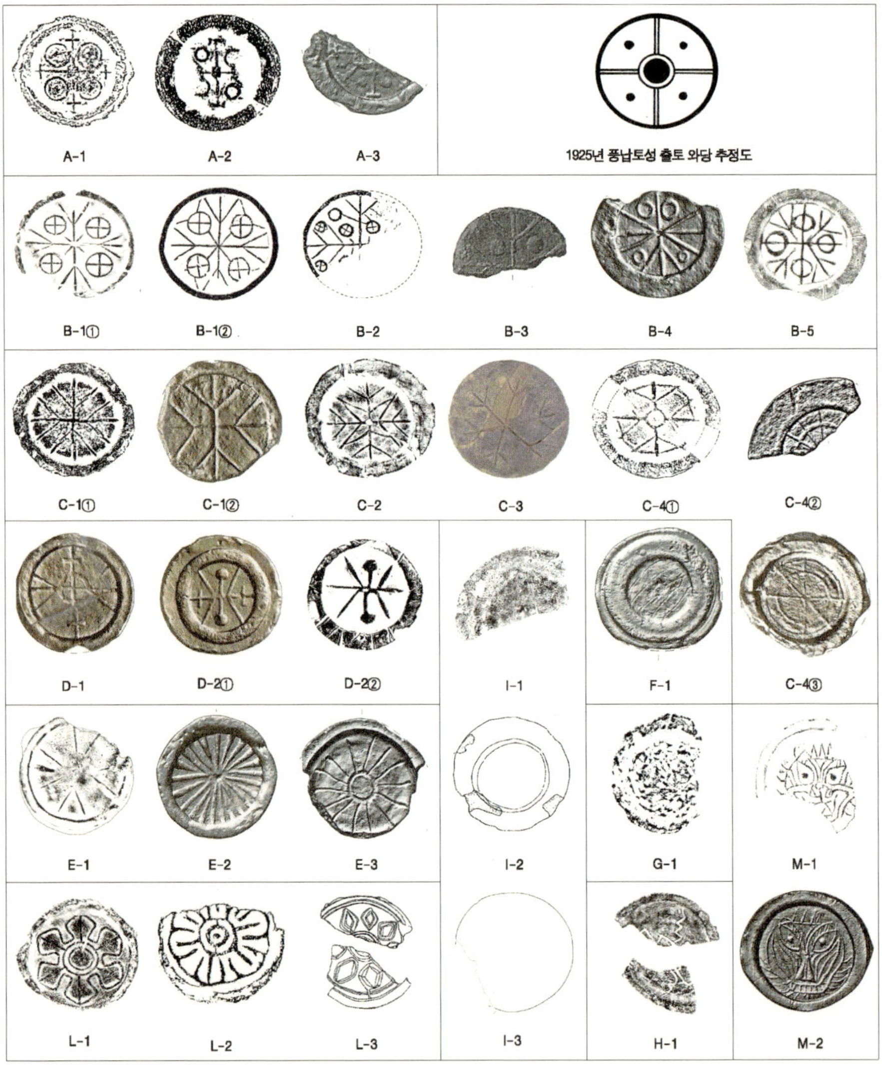

〈그림 2〉 한성기 백제와당의 문양 분류도(정치영, 2014 도2)

전체적으로는 전문錢文의 변형으로 보는 설이 많으며 정치영도 이를 지지한다. 수면문 등의 경우 실제로 남경 등지에서 유사한 자료가 확보되어 있는 점을 고려하면 육조 전문도기와 비교되는 전문와당론이 합리적인 판단으로 이해된다.

제작기법과 관련하여 정치영은 주연이 외반하는 것, 주연이 직각으로 마무리된 것, 그리고 주연이 와당면에 직교하면서 직경이 두드러지게 커지는 것으로 나누어진다고 판단(그림 3)하였다. 와당 배면에 기와등을 어떻게 만들어내는지의 여부가 2차 분류의 기준이 되었다. 특히 한성기 와당은 기와배를 잘라낼 때 배면의 아래쪽에 턱을 남기는 경우가 대부분이며, 이는 정치영의 Ⅰ식과 Ⅲ식에서 동일하게 관찰되는 속성이다. 물론 배면 하단에 턱을 남기지 않는 경우가 있는데, 이는 정치영 Ⅰ식과 Ⅲ식에서 일부 관찰되며, 와당 주연부가 직각으로 꺾여서 마무리된 Ⅱ식의 경우 모두 턱이 없다. 턱을 남기는 와당이 주로 한성백제기의 유구에서 출토되는 점을 참고하면, 한성백제기의 기와는 와당 배면의 기와등 턱을 남기고 잘라내는 것에서 턱을 남기지 않는 것으로 변했다는 것을 알 수 있다. 그리고 1식의 소형 와당과 3식

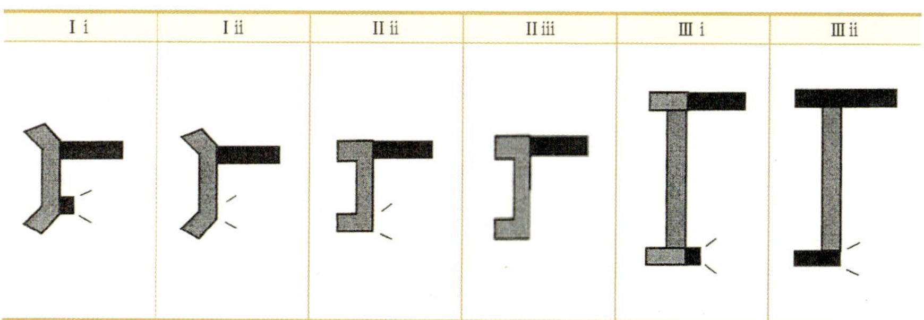

〈그림 3〉 한성기 백제와당의 형태 및 접합기법 단면 모식도(정치영, 2014 도3)

의 대형와당은 그 제법이 달랐을 가능성을 인지할 수 있다. Ⅰ식의 경우 정치영은 주연일체형이라 판단하고 Ⅱ, Ⅲ식은 주연이체형이라 판단하였다. 등기와를 부착하는 방법은 토기처럼 성형해서 올리는 방법과 별도로 제작된 수키와를 부착하고 배를 잘라내는 방법이 있다고 판단하였다. 물론 와통을 사용한 등기와(수키와)의 제작과 토기처럼 내박자와 타날구 만을 구사한 제작이 있을 것이라고 판단하였다.

발표자 역시 정치영의 정리에 기본적으로 동의한다. 다만 덧붙이고 싶은 것은 형식을 불문하고 한성기 백제 와당의 경우 대부분 이 시기의 토기 제작 기법과 강한 동질성이 있다는 것이다. 토기와 다른 것은 저부에 해당하는 와당면을 문양이 시문된 작고 납작한 판위에 올려서 녹로에 거치하고 성형한다고 이해하면 된다. 아예 녹로 상판에서 바로 올려서 성형하여 축흔이 관찰되는 사례(그림 4)도 인정된다.

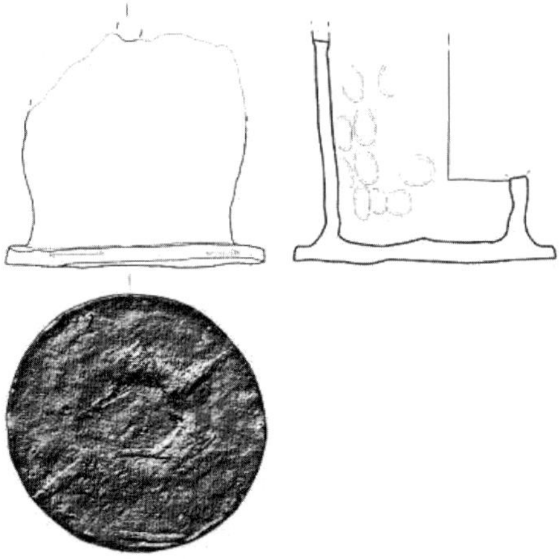

〈그림 4〉 한성기 백제와당 중 녹로상판에서 성형한 사례(정치영, 2014 도4의 5)

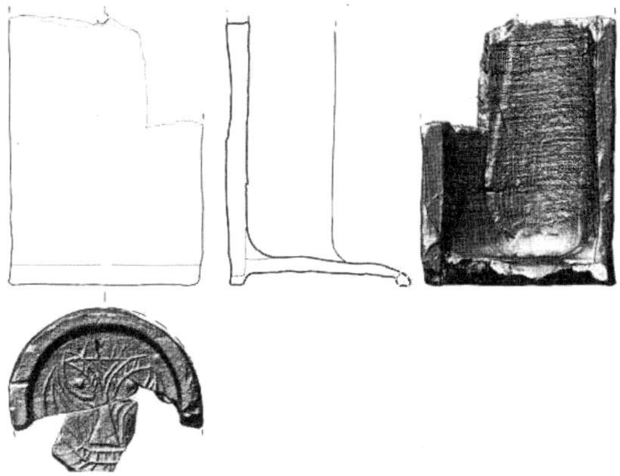

〈그림 5〉 한성기 백제와당 중 원통성형 제작 후 분할접합한 사례(정치영, 2014 도4의 14)

한성백제기의 와당 제작에서 전문 제와장의 솜씨가 느껴지는 것은 등기와를 원통 성형으로 제작하여 분할한 후에 접합한 사례(그림 5) 정도로 한정된다. 나머지 와당들은 와당면 문양을 제외하면 이 시기 마한과 한성기의 백제토기와 제법이 거의 동일하다. 녹로(회전대) 위에 점토를 올려서 바닥면을 눌러서 우선 만들어 내고 그 위에 점토띠를 쌓아 올리면서 성형하는데 타날이 추가된다. 이때 내박자가 사용되는 경우가 있는데 대개 문양이 없는 내박자가 사용되며 나중에 조정되어 지워지기도 한다. 미구부를 만드는 방법도 토기의 구연부를 조정하는 것과 동일하다. 회전물손질에 바탕한 조으기 조정이 압도적이다.

정치영의 Ⅰ식 와당 즉 주연부가 외반하는 형태로 성형된 것은 와당면을 토기의 저부삼아 등기와를 올리면서 눌린 결과이며 녹로(회전대)에 올려둔 소형의 와당면 문양판을 고정시키기 위한 고안일 가능성도 높다. 대개는 이를 2차 조정하지 않고 두는 경우가 많지만 토기의 저부 외면 조정과 마찬가지로 깎기조정한 사례도 있다. 미구 부분에 고정용 못구멍을 뚫는 경우가 있는데 이는 소성 후 건조전의 시공이다.

반건조가 이루어진 상태에서 턱을 남기고 등기와의 하단을 잘라내는데 중국 중원이나 낙랑처럼 천공 후 실로 떼기 기법이 활용된 사례는 없는 듯하다. 또한 낙랑 수키와와 와당 등기와의 성형에서 가장 일반적으로 사용되는 노끈감은 봉상의 내박자가 사용된 사례도 와당 등기와에서는 출토사례가 없는 듯하다.

2. 마한-한성백제기 평기와의 특징

한성기 백제의 평기와는 타날성형으로 제작하는 것과 와통을 사용하는 성형이 있다고 한다. 타날성형의 경우 무문 내박자가 압도적으로 많으며, 소수이지만 동심원상의 내박자 즉 목제내박자를 사용한 사례도 있다고 설명(정치영, 2014)하였다. 와통을 사용하는 경우 분리용의 포는 세승포를 이용하나 풍납토성과 석촌동고분에서 출토된 사례 중에는 굵은 실로 짠 직물을 사용한 것도 있다 한다. 성형에는 점토띠와 점토판이 동시에 사용되는데 후자의 경우 실로떼기흔이 접합면에서 관찰되는 경우가 있다고 한다. 점토판의 접합부위를 실로떼기한 경우는 고구려 기와에서도 발견되는 사례가 있다. 정치영이 제시한 도면 5-8(그림 6)의 경우 점토판에 사절흔이 남았는데 유사한 사례가 더 있는지 주의할 필요가 있다.

한성기 기와의 경우 와통을 사용하지 않는 것이 압도적인 비율이라고 하니, 백제 평기와의 발전방향을 이해할 수 있다. 반대로 웅진기 이후의 기와

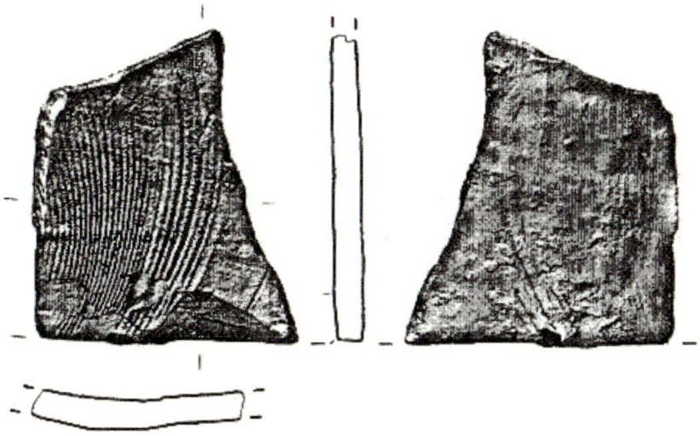

〈그림 6〉 한성기 백제평기와 중 점토판에 사절흔이 남은 사례(정치영, 2014 도5의 8)

에서는 모두 와통을 사용하여 성형된다고 한다. 평기와 제작에 사용된 타날은 격자문이 압도적으로 많은데 승문과 평행선문, 무문 등이 추가된다고 한다. 이들 중 격자문 타날은 정치영도 지적하듯이 당시 백제 토기의 성형에서 일반적으로 활용된 타날구와 동일한 것이다. 「도와겸업陶瓦兼業」이 한성기 백제기와 제작의 기본이었음을 알 수 있다.

발표자의 판단으로는 토기 제작 공인이 이미 완성도가 높은 제도 기법을 활용하여 부수적으로 와당이나 평기와를 제작했다고 판단하는 것이 옳을 듯하다. 백제 토기의 성형에는 활용되지 않았던 와통 성형이 기와 제작에 활용되는 단계가 되어서야 제와에 무게를 두었을 가능성이 높다.

평기와의 성형 후에는 반건조를 거쳐서 분할하는데 분할면을 여러 차례 깎아서 정리한다고 한다(정치영, 2014). 뒤에서 살피겠지만 낙랑에서는 대다수의 평기와 분할면에 와도흔과 함께 파단면을 같이 남긴다.

3. 한성백제 전돌의 형태와 제작기법 상의 특징

한성백제와 관련된 유적에서 전돌이 출토된 대표적인 사례는 역시 풍납토성이다. 물론 석촌동 고분과 몽촌토성의 사례도 있지만 소수에 불과하다. 한성백제기의 전돌은 크게 문양전과 무문양전으로 구분되며 성형틀을 사용하거나 성형틀 없이 점토판을 잘라서 만든 사례도 있다고 하였다. 성형틀에 포를 깔거나 모래와 같은 분리재를 뿌리고 성형한 사례도 있다.

한성기 백제의 전돌과 관련하여 특별히 주목되는 자료는 국립문화재연구소의 2013년 보고서에 실린 문양전 파편이다. 연구소는 이를 아궁이틀로 보고하였지만, 정치영은 문양전이라 하였다(정치영, 2014). 발표자의 소견도 경당지구 101호의 토제품을 문양전으로 판단한 정치영과 동일하다. 이 전돌의 문양은 중층으로 겹쳐진 마름모 형태인데, 이것은 물론 낙랑에서 유행한 문양이긴 하지만, 중국대륙의 여러 지역에서 문양전돌의 소재로 널리 이용된 것이기 때문에 이것만으로 그 계보를 특정하기는 어렵다.

장방형의 보도전의 경우 정치영이 제시한 도면 6-3(그림 7의 상上)은 상하면에 타날흔이 모두 남고 측면에도 타날흔이 분명히 관찰된다. 그리고 6-4(그림 7의 하下)의 장방형 전돌 역시 상하면에서 모두 격자타날문이 관찰되는 특징이 있다. 도면 6-9(그림 8)의 전돌은 단면이 표현되었는데 수평으로 여러겹의 점토판을 중첩해서 성형했음이 드러난다. 이는 상면이 비어있는 개폐식 틀에 점토를 채워 넣고 위에서 점토를 우겨넣고 승문타날로 두드려 성형한 다음 틀에서 전돌을 뽑아내는 낙랑의 그것과는 명확한 차이가 인정된다.

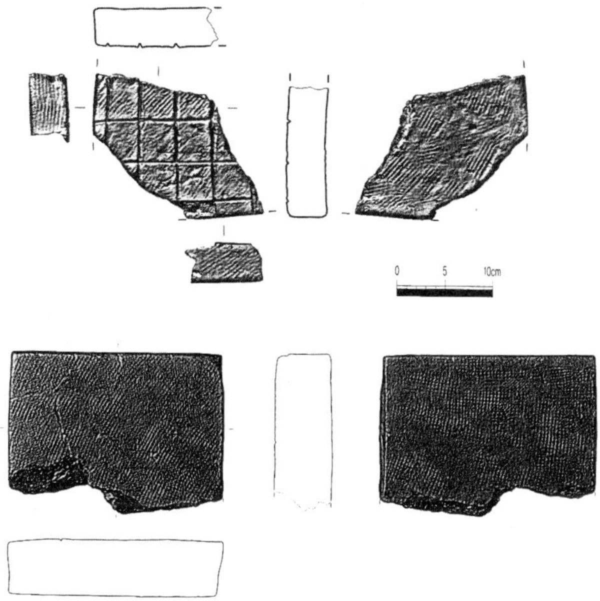

〈그림 7〉 한성기 백제전돌 중 타날문이 확인되는 사례(정치영, 2014 도6의 3·4)

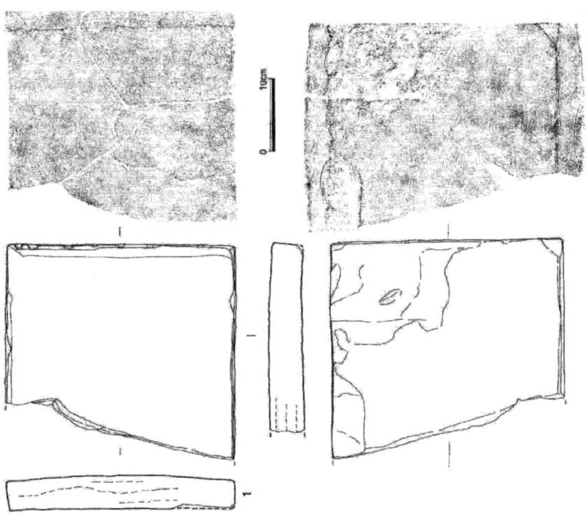

〈그림 8〉 한성기 백제전돌 중 중첩성형의 흔적이 나타나는 사례(정치영, 2014 도6의 9)

Ⅳ. 한성기 백제의 와전문화와 낙랑과의 상관관계에 대한 이해

와당의 경우 정치영은 가메다슈이치龜田修一 등의 오래된 견해를 참고하여 낙랑영향설에 주목하면서도 전문와당의 경우 육조시기 남중국의 물신주의에 기댄 전문錢文의 유행과 관련이 있다는 최근 연구 동향에 주목한다. 다만 낙랑에서도 전문전의 보고가 있다고 하여 그 관련성에 대한 앞으로의 추가 연구가 필요할 것으로 정리하였다.

그런데 제작기법의 경우는 한성기 백제의 와당과 낙랑의 그것에서 강한 친연성이 있다고 지적하였다. 이는 동진이나 남북조 시기의 와당이 기본적으로 와통으로 만든 기와 등을 절개 후에 부착한다는 사실을 크게 의식한 결과인데, 와당 배면에서 기와등 하단의 턱을 남기고 잘라내는 기법이 낙랑의 그것과 통한다고 판단한 견해로 보인다. 낙랑 와당이 사절법을 구사하고 백제와당의 경우 와도를 이용한다는 차이점은 그도 인식한 위의 판단이다.

관련하여 발표자는 이러한 성형 후 잘라내기 기법이 한성기 백제에 국한되는 것이 아니고, 신라의 초기 와당 제작이나 큐수지역의 초기 와당 제작은 물론, 북흉노에서도 공통적으로 관찰되는 현상으로 파악했다. 즉 조와기술의 전파에 따른 것이 아니라 인류제일성에 기인하는 현상이라고 판단하였는데, 정치영은 이를 부정하고 재지의 토기제작기술이 가미되었지만 기본적으로는 낙랑에서 유입된 기법이라고 판단하였다.

즉 정치영은 백제의 와당 제작이 기본적으로 낙랑 제와술에 바탕하고 있으며 이것이 남조와 관련된 기원후 5세기 중반에 사용된 연화문 와당에도 적용된 사례를 두고, 제와술이 백제로 수용되어 안착되었기 때문이라고 하였다. 수면문 와당은 이미 반절된 등기와를 와당 배면에 부착하는 것으로 이것이야말로 남조의 영향이 가미된 것이라고 하였다.

즉 낙랑의 '원통제작 후 반절하는 제와법'이 한성기 백제 와당의 기술 원천이며, 이것이 육조 기와의 직간접적인 영향을 받으면서 백제 고유의 와당문화를 창출한 것이라고 정리하였다. 평기와에서 인지되는 무통 타날성형도 낙랑과 통한다고 판단하였다. 토기 성형법과도 통하지만 이러한 기법이 낙랑과 백제에서만 인정된다고 본 것이다. 점토판 성형이 웅진기 이후의 평기와 성형에서 보이기에, 동일한 성형법이 보이는 남조의 영향은 늦은 것이라고 보았다. 결론적으로 백제의 제와술이란 낙랑 제와술의 유입이 배경이 되었으며, 재지의 토기 제작기술의 바탕 위에 육조의 제와술도 수용하여 백제화 시킨 것이라고 하였다.

전돌의 제작도 낙랑과는 공정과 형태에 차이도 있지만 공통점도 발견되기에, 당하리 등지의 송풍관에서 보이는 낙랑 기와와 분형토기의 사례도 포함하여 낙랑으로부터의 기술 유입을 상정할 필요가 있다고 정리하였다.

백제, 특히 한성기 백제의 와전문화와 관련된 정치영의 정리(정치영, 2014)는 한강유역권 자료의 폭넓은 관찰을 바탕에 둔 정리이지만, 낙랑의 와전문화에 대한 이해가 아쉽다는 점이 지적된다. 이는 정치영의 연구에 문제가 있다는 것이 아니라, 우리 학계에서 아직 보편화된 낙랑 토기의 이해와는 달리 낙랑 와전에 대한 구체적인 논의가 부족했던 점이 중요하다.

이러한 점을 무겁게 판단하여 아래에서는 낙랑의 와전문화에 대한 발표자의 이해를 정리해 보고자 한다.

V. 한반도 서북한지역의 와전문화

고조선의 와전瓦塼 문제가 제대로 연구되지 않은 상황이기 때문에 낙랑의 와전은 한반도의 관련분야 연구사에서 언제나 첫머리에 등장한다. 이는 한무제가 낙랑군을 설치한 것을 계기로 비로소 한반도에 와전문화가 이식된다는 인식과 무관하지 않다. 그러나 낙랑 와전에 대한 구체적인 이해를 바탕으로 이루어진 연구 사례는 드물다.

낙랑 와당의 특징으로는 와당면 사분할, 그리고 그 사이를 운기문과 궐수문이 채우는 것으로 설명하는 것이 일반적이지만, 이는 중국 중원지역의 진한대 와당에서 유행한 일반적인 특징이기도 하다. 그 말인즉슨 낙랑의 와전은 동시기 중원이나 요동지역 와전과의 비교 연구도 제대로 이루어지지 않았음을 방증하는 사례이기도 하다.

낙랑 와전문화에 대한 기초 이해가 턱없이 부족한 상황에서 그 영향설 만이 홀로 걸어 다녔던 것이다. 이는 그 지리적인 위치가 만들어낸 선입견으로 와질토기 낙랑영향설과 마찬가지 현상이라 할 것이다. 해방 후 낙랑기와를 쉽게 접할 수 없었던 한국고고학자들이 이를 구체적으로 연구하는 것은 어려운 일이었으며, 다른 물질문화에 대한 연구와 마찬가지로 이 분야 역시 일본인 연구자들의 성과를 간접적으로 접할 수밖에 없는 형국이 오랫동안 지속되었다.

1. 관련 연구사 검토

낙랑 기와에 대한 관찰소견을 처음 남긴 연구자는 1909년부터 평양지역의 낙랑유적을 조사했던 세키노다다시關野貞이다. 세키노는 낙랑토성에서 출토된 평기와류의 내면에 남은 승문흔적縄文痕迹을 모골기법에 의한 흔적이라고 판단한 바 있다. 즉 모골에 노끈을 감싼 뒤에 점토를 붙여서 성형한 결과 내부에 승문압흔縄文壓痕이 전사轉寫된 것이라고 보았다. 낙랑 기와의 제와법을 구체적으로 추정한 최초의 견해라고 평가할 수 있다.

그런데 1930년대에 발굴되었으나 1965년에 간행된 보고서 『낙랑군치지樂浪郡治址』에서는 평기와의 외면에 남은 흔적을 승석문이라고 하여 세키노와는 다른 견해를 제시하고 있다. 이는 발굴조사를 주도하고 보고서를 집필한 고마이가즈치카駒井和愛의 의견이라 할 것이나, 내면의 흔적에 대한 구체적인 설명이나 조와법에 대한 정리는 없다. 이 때 와당에 대한 평가가 새로 추가되었는데 사엽문을 전한대의 것으로, 천추만세명 문자 와당을 후한대의 것으로 보는 견해를 발표하였다.

이후 낙랑 와전에 대한 본격적인 연구가 시작되는 것은 1980년대에 되어

서인데, 일제강점기에 일본으로 반출된 낙랑 기와를 대량으로 수집한[1] 이우치이사오井內功 부자의 연구가 그것이다. 그는 외면의 승문은 노끈을 감은 타날구에 의한 흔적이며 내면의 승문은 '승목繩目'이라고 표현하였다. 내면의 승목은 모골에 씌운 승석 혹은 노끈이라고 판단하였으며 포흔이 있는 기와가 있음도 지적하고 그 시기가 늦을 가능성을 시사하였다.

이우치는 특히 낙랑 와당의 특징에 대하여 여러 가지 견해를 제시하였는데, 와당면에 수키와를 접합시키는 방법을 크게 4가지로 분류하였다. 즉 끼워넣기 기법, 와당 배면접착법, 와당외연 파내고 접합하기, 일체형제작이 그것이다. 그리고 와당배면 접착법은 점토띠쌓기와 와통제작으로 세분하였다. 이 중에서 점토띠를 쌓아서 올린 와당배면 접합법이 전후한 시대에 걸쳐 제작된 것으로 판단하고, 배면에 포흔이 있는 일체형와당제작이 낙랑후기와 종말기에 등장한 제작법이라고 보았다. 그리고 이미 등기와가 반절된 것을 부착하는 방법은 위진대에 채용된 제작법이라고 주장하였다.

낙랑 기와에 대한 연구에서 특히 중요하게 평가받는 것이 1984년도에 발표된 타니도요노부谷豊信의 연구이다. 그는 도쿄대학 고고학연구실考古學研究室에 보관되어 있던 낙랑토성 출토 기와류를 다시 정리하면서 분석결과를 제출하였다. 타니는 낙랑 와당의 제작기법을 크게 두 가지로 구분하였는데, 하나는 와당 배면에 원통상태의 수키와를 접합한 다음 그 절반을 분리하는 방법이고(A기법), 다른 하나는 이미 반절된 수키와를 배면에 부착하는 제와법(B기법)이다.

---

1) 이우치 기와컬렉션은 이후 많은 수가 한국국립중앙박물관에 기증되었으며, 나머지도 유금와당박물관을 운영하는 유창종씨의 소장이 되어 한국으로 돌아오게 되었다.

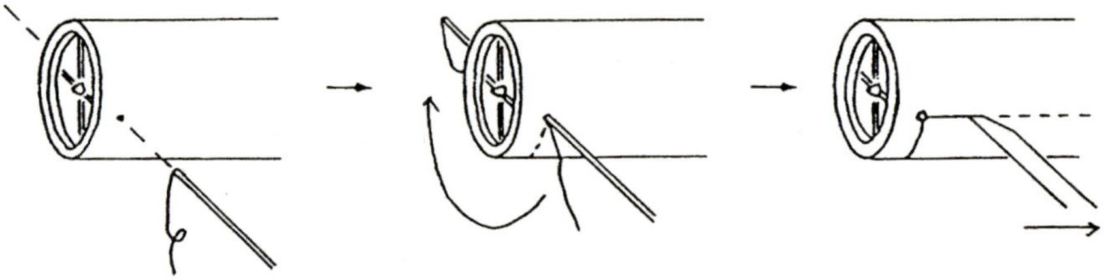

〈그림 9〉 谷豊信의 A기법 제와술(谷豊信 1984)

이 중 A기법은 와당면 배면에 이미 만들어둔 수키와를 부착시키는 방법과(A1기법), 수키와의 선단부에 와당면을 끼우는 방법(A2기법), 그리고 와당면과 수키와를 동시에 제작하는 일체형기법(A3기법)으로 나누었다. 그리고 B기법은 이미 반절된 수키와를 와당 배면에 부착시키는 방법(B1기법)과 와당 주연부의 절반을 잘라내고 수키와의 선단부 아래에 접합시키는 방법(B2기법)으로 구분했다. 그의 이러한 와당 분류법은 중국고고학계에서 조차 와당이나 평기와에 대한 보고가 드문 당시에 많은 후속 연구자들이 한漢식 기와의 특징과 변천을 이해하는 기준 연구가 되었다.

그는 기본적으로는 A기법에서 B기법으로의 변천을 상정한다. 그리고 조와기법造瓦技法 전체의 변천에 대해서는 타날성형인지와 모골법인지를 가장 중요한 요소로 판단하였다. 결론은 타날성형인 A1, A2 와당이 전한前漢 중기中期를 상한上限으로 하며, B기법은 '만세萬歲'명 문자와당이 출토된 남정리南井里 116호의 연대를 후한 초기로 보아 그 상한을 정하였다. 그가 고식으로 판단한 A기법 기와를 전한 중기를 상한으로 삼은 것은 평양지역에서 이러한 기와의 상한이 낙랑군 설치 이전으로 소급될 수 없다는 기본 인식이 투영된 결론일 것이다.

A3기법을 이용한 일체형 기와 제작은 태토에 활석이 섞인 공통점이 있는데, 타니는 이를 전한 후반에서 후한 전반경에 제작된 것이라 판단하였다. 그 이유는 동일한 제작기법이라고 인식한 활석혼입계 화분형토기의 연대에서 유추한 것이어서 분명한 근거가 있는 것은 아니다. 그는 모골로 제작된 수키와를 A1기법으로 접합한 것을 늦은 형식으로 보았으며, 역시 모골로 제작하여 반절한 수키와를 붙여 등기와로 삼는 B1기법을 가장 늦은 형식의 와당으로 판단하였다. 특히 '대진大晉 원강元康'이라는 문자 와당이 B1기법이라는 점이 중요한 판단기준이었던 것으로 보인다. 즉 대진 원강은 혜제의 원강 년간으로 그 시기가 기원후 291년에서 299년으로 정리되기 때문이다. 즉 낙랑군 말기에 해당하는 와당이다.

2000년대에는 이미 타니에 의해 승문내박자를 이용한 타날성형이 낙랑평기와의 기본 성형법이라는 정리를 이해하지 못하고 이를 다시 승석을 씌운 모골법이라는 주장이 제기되었고(후지와라), 이를 반박하는 논문이 시미즈에 의해 제출되기도 하였다(시미즈, 2004). 연구사에 대한 몰이해와 고고유물에 대한 무지가 빚은 헤프닝이라고 할 수 있다.

2006년에 필자는 후지와라 등의 주장을 비판하면서 낙랑의 니질계토기와 평기와가 모두 봉상의 승문 내박자를 이용한 승문타날을 기본으로 한다는 내용을 주장하고, 낙랑에서의 조와造瓦가 기본적으로 '도와겸업陶瓦兼業'에 바탕한다고 판단하였다(정인성, 2006). 나아가 니질토기의 성형과정이 1차 성형에서 원통모양의 기본형을 만든 다음 2차 성형 타날을 통해 동체부를 변형시키는 것이라면 기와류는 1차 성형 후, 구연부에 대한 회전 물손질이 가미될 뿐 모양을 근본적으로 바꾸는 2차 성형이 없음을 분명히 하였다. 그리고 낙랑 니질계토기와 기와류에서 관찰되는 내면 1차 성형 시의 승문내박자 흔적은 평양지역에서 성립된 니질토기류의 제도製陶와 제와製瓦에서 관찰되는 가장 중요한 제작기술상의 특징이라고 판단하였다.

뿐만 아니라 이들 기와들이 정치된 상태에서 한 번에 타날 성형되어 마무리되는 것이 아니고 정치 상태에서 구연부까지를 타날성형하고 물손질한 다음, 이를 제작대에서 분리하여 뒤집어 놓고 다시 하반부를 2차 타날하여 완성한다고 판단하였다. 이는 흡사 니질토기류의 성형에서 얼추 완성된 토기를 제작대에서 분리 횡치시키고, 그 상태에서 저부를 깎거나 타날하여 조정하는 것과 마찬가지 성형법이라고 할 수 있다.

재미있는 것은 낙랑에서는 성형 중의 기와를 제작대에서 분리시키는 방법도 토기와 마찬가지로 '실로떼기'가 주류를 이룬다는 것이다. 그 다음에 추가되는 공정은 손끝을 이용하여 기와 내면을 아래에서 위로 훑어주는 행위이다. 일부 기와에서는 동체 외면에 노끈을 결박하여 생겨난 압흔이 관찰되기도 한다. 건조 과정에서 와瓦의 변형을 막기 위한 노끈 결박의 가능성이 높은 것으로 판단된다.

평기와에 의한 이해 수준이 높아진 상황에서 2011년이 되어 타니는 종래 자신의 연구에서 약간 수정된 견해를 발표하였다. 그것은 모골기법에 의한 일체 성형 와당, 활석이 섞인 와당을 낙랑기와 중 고식으로 판단한 것이다. 이는 수키와의 성형이 타날성형인지 아니면 모골성형인지로 선후관계先後關係를 결정하던 종래 자신의 견해를 수정한 것이다. 이러한 해석의 변화가 발생한 배경이 궁금한데, 발표자가 판단컨대 이는 기시모토 나오미가 1994에 발표한 서안西安의 진한교체기秦漢交替期 기와에 모골기법을 채용한 와당 제작이 있다는 견해를 참고한 결과일 가능성이 대단히 높다(기시모토, 1994).

이 때 타니 도요노부는 시간적 선후관계를 결정할 수 있는 대안 속성으로

A기법이냐, B기법이냐가 기준이 되었다. 즉 분할되지 않은 수키와를 와당 배면에 붙인 다음 수키와의 절반을 잘라내는 방법으로 제작된 것을 고식으로 판단하였고, 이미 반절상태의 수키와를 와당 배면에 부착시키는 것을 늦은 형식으로 본 것이다.

한편 근년 낙랑 기와에 대해서는 주목되는 논문이 발표되었는데, 2012년에 제출된 나카무라 아키코中村亞希子의 논고가 그것이다. 그는 낙랑 기와에 대한 그간의 연구사를 정리하고 선행 연구의 문제점을 지적하였다. 즉 와당 문양의 변천에 대한 연구가 거의 이루어지지 않은 상태에서 제와술의 변천을 통해서만 낙랑와의 변천이 다루어진 점을 문제로 지적하였다. 타니의 연구를 맹종하는 분위기를 지적한 것이다. 그는 2011년에 정리한 진한 기와에 대한 이해를 바탕으로 낙랑 기와의 성립과 전개를 살폈다.

나카무라는 진의 수도였던 서안에는 이미 전국시대 말에 모골기법이 낙양지역으로부터 전해져서 수용되었고, 전한 전기에 조와집단의 재편성을 통해 신기술이 확실하게 침투하여 전한 중기 이후에는 모골기법이 종래의 타날성형을 대신하였다고 판단하였다. 그러나 낙랑군 설치 이전에는 조와가 보급되지 않았다는 한반도 서북부(논문에서는 북부)에서는 기술 변화와 시간의 흐름이 비례하지 않을 가능성이 높다고 보았다, 그 근거로 베트남 중부 임읍林邑의 수도인 차큐에서 발견된 기와 중에 포목흔이 인정되는 와당보다 타날성형으로 제작된 기와가 늦은 사례를 들었다. 결국 낙랑군이 설치되는 공간도 종래 조와기술이 전래되지 않았던 지역이기 때문에 중원지역에서의 일반적인 조와造瓦 기술의 차원에서만 편년하는 것은 위험하다고 주장했다.

한편 원래 타니가 토기 제작기술과의 관련성을 지적했던 활석혼입계의 일체형 와당 제작에 관해서도 재고再考가 필요하다 하였다. 그 내용은 이러한 기법이 낙랑군에만 한정되는 것이 아니고 장안성 계궁을 위시하여 전한前漢의 여러 유적에서 출토되는 것이 분명해졌기(淸野, 2011 외) 때문이라 하였다. 그리고 전한前漢 중엽 이전의 막새기와는 와당범에 점토를 채우고 그 뒷면에 수키와를 쌓아 올린 다음 와당면의 턱을 남기고 수키와의 절반을 잘라내는 방법을 채용한다는 지적도 있음(네기모토, 1994) 을 지적하고, 이러한 기와를 모두 별도로 만든 다음 접합한다는 이우치와 타니의 이해와는 다른 이해도 필요하다고 하였다. 결국 나카무라의 연구는 기존의 연구에서 타날성형에서 모골성형으로의 일반적인 변천이 적용되는 지역이 있는 반면 그렇지 않는 지역도 있다는 인식, 그리고 와당면의 문양과 제작기법을 동시에 고려한 연구가 필요하다는 지적인데 의미있는 문제인식이라고 판단한다.

그런데 실제로 낙랑 와당의 문양에 대한 분류는 일제강점기에 세키노다다시나 우메하라스에지에 의해 시도된 적이 있음에도 불구하고 이를 인지하지 못하고 있음은 문제이다. 당시 중국대륙의 기와 자료가 제대로 알려지지 않았던 시절이었지만, 도쿄대학의 고고학강좌에서 사용한 자료집에는 낙랑 와당의 문양을 제법 체계적으로 분류한 세키노타다시의 분류안이 이미 제시되어 있다.

어쨌거나 나카무라는 그가 2011년에 제출한 운문 와당의 분류안에 낙랑토성 출토 기와를 대입하여 분류하고, 한편으로는 특징적인 제작기법을 도출하여 그 대응관계를 살피고 있다. 낙랑토성에서 출토되는 기와는 그의 진한 운기문 와당 분류의 제 1종과 제 3종, 그리고 제 5종이 인정된다고 하였다. 제 1종은 와당면을 계선으로 4분할하고 그 사이에 운기문을 배치한 것이다. 이 중에서 내구(원래는 와당면의 중방)는 대개 원형이지만 연주문도 포함된다. 운기문은 대개 중방쪽이 터진 것이 일반적이며 위로 말린 것도 있다. 제

3종은 계선을 따라 궐수가 좌우로 장식된 것이다. 즉 4분할 궐수문와당인 것이다. 제 5종은 제 3종의 변형이라고 할 수 있다.

수키와 부분의 성형기법은 다른 연구자와 마찬가지로 2가지로 나누고 있다. 하나는 타날성형, 또 하나는 모골성형이다. 이는 새로운 분류법이 아니라 전자는 기와 내면을 봉상의 물체에 노끈을 감아서 내박자로 삼아 승문타날구로 타날하였다는 타니나 정인성의 견해와 동일한 것이다. 후자는 물론 내면에 포압흔이 관찰되는 기와로 오래전부터 연구자들이 인식하던 성형방법의 하나이다.

그는 와당 배면의 수키와 접합 기법 역시 선학들의 의견과 마찬가지로 2가지로 크게 나누고 있다. 하나는 와당 배면에 반절하지 않은 수키와를 부착시키는 것인데 와당면 제작에 연속하여 수키와를 쌓아올리는 방법을 일체 성형기법으로 판단하고 있는 점이 특징이다. 그런데 일본고고학에서 구사하는 일체성형기법(잇본쯔쿠리)이라는 것은 와당 배면과 수키와면에 서로 연속되는 포흔이 남는 와당류를 지칭하는 것이기 때문에, 와당 배면에 점토띠를 쌓아올려 성형하는 제작법을 일체 성형기법이라 하는 것은 선행 연구의 의미를 제대로 이해하지 못한 결과로 판단된다.

점토띠 성형과 포흔을 남기는 모골성형의 경우 분명하게 시간성이 반영된 속성이며 강한 지역색을 띠기도 하기에 이는 구분해야 용어를 사용하는 것이 맞다고 본다. 나아가 선학들의 분류를 비판하였음에도 불구하고 일체형으로 쌓아올리는 것인지, 별도로 만들어진 수키와를 부착했는지 여부를 구분하는 것이 어렵다고 결론내린 점은 분류의 약점을 분명히 드러내는 부분이다. 나아가 선학들이 설정한 와당면 끼워넣기를 인정하면서도 와당 주연면이 높은 것 중에서 타날흔이 있는 것은 와당범에서 분리한 다음에 다시 주연부를 타날성형한 증거로 판단하고 이 역시 선학들의 분류가 타당하지 않은 증거라고 역설하였다. 그러나 판단컨데 이러한 와당 주연부 타날은 와범에서 분리시킨 주연에 대한 조정 타날에 불과하다.

그의 B형 접합법 역시 선학들의 인식과 마찬가지로 이미 반절한 수키와를 와당면에 부착시키는 것이다. 이는 완성된 와당 배면에 반절된 수키와를 부착시키는 방법과 와당면에 점토를 채우면서 반절된 수키와를 부착시키는 방법으로 나누어진다고 하였다.

2. 낙랑 와전문화의 새로운 이해

여기서는 선학들이 정리한 연구사를 참고하고 한편으로 낙랑토성을 포함하여 관련유적에서 출토된 기와나 전돌 자료에 대한 관찰 경험을 바탕으로 그 기본 특징을 정리하고자 한다.

1) 와당

낙랑 와당은 기본적으로 타니와 나카무라의 정리가 의미 있다고 판단하지만, 활석혼입계 점토를 사용하는 일체형 와당에 대해서는 새로운 논의가 필요하다. 즉 낙랑토성에는 태토에 활석립이 다량으로 포함된 일군의 와당이 있다. 이들은 원형에 포를 씌운 뒤 활석립을 다수 혼합한 점토띠를 붙이고 타날한 다음 그 상면도 채우고 타날하여 우선 기본형을 성형한다. 이는 낙랑의 화분형 토기의 제작기법과 동일한 것이다. 그 다음 상면에 문양을 찍어내고 주연을 붙여서 와당면을 완성한다. 그런 다음 마치 화분형 토기와 마찬가지로 원형에서 기와를 떼어내었을 것이다. 이 때 문양을 찍어냈던 문양판을 붙여둔 채로 회전대에 뒤집어 올려놓고 미구부를 회전조정하여 마무리하였을 것인데 이러한 제작기법의 프로세스는 활석혼입계토기의 구연부 제작과 동일한다.

이렇듯 독특한 와당 성형법은 달리 사례를 찾기가 어렵지만 발표자는 중국 하북성의 연하도에서 출토된 반와당 중에서 이와 동일한 수법으로 제작한 자료를 관찰한 적이 있다. 여기에 활석을 섞어서 소지를 만든다는 점을 아울러 생각하면 낙랑에서 발견되는 일체형의「형뜨기 와당 성형법」은 전국시대 연국의 조와기술에서 그 기술적 계보가 구해지는 것이다. 화분형 토기를 포함한 활석혼입계토기들의 경우 연국의 토기와 관련이 있지만, 요동지역에서 재지화된 요동식 토기들과 연결되는 점을 아울러 참고한다면 낙랑 활석혼입와당의 계보와 성립과정을 이해할 수 있다.

아울러 나카무라는 4분할 와당 중에서 요령지역의 수중현 갈석궁 등지에서 출토되는 와당면 문양과 통하는 자료를 지적하여 위만조선의 와당을 상정하였다. 이는 앞으로 검토 여지가 있는 주장이지만 고조선의 와전문화에 대한 연구가 본격적으로 이루어질 필요가 있다.

니질계 소지의 와당들은 주연면의 정형성이 떨어지고 주연면 주변에도 조정 승문타날이 베풀어진 점은 중요한 제작기법상의 특징이다. 낙랑 만기의 와당으로 보이는 대진 원강명 와당의 경우 주연부가 안정된 아주 소수의 사례라고 할 것이다.

와당면에 점토띠를 쌓아올려 승문타날과 승문봉상 내박자로 성형하고 미구부를 회전물손질로 조정하는 자료가 많은 것이 특징인데 이러한 제와법을 보이는 와당은 대개 낙랑 기와 중에서 고식으로 편년된다. 무문 내박자를 사용하거나 마점문 내박자를 사용하는 기와 역시 비교적 시기가 빠르다. 타날 도구의 경우 노끈을 감은 단판 타날이 일반적인데, 오른손잡이에 의한 단판 타날이기에 승문 타날문양의 최종완성형은 곡선적이다.

와통에 포를 씌운 상태에서 성형되는 수키와의 경우 중판이나 장판타날이 채용되기도 하는데, 이는 비교적 시기가 늦은 조와법이다. 포흔이 남은 수키와가 와당 배면에 붙어서 등기와를 이루는 와당은 반절 후에 턱이 남는 것도 있지만, 분리된 후에 접합하여 턱의 돌출이 없는 것도 있다.

결국 낙랑에서 초기 와당 제작은 문양을 압출한 와당배면에 점토띠를 타날로 쌓아올려 제작하는 것과 화분형 토기처럼 형뜨기로 만드는 2종류에서 비롯되었다고 정리할 수 있다. 턱을 남기는 것이 고식이며 차츰 턱의 돌기가 없어지고 포흔이 남는 반절된 등기와가 부착되는 방향으로의 전개가 인정된다.

2) 평기와의 특징과 제작기법

낙랑 평기와의 제작기법에 대해서는 이미 선행 연구에서 밝힌 바 있어 생략하지만 전반적으로 낙랑 니질계토기의 제작기법과 정형공정을 빼고는 일치한다. 회전대에서 점토띠를 쌓으면서 승문타날로 타날하고 내박자는 노끈을 감은 봉상의 것이 일반적이다. 초기에는 무문내박자와 마점문, 그리고 독특한 형태의 내박자가 보조적으로 사용된다. 낙랑에서 평기와는 정치상태에서 성형이 마무리되는 것이 아니고 미구부분까지 조정이 끝나면 실로떼기로 회전대에서 분리시켜 뒤집어 놓은 다음 저부를 타시 타날하여 마무리한다. 물론 기와의 내면을 아래위로 훑어서 조정하는 공정이 있다. 전실묘에서 출토된 평기와 중에서는 점토판을 실로떼기로 잘라내어 성형한 자료가 있는데 일반적이지는 않았다.

세키노가 발굴한 석암동 전실묘의 전돌 사이에서 채집된 기와들 중에서 포흔이 관찰되는 것이 많은 것을 보면, 니질계의 낙랑 평기와는 기원후 1세기 이전에는 타날성형법이 유행하고 이후에 원통에 점토를 붙여서 성형하는 방법이 추가되는 것으로 보인다. 그 후 점토판을 실로떼기하여 포를 씌운 원통에 부착하는 사례가 있었던 것으로 정리할 수 있다.

3) 낙랑 전돌의 특징과 제작기법

앞에서 가볍게 정리하였지만 낙랑의 전돌은 크게 보도블럭을 연상시키는 부전과 다양한 형태의 문양전으로 구분된다. 전자는 크게 소개된 적이 없으나 활석을 섞어 넣은 것으로 장방형의 문양전에 비하면 방형에 가까운 평면 형태가 특징이다. 표면과 바닥면의 구분이 없으며 타날흔이 남은 경우는 없다. 이러한 형태의 활석혼입 방형부전은 연하도의 무양대 근처에서 관찰한 바 있다. 포를 씌워서 제작한 활석혼입의 일체형 와당처럼 그 기술계보가 전국시대 연국에 닿아있는 전돌이라고 할 수 있다. 물론 앞으로 중국 요녕지역에서 지역화된 자료들과의 비교검토가 필요한 부분이다.

문양전의 경우에는 용도에 따라서 그 형태가 다양하지만 제작기법은 거의 통일된다. 즉 한쪽으로 개폐가 가능한 성형틀에 점토를 채워 넣은 다음 상면에 넘친 여분의 점토를 목판 등으로 긁어낸 다음 오로지 상면에서만 타날로 두드려 굳히는 것이 특징이다. 바닥면은 절대로 타날되지 않으며 1면 혹은 2면에 문양이 새겨지는 것이 대부분이다. 정치영은 이들 문양 전돌의 성형틀 성형을 인정하면서도 문양을 새겨내는 방법은 틀 속에 고정된 문양판에 의한 것과 성형 이후의 시문을 동시에 상정하였다. 그러나 발표자가 지금까지 관찰한 자료에서는 성형한 전돌에 2차적으로 문양을 새기는 사례는 발견하지 못하였다.

성형틀에 포를 사용하는 경우도 없으며 분리사를 이용한 사례도 인정되지 않는다. 한성기 백제 전돌과의 이질성을 보여주는 또 하나의 속성이라 할 것이다. 타날도구는 기와제작과 마찬가지로 단판의 승문박자를 사용하며 기와에 비하여 노끈이 굵은 것이 특징이다. 전돌은 철저하게 중층으로 겹쳐 쌓아서 구워내는데 와질 소성을 기본으로 한다. 일부 도질성형이 있으나 이는 의도한 것이 아니라고 판단한다.

낙랑과 대방군이 멸망한 다음에도 같은 형태의 전돌이 계속해서 제작되었는데 이는 장무이묘에서 사용된 기년명전을 통해서 입증된다. 제작기법과 소성기술에서 큰 차이가 없지만 상면 타날 행위 이전에 목판 긁어내기가 집중적으로 이루어지는 변화가 있다. 문양표현이 매우 가늘어지고 벽돌의 두께가 줄어드는 방향성도 인정된다.

Ⅵ. 결론

이상으로 본고에서는 한성기 백제의 와전문화에 대한 정리를 살피고, 발표자가 이해하는 낙랑의 와전문화와 초보적으로 비교하였다. 좀 더 정치한 비교가 필요하다는 숙제를 인정하면서도 발표자의 몇 가지 인식을 정리해 놓고자 한다.

첫째, 한성백제기 풍납토성을 중심으로 출토된 전문와당은 문양도 그러하거니와 제작기법에서 낙랑의 와당과는 기술체계를 달리한다고 생각한다. 와당의 기본적인 크기 기와의 길이 등, 기본적인 형태에서 우선 큰 차이가 인정된다. 나아가 와당을 만드는 방법에서 일부 동질성이 지적되기도 하나 발표자는 오히려 이질적인 부분이 훨씬 많다고 생각한다. 양자를 비교할 수 있는 기술상의 속성은 오로지 등기와 하부를 성형 후에 일괄로 잘라낸다는 점에 한정된다. 그 외 나머지 세부적인 기법과 프로세스는 낙랑과 다른 것으로 귀결된다. 공방에서 사용된 도구 등도 다르며 결정적으로 낙랑에서 가장 보편적인 성형법에서 일관되게 이용되는 봉상의 내박자가 사용된 사례가 없다는 점은 중요하다.

아울러 한성백제의 와당과 일견 비교되는 성형 이후 잘라내기 방법은 이미 발표자가 다른 학술대회에서 발표한 것처럼 시공을 초월하여 처음 와당이 생산되는 곳에서는 보편적으로 나타나는 현상이다. 신라가 경주에서 처음 와당을 만들어 낼 때에도 토기 공인들이 동일한 방법으로 와당을 성형한 다음 등기와의 아래를 턱을 길게 남기고 잘라내었다. 최근 드러나는 것처럼 가야지역의 사례도 그러하다.

뿐만 아니라 일본에서 처음 와당이 생산되는 과정에서도 스에키 공인이 관여한 경우 대부분 이러한 현상이 나타났다가 사라진다. 이는 베트남 중부지역에서 발견되는 인면문 와당(그림 10)에서도 동일하게 관찰된다. 베트남 중부의 인면문과 연화문 기와의 등장배경과 시기는 한성백제와 관련 있다 판단되는데 정작 남경지역에서는 동시기 기와에서 이러한 기법이 사라진지

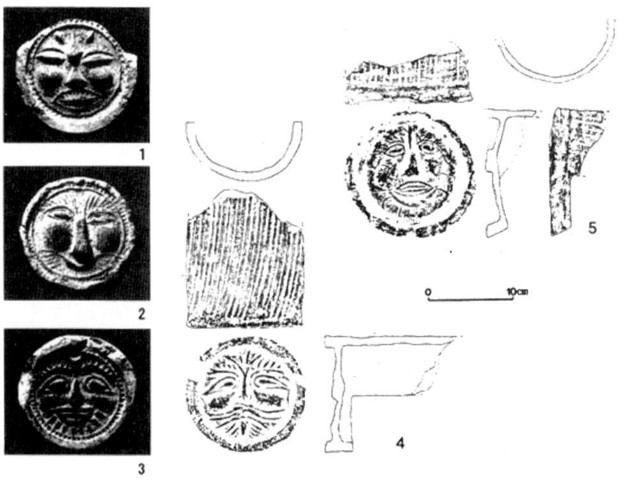

〈그림 10〉 중국 난징(1~3)과 베트남 차큐(4~5)의 인면문와당(山形, 2007)

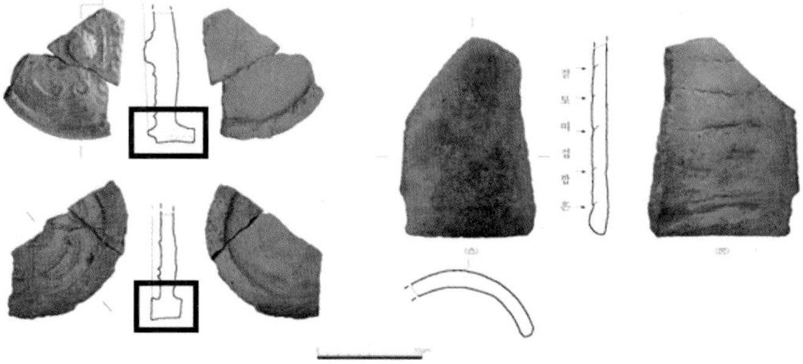

수막새 수키와

〈그림 11〉 북흉노 프레도프 성지의 기와

오래다. 베트남 역시 지역의 토기 공인이 남조에서 유행한 와당을 나름의 방법으로 만드는 과정에서 자연스럽게 고안한 방법이었던 것이다.

이는 흉노지역에서 처음 생산된 와당(그림 11)에서도 관찰된다. 새롭게 정착한 환원염 소성의 토기 공인이 와당을 제작하게 되자 토기 성형방법으로 와당을 만들어 놓고 등기와의 아래를 잘라내는 방법을 선택한다.

이는 시공을 초월하여 토기 공인이 와당을 만들어야 되는 상황에서 보여주는 절묘한 인류제일성이라고 판단한다. 한성기 백제의 왕릉 지구에서 이루어진 와당 제작이 낙랑과 관련이 없다고 판단하는 것은 그 시기적인 차이와도 관련이 있다. 즉 정작 낙랑 지역에서 와당배면에 일체형으로 성형된 등기와의 아래를 잘라내는 방법이 유행한 시기는 한성기 백제 지역과 수백년의 차이가 있다고 판단된다.

둘째, 평기와의 제작기법에서도 한성기 백제의 중심 지역에서 출토된 것은 낙랑의 그것과 차이가 있다. 이미 알려진 것처럼 낙랑 평기와 제작기법이 반영된 토제품의 출토는 왕성지구의 중요 유구가 아니라 원격지의 기안리나 춘천 우두동 등지이다. 낙랑 이전 혹은 고식의 낙랑 평기와와 제작기법이 같은 사례 역시 가평 대성리 출토품으로 한정된다.

정리하면 마한에서 한성기 백제시기의 기와 제작에서 중요한 왕성 지구에서는 낙랑과는 다른 기술체계에서 조업이 이루어진 것이 분명하다. 낙랑의 기와 생산을 이해하던 사람들에 의한 기와제작은 왕성지역에서 떨어진 취락에서만 확인될 뿐이다. 즉 낙랑과 대방 유이민이 조직적으로 한성기 백제의 기와 생산에 관여한 정황은 고고학적으로 전혀 확인되지 않는다.

셋째, 전돌의 제작이다. 앞에서 살핀 것처럼 한성기 백제의 왕성지역에서 생산된 전돌은 낙랑지역에서 기원후 4세기까지 계속해서 제작된 전돌 제작과는 분명하게 차이가 인정된다.

출토량이 많은 중국 남방지역의 전문도기에서 추론되는 것처럼 한성기 백제의 와전문화는 전체적으로 낙랑지역과의 관련보다는 중국 남방사회와의 상호작용 속에서 성립한 것이며 그것을 수행한 것은 지역의 토기 공인들이었음이 분명하다. 낙랑의 와전문화는 단편적으로 백제의 중앙이 아닌 지역사회로 부분 전래되었지만 그 전형을 살리지 못하고 소멸하는 것으로 이해된다.

참고문헌

국립중앙박물관, 2001, 『낙랑』, 솔출판사.

김무중, 2004, 「화성(華城) 기안리제철유적(旗安里製鐵遺蹟) 출토 낙랑계토기(樂浪系土器)에 대하여」, 『百濟硏究』 40, 충남대학교 백제연구소.

中村亞希子, 2009, 「中國山東半島付近に於ける樹木紋瓦当の広がり」, 『博望』, 東北アヅア古文化硏究所.

中村亞希子, 2011, 「雲紋瓦当の変遷と秦漢都城」, 『中国考古学』, 日本中国考古学会.

高久健二, 1993,「樂浪墳墓の編年」, 『考古學雜誌』 78-4, 日本考古學會, 東京.

박순발, 2004, 「백제토기(百濟土器) 형성기에 보이는 낙랑토기(樂浪土器)의 영향 - 심발형토기(沈鉢形土器) 및 장란형토기(長卵形土器) 형성 과정을 중심으로 -」, 『百濟硏究』 40, 충남대학교 백제연구소.

심재연, 2016, 「한강 유역 '원삼국시대' 유물 양상」, 『금강·한강유역 원삼국시대 문화양상』, 중부고고학회·호서고고학회.

關野貞 등, 1927, 『樂浪郡時代の遺蹟』, 古蹟調査特別報告第四册.

谷井濟一, 1914, 「黃海道鳳山郡における漢種族の遺蹟」, 『朝鮮古蹟調査略報告』, 朝鮮總督府.

이현혜·정인성, 2008, 『일본에 있는 낙랑유물』, 학연문화사.

정인성, 2004, 「樂浪土城의 「활석혼입계(滑石混入系)」 토기(土器)와 그 연대」, 『百濟硏究』 40, 충남대학교 백제연구소.

정인성, 2005, 「낙랑토기와 평기와의 제작기법-분형토기의 관찰과 제작실험을 중심으로-」, 『낙랑의 고고학』, 제33회 한국상고사학회 학술대회.

정인성, 2006, 「복원실험을 통해 본 樂浪 盆形土器와 평기와의 제작기법」, 『한국상고사학보』 53, 한국상고사학회.

鄭仁盛, 2012, 「燕下都遺蹟 土器와 瓦의 특징-鐵器 以外의 자료를 中心으로-」, 『燕國철기문화의 형성과 확산』, 동아시아 고대 철기문화연구 국제학술포럼.

정인성, 2012, 「전국시대 燕國의 토기와 기와」, 『한중철기자료집』 II, 국립문화재연구소.

정인성, 2014, 「낙랑·대방과 마한 제국(諸國) 내 백제와의 관계를 보여주는 고고자료 검토」, 『백제의 성장과 중국(제5회 쟁점백제사 학술회의 자료집)』, 한성백제박물관 백제학연구소.

정인성, 2015, 「고고자료로 본 낙랑·대방군과 마한제국」, 『백제의 성장과 중국(백제학연구총서 쟁점백제사 5)』, 한성백제박물관.

정치영, 2014, 「백제 한성기 와전문화와 낙랑」, 『낙랑고고학개론』, 진인진.

朝鮮總督府, 1915, 『朝鮮古蹟圖譜』 一, 東京.

藤原隆夫, 2004, 「百濟漢城時代 平瓦의 기원에 대하여 -낙랑토성출토 평기와를 중심으로-」, 『嶺南學』 6, 경북대학교 영남문화연구원.

종합토론

백제의 성장과 낙랑 · 대방

좌장 박순발 (충남대학교)

토론

윤용구(인천도시공사)
김기섭(한성백제박물관)
김무중(중원문화재연구원)
성정용(충북대학교)
권오영(서울대학교)
권오중(영남대학교)
김창석(강원대학교)
조윤재(고려대학교)
정인성(영남대학교)

종합토론 1부

종합토론 2부

I. 발표 내용과 비평

좌장 박순발 : 안녕하셨습니까? 지금부터 6시까지죠. 시간이 맞습니까? 5시 40분까지입니까? 상당히 긴 시간입니다. 종합토론을 시작하도록 하겠습니다.

오늘 아침부터 관장님의 인사말씀부터도 쭉 얘기가 나왔습니다만, 여러 학회가 많습니다. 그렇지만 한성백제박물관에서 제9회쯤 하는 이 학술회의는 백제사 안에서 쟁점사안을 중심으로 하는 것을 특징으로 했고 그러다 보니까 발표, 토론이라고 하는 두 개의 학술활동 중에서 특히 토론 부분에 많은 초점이 모아져 있습니다. 그래서 거의 발표시간보다도 더 긴 시간을 이렇게 토론에 할애한 이유도 거기에 있습니다.

먼저 오늘 발표하신 분들은 이미 다 소개가 되었기 때문에 단상에 올라와 계신 토론 책임을 맡은 분들을 소개해 올리도록 하겠습니다.

제가 앉아 있는 자리의 우측의 가장 가까운 분부터, 인천도시공사에 계시는 '윤낙랑'이라고 불러도 됩니다만, 윤용구 선생님 소개해 드리겠습니다.

(장내 박수)

그리고 바로 그 옆에 계신 바로 이 한성백제박물관의 학술적인 부분, 오늘은 백제학연구소에서 주최를 하지만 가장 많은 역할을 하고 계신 분들 가운데 한 분으로 오늘 또 여기 단상에 올라와서 좋은 토론을 해 주실 것 같습니다. 김기섭 선생님 소개해 드리겠습니다.

(장내 박수)

그리고 또 한 분의 낙랑, '김낙랑'이라고 불러도 좋은 김무중 선생님께서, 지금은 중원문화재연구원의 원장으로 계십니다.

(장내 박수)

바로 옆에는 '백제'라고 불러야 하겠습니다, '성백제'. 충북대학교의 고고미술사학과에 계신 성정용 교수님입니다.

(장내 박수)

사실 편성되어 있는 것에 의하면 지정토론 방식으로 되어 있습니다. 그러나 개별발표에 대한 그야말로 일대일, 어떤 문면을 놓고 토론하는 방식은 지양하도록 하겠습니다. 물론 그 가운데 중요한 부분들, 발표하시면서 "이것은 다음에 토론시간에 하겠습니다."하고 한 부분도 있습니다. 그 부분도 물론 가능하면 이 시간에 다룰까 합니다만, 기본적으로 큰 주제, 백제라고 하는 국가의 성립, 성장 이 과정에서 여러 주변에 있던 정치체들에 영향을 상호 주고받았음은 말할 필요도 없지만 그 가운데에서도 특히 지금까지 우리가 집중적으로 다루지 않았던 군현지역, 낙랑 · 대방 이 두 지역으로부터의 영향 관계에 오늘 초점을 맞추기 때문에 그러한 전반적인 흐름을 쭉 훑어가면서, 여기 계시는 학자들만 주고받는 내용보다는 가능하면 참여하신 분들 전체를, 오전에는 나는 무슨 일이 있어서 못 들었다 하더라도 지금부터 여기서 들어도 그것이 정리가 될 수 있는 방식으로 했으면 좋겠다는 것이 저의 바람입니다. 그런 점에서 언설이 길어졌습니다만, 오늘 발표 · 토론자께서도 적극 협조해 주시면 감사하겠습니다.

첫 번째 기조발표를 하신 분은 권오영 선생님인데 보통 기조발표하신 분들은 단상에 자리를 마련하지 않습니다. 그렇지만 여러 가지 기조 발표 내용 속에는 아까도 약간 피해가는 말씀을 하셨습니다만, 여기 저기 문제들이 있다고 문제제기를 하셨기 때문에 어쩌면 저로서는 쉬워진, 말하자면 진행이 편한 시나리오 같은 것이 되지 않았나 생각이 됩니다만, 그런 문제를 중심으로 바라보는 것도 필요하다고 여기기 때문에 단상에 모셨고요.

그리고 또 시간의 흐름이라는 게 항상 있기 마련 아니겠습니까? 물론 백제라고 하는 정치체, 국가단계의 정치체의 성립과정을 우리가 다루고 있습니다만 특히 낙랑 · 대방 이쪽 군현의 변천과도 밀접한 상호 시간적인 병행 관계를 설정해야 하기 때문에 그 점에 있어서는 두 번째 권오중 선생님께서 발표하신 내용이 아주 적절하게 정리가 되어 있다고 저는 생각하고 있습니다. 물론 전체 6시기로 나누어 주셨는데 그 부제를 보면 백제의 전사단계, 아직 백제라고 부를 수 없는 단계도 포함되어 있지만 대체로 그 흐름에 따라서 군현의 말하자면 세력의 부침이라든지 그런 여러 가지 변화에 따라서 백제를 같이 대비해보는 것도 상당히 편리한 것이 아닌가 하는 생각이 들었습니다. 그래서 발표순서와 관계없이 기본적인 흐름은 권오중 선생님께서 발표하신 낙랑의 분기, 낙랑사라고 했습니다만 크게 대방까지도 포함해서 군현지역의 변천과정을 하나의 골격으로 해서 진행할까 합니다.

그러면 거기에 맞춰서 각기 발표자들께서 제기한 문제들이 쭉 있습니다. 그 가운데는 크게 나누면 고고학과 문헌, 두 분야로 되어 있기 때문에 관련된 사항을 그때그때 섞어서 진행할까 합니다.

첫 번째 단계에 해당되는 것은 낙랑군 설치, 그에 따른 주민의 이동 이런 등등의 관계가 되는데 잘 알고 계시다시피 41쪽을 참조해 주시면 되겠습니다만, 41~42쪽의 발표요지에 있습니다. 고조선이라고 하는, 우리가 얼마 전에 개천절이 지났습니다만, 한반도뿐만 아니고 한반도와 인접한 현재 중국의 동북 지역까지 포함된 지리적인 위치에 대한 표시라는 것은 대단히 어렵습니다. 혹 알고 계신 분들도 계시겠습니다만, 동북아역사재단에서 고지도를 만드는 데서도 대단히 민감한 문제가 된 것도 사실 이 부분이지요. 구체적인 어떤 지도를 그려내기는 쉽지 않습니다만 대체로 머릿속에 들어 있는 고조선은 분명 한반도를 포함한 인접지역의 하나의 통일된 정치체라고 말할 수 있을 것 같습니다. 이 통일된 정치체가 과연 어떤 형태로 그것이 통합을 이루었고 지배형태가 어떤지에 대해서는 우리가 현재는 접근이 쉽지는 않습니다만, 이것이 붕괴되고 난 이후에, 물론 붕괴되기 전에도 그런 유이민들이 발생하기는 했죠. 그러나 특히 붕괴된 이후에 유이민들이 발생했고 그 유이민들이 삼국의 소위 국조國祖, 물론 삼국이 딱 세 개는 아니겠습니다만, 한반도 남쪽 혹은 북쪽에 있었던 것으로서 우리 고대사 인식에서 중요한 세 개의 국가들의 개국과 관련되는 부분이 있다는 것이고. 물론 백제의 경우는 그 전사前史에 해당된다고 말씀해 주셨습니다. 먼저 이 부분부터 자세히 짚어 나가려고 하면 이게 또 설화부분을 다뤄야 하는 등 어려움이 있기 때문에 양해가 되신다면 이 부분을 약간 빼겠습니다. 그러나 중요한 부분이 바로 이 단계의 소위 진번眞番이라고 하는 정치체, 그리고 진번과 같이 경계를 맞대고 있었던 백제, 이 진번이라고 하는 정치체는 처음에는 군郡이었습니다만, 그를 다시 남부도위로 만들면서 이 남부도위와 백제의 건국세력이 있었던 발상지가 바로 어깨를 맞닿게 되는 부분이 있죠. 이런 부분에 대해서 윤용구 선생님께서 가장 먼저 소개를 했던 초원初元 4년명 호구부戶口簿 등의 그 당시 백제와 인접한 지역에 이런 말하자면 군현세력의 모습들이 나타나 있고 특히 또 아까 권오영 선생님도 소개했지만 이현혜李賢惠

교수님은 백제의 건국지를 소위 대방고지帶方故地로 여겨, 백제가 북쪽에 있다가 내려온 것처럼 되어 있기도 하지 않습니까. 그건 삼국사기에도 온조기에 그대로 반영이 되어 있어서 온조 13년 다시 천도遷都해서 고고학계에서 우리가 흔히 도성의 변천을 얘기하다 보면 한강 북쪽에 있었다고 생각되는, 그 명칭 자체는 문헌사료에 나오지 않습니다만, 하북河北이라고 가칭假稱하는 단계에서 하남河南으로 내려오는 변화가 있었던 것으로 이해하고 있습니다. 그러면 그 구체적인 위치가 어딜까 하는 문제는 아직 학계에서 일치된 견해가 없으며, 오늘 구체적으로 짚어나갈 여유도 없습니다만, 이 부분을 포함해서 먼저 남부도위와 그 당시 그 주변의 실상등 그런 부분과 관련해서 바로 옆에 앉아 있는 윤용구 선생님께서 말문을 좀 열어 주시죠. 지금 제가 언급한 내용 기억이 나시죠? 그러니까 백제의 건국세력인 온조는 어디서부터 어디로 왔다. 물론 이 문제만 별도로 다룬 게 있었습니다만, 그러나 낙랑이라고 하는 군현과 관련된 이 부분의 실상에 대해 말씀을 좀 해 주시면 좋겠습니다.

1. 백제의 건국세력과 낙랑군 남부도위

윤용구 : 네, 『삼국사기』에 의하면 백제는 기원전 18년에 건국한 것으로 되어 있습니다. 이 연대를 염두에 두고 낙랑군과 백제의 관계를 말씀 드리겠습니다. 먼저 기원전 108년 위만조선衛滿朝鮮의 영역은 낙랑군을 비롯한 4개 군으로 나뉘어 한漢의 군현지배 아래 놓이게 됩니다.

논란이 여전합니다만, 낙랑군은 평양을 중심으로 한 대동강유역, 진번군은 재령강 유역에 자리한 것으로 본다면. 한강유역은 진번군과 상대한 셈인데, 임둔군과 더불어 기원전 82년 혁파되어 각기 낙랑군과 현도군에 편입됩니다. 기원전 75년 현도군이 고구려 서북의 요동군 경내로 이동하게 되면서, 옥저沃沮 · 예濊 등 옛 임둔지역은 낙랑군으로 환속還屬되고, 낙랑군 동부도위東部都尉를 두어 관할했는데, 남부도위南部都尉도 같은 시기 설치된 것으로 이해하고 있습니다. 남부도위는 『한서漢書』 지리지 낙랑군조 소명현昭明縣에 「남부도위치南部都尉治」라는 찬자 반고班固의 자주自注로 미루어 황해도 신천信川을 중심으로 한 옛 진번지역으로 보고 있습니다. 문제는 백제가 건국된 한강유역이 진번군이나 뒤이은 낙랑군(남부도위)의 남쪽경계와의 관계입니다. 현재 기원전 1세기대의 낙랑군의 지리적 상황을 알 수 있는 문헌기록은 『한서』 지리지(낙랑군)가 유일한데요, 낙랑군에는 군치郡治 조선현을 비롯한 25개 현縣이 있고, 불이현不而縣에 동부도위, 소명현에 남부도위가 주재하는 치소로 나옵니다. 『한서』 지리지를 통한 현재까지의 연구로 보면 황해도 멸악산맥滅惡山脈 남쪽에 위치한 현縣은 없습니다. 그런데 『한서』 지리지의 각 군국郡國 소속 현의 목록縣目은 기원전 8년~기원 2년 무렵 작성된 자료에 의거한 것인데요, 그렇다면 기원전 18년 백제가 건국된 시기에 낙랑군의 남부경역도 멸악산맥이거나, 적어도 예성강 이북 머물렀다고 보입니다. 문제는 『한서』 지리지의 원 자료 작성연대로 볼 때 진번군이나 기원전 1세기 후반까지 군현 경계에 변화가 없었을까 하는 점입니다. 여기서 주목되는 자료가 1990년 7월에 평양

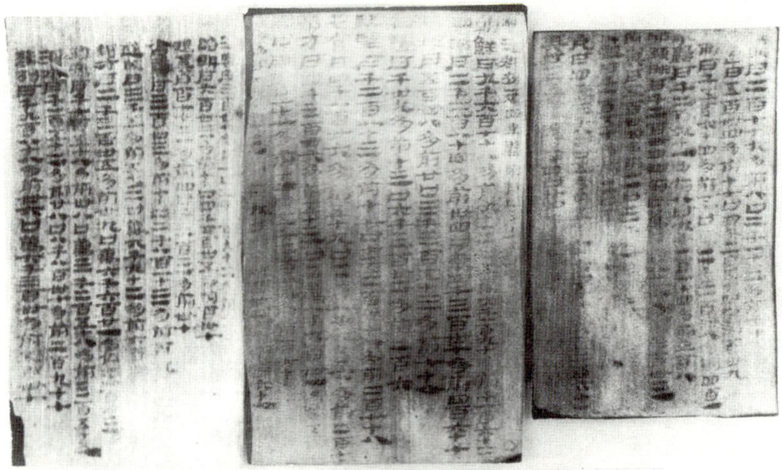

〈그림 1〉 낙랑군(樂浪郡) 초원(初元) 4년 호구부(戶口簿) 목간
(1990년 7월, 평양 정백동 364호 나무곽무덤 출토)

정백동 364호 나무곽무덤木槨墓에서 발굴 조사된 '낙랑군 호구부戶口簿' (문서명은 「樂浪郡初元四年縣別戶口多少□簿」) 목간木簡〈그림 1〉입니다. 기원전 45년(전한 원제元帝 초원4년)에 작성된 '낙랑군 호구부'는 그 해 각 현에서 조사된 호구자료를 토대로 낙랑군부樂浪郡府에서 현별 호구수, 그리고 전년(기원전 46년) 대비 증감 여부와 그 내역을 집계한 것입니다. 주목할 것은 호구부에 기재된 현의 수와 명칭이 『한서』 지리지에 수록된 낙랑군 25현과 일치한다는 점입니다. 이런 사실은 호구부가 작성된 기원전 45년에도 낙랑군 남부 경계는 『한서』 지리지와 별 차이 없었다는 것을 보여줍니다. 결국 백제 건국 시기나 그 이전 낙랑군의 남쪽 경계는 멸악산맥이었고 적어도 예성강 남쪽으로 내려오지 않았다는 추정이 가능합니다.

진번군 시기의 남쪽 경계는 현재 추정하기 어렵지만 '낙랑군 호구부'와『한서』지리지가 보여주는 지리상은 아마도 남부도위의 설치와 더불어 나타난 것이 아닌가 생각됩니다. 기원전 1세기 한강유역에 대한 사정을 짐작케 하는 문헌기록은 아까 권오중 선생님께서 인용하신『삼국지』한전韓傳에 인용된「위략魏略」의 진한辰韓 '염사치廉斯鑡' 기록이 유일합니다. 왕망王莽 지황地皇 연간…. 아까 김창석 선생님은 현대 발음은 '염사착廉斯鑡'이라고 해야 한다고 하셨는데 현대 발음은 그게 맞겠죠. '염사치廉斯鑡'라고 발음하는 것은『자치통감資治通鑑』호삼성胡三省의 음주音注에 따라서 염사치로 부르는 것인데요. 하여간… 염사치든 염사착이든 그 사람이 낙랑에 귀부하는 그 내용이 기원후 20년인가요?

좌장 박순발 : 기원후 20년에서 23년인가요?

윤용구 : 예. 기원후 20년대인데요. 그때 염사치가 진한에서 낙랑군으로 귀부하는 과정에서 처음 도착하는 곳이 함자현含資縣입니다. 함자현은 염사치의 투항을 접수하고 곧바로 낙랑군으로 보고(이첩移牒)하고 있는데요, 이로 본다면 함자현은 진한과의 조공 등 교섭업무를 담당하던 창구 역할을 했다고 보입니다. 그 함자현은 지금의 황해도 서흥, 곧 예성강을 거슬러 중류역에 자리한 곳입니다. 남부도위 설치 이후 형성된 군현의 남쪽 경계 곧 멸악산맥이 왕망대 까지도 지속되고 있다는 점과 함께 한강, 임진강유역의 여러 토착 정치체 사이에는 일정한 공백도 추정해 볼 수 있다고 생각됩니다.

좌장 박순발 : 예. 지금 여러 가지 사료도 인용하고 그래서 정리하시기 어떨지 모르겠습니다만, 제가 듣기로는 초원4년명 호구부에 나오는 군현의 내용과 한서지리지의 내용이 같다. 그렇다면 적어도 이 초원4년 단계의 군현에는 말하자면 도위, 언제인지는 정확히 모르지만 지금 도위부都尉府는 기원전 72년에서 45년 사이일 것이라고 말씀하셨는데 이 부분은 낙랑의 문제이기는 하지만 기왕에 이런 문제가 나왔으니 뭔가 정리할 필요가 있을 것 같습니다. 지금 이런 연대추정에 대해서, 즉 남부도위의 설치시기에 대해서 권오중 선생님께서는 어떤 의견을 갖고 계신지 궁금합니다.

권오중 : 남부도위의 설치시기와 관련해서 제 생각을 말씀드리자면, 부도위部都尉라고 하는 것이 우리 지역에도 있지만 한대漢代 서남이 지역의 경우엔 보다 많은 예를 찾아 볼 수 있습니다. 그 곳의 예를 보자면 군을 운영하다가 그게 여의치 못하면 군을 폐지하면서 대신 부도위를 설치하거든요. 부도위란 기구가 군 체제와 비교했을 때 군사적인 면에서는 약간 강건한 느낌을 주기도 하지만, 이민족 주민들이 느끼기에 부도위는 군현체제에 비해 다소 완화된 통치체제였던 것 같습니다. 부도위 체제였다가 군현 체제로 전환된 것에 대해 "부역이 무거워진다"는 것을 이유로 불만을 표출하는 예가 보임은 두 체제의 차이를 증명하는 것이라 할 수 있겠죠.

좌장 박순발 : 자치적인 그런 부분에 있어서 완화된 측면이 있다는 거군요.

권오중 : 예. 그런 일면이 있습니다. 그런데 지금 시기문제로 다시 돌아가서 말씀을 드리자면, 만일 진번군하고 임둔군이 폐지되는 시기가 기원전 82년으로 나와 있고 현도군이 옮겨가는 것이 기원전 75년으로 나와 있기 때문에 윤용구 선생은 부도위의 설치시기를 기원전 75년까지 늦춰 잡는 의견을 제시하였는데, 제가 보기에는 그러려면 군현지배를 하다가(진번 · 임둔군) 다른 군(낙랑)으로 이관하고, 이를 다시 낙랑군 부도위로 묶어야 하는 절차상의 문제도 있기 때문에 그런 점을 생각했을 때 진번군을 폐지하면서 그게 82년이니까 그때 부도위를 설치했다고 보는 편이 낫지 않을까 저는 그렇게 생각하고 있습니다.

좌장 박순발 : 그러면 하나 더 추가로 그것은 선생님 개인의 의견이신지 아니면 낙랑사에서는 일반적으로 그렇게 보는 것이 통설인지 질문드리겠습니다.

권오중 : 낙랑군 남부도위의 설치시기에 관해선 내 자신 공부할 기회도 없었구요, 지금 이 자리에서 순간적으로 제가 생각하고 있는 것을 말씀드린 데 불과합니다. 통설은 아니고요.

좌장 박순발 : 예. 고맙습니다. 그러면 이 문제를 여기서 모두에게 납득시킬 필요는 없지만 적어도 오늘 토의를 위해서는 어느 정도 정리할 필요가 있습니다. 지금 말씀하신 것은 청중 여러분께서도 충분히 내용 이해가 되셨을 줄로 믿습니다마는, 군현을 폐하고 상당 기간 방

치했다가 다시 부도위를 설치하는 것은 굉장히 자연스럽지 못하기 때문에 부도위를 설치하였다면 아마도 진번군을 폐치한 기원전 82년일 것이다 이렇게 말씀하셨는데 거기에 대해서 어떻게 생각하십니까?

윤용구 : 동의하지 않는데요. 첫 번째는 사료상의 문제, 임둔 · 진번의 폐지에 관해서는 『후한서後漢書』 동이열전東夷列傳 동옥저 · 예전에 유일하게 들어 있습니다. 곧 기원전 82년은 임둔 · 진번이 폐지된 해지 부도위는 뒤에 설치된 듯합니다. 남부도위 설치는 기록이 없지만 동부도위의 경우, 군현 폐지와 동시에 부도위가 설치된 것으로 이해하기 어렵습니다. 예를 들어 동옥저가 낙랑군에 편입된 것은 현도군이 고구려 서북으로 이동한 이후인데요, 이동시기는 『한서』에 요동에 현도성玄菟城을 쌓았다는 기원전 75년으로 보고 있습니다. 기원전 75년 낙랑군에 편입된 동옥저는 이후 낙랑군에서 멀고 넓어서 관리하기 힘들다는 이유로 단단대령 單單大嶺 서쪽은 낙랑군으로, 그 이동의 7현은 동부도위를 설치하여 관할하게 하였다고 되어 있습니다. 두 번째는 기원전 45년 작성된 낙랑군 호구부가 부도위 설치시기와 관련하여 논란이 된 적이 있었습니다. 호구부에 25개 현을 동부도위 7개 현과 남부도위 7개 현이 일정 지역을 단위로 하는 구역으로 나뉘어져 있지만 정작 부도위란 표기가 없는 것을 이유로 이때까지 부도위가 설치되지 않았다고 보는 이성제 선생님의 연구가 있습니다. 부도위 관할 지역이라 하여도 호구조사 등 민정 업무는 군 태수 관할이었다는 최근 연구로 보면 호구부에 부도위가 보

이지 않는 이유는 설명이 될 것 같습니다. 아무튼 제가 생각하기에는 임둔 진번군이 폐지되고, 동부도위 지역은 현도군이 고구려 서북으로 이동한 기원전 75년 이후 일정 기간 이후에 설치된 것은 분명한데 앞서도 언급한『후한서』동이열전에 대한 검토가 더 필요한 문제로 생각됩니다.

김창석 : 한 말씀만 간단하게 하겠습니다. 동부도위, 남부도위 문제인데요. 초원 4년 호구부에도 남부도위만 안 나온 게 아니라 동부도위도 안 나왔죠. 4구역으로 그렇게 구분을 해놓고 전부 도위에 관한 언급은 없습니다. 그런데 분명히 문헌상으로 기원전 82년에 임둔하고 진번군이 폐지가 되고 기원전 75년에 동부도위 설치된 기록만 나오거든요. 남부도위에 관한 언급이 없는 겁니다. 그래서 사실은 남부도위 설치시기가 논란이 되는 것인데 그런 전반적인 맥락을 놓고 보면 기원전 75년에 동부도위가 설치되면서 그때 남부도위도 같이 설치가 된 것으로 보는 게 맞지 않나 저는 그렇게 생각하거든요.

좌장 박순발 : 그럼 지금 같은 거네요.

김창석 : 예. 그러니까 저는 기원전 75년에 동부도위하고 남부도위가 같이 설치가 되었고, 또 기원전 30년인가요. 그때 또 두 도위제가 같이 폐지가 되고 그런 흐름으로 보는 것이 좋을 것 같습니다.

좌장 박순발 : 그러면 여기서 투표할 일은 아닙니다마는, 권오중 선생님께서

양해를 하시면.

권오중 : 제가 이 문제에 대해선 그다지 주목하지 않았던 문제이기 때문에 제 얘기가 어떤 확실한 근거가 있다고 보긴 어렵습니다. 순간의 제 느낌을 말씀드린 거니까요.

2. 백제의 건국과 대방군의 위치

좌장 박순발 : 알겠습니다. 이것은 사실 낙랑사 자체의 문제이기도 하지만 아까 전에도 말씀드렸다시피 그 경계지점에서 백제가 성장해 나아간 것이기 때문에 그 군현이 어느 정도 통제가 되느냐. 권오영 선생님께서도 말씀하셨지만 말하자면 촉진하는 역할과 저해하는 역할을 동시에 했다. 또 일부 고고학계에서는 낙랑 쪽의 영향이 마치 옭아매는 작용을 해서 상당 기간 토착사회의 정치사회적 발전이 지체되었다고 보는 시각도 있었기 때문에 이 부분을 다뤄봤습니다.

그러면 두 번째 이슈가 되겠습니다만, 정리하면 기원전 75년에서 기원전 45년 사이, 정확한 것은 알 수 없지만 후한서에 의하면, 진번 폐지 이후에 바로 남부도위가 생긴 것은 아니며, 동부도위에 대한 설치 기사가 있기 때문에 그 무렵으로 보는 것이 타당하다. 그리고 초원4년명 호구부 등에서 부도위라는 표현은 없지만, 이미 그런 모습이 보이므로 그 무렵으로 볼 수 있다는 겁니다. 앞으로 우리가 시험을 치면 시험문제에 정답을 고를 때 기원전 75년에서 45년 이렇게 골라야 하지 않겠나 싶습니다.

그러면 세 번째 이것과 연관되는 문제인데, 백제의 건국세력이라고 칭하겠습니다. 온조 집단이다 뭐다하면 또 복잡해지니까요. 건국 집단들이 북에서 내려왔다는 것에 대해서는 동의를 안 할 수가 없습니다. 문헌 기록이 있기 때문이지요. 그러나 구체적으로 어떤 루트로 해서 어떻게 왔느냐 하는 것은 문헌에 없는 이상 알 길이 없고, 고고학적인 자료로 접근하자면 한반도 북쪽을 전부 다 조사하기 전에는 알기 어려운 문제 중의 하나이겠지요. 그러나 대체로 대방고지帶方故地라고 하는 지역에서 백제가 성장하였다고 하는 것에 대해서는 동의하지 않는 분은 안 계실 것으로 생각합니다. 그것은 문헌기록이니까요.

그런데 문제는 이 대방고지가 구체적으로 어디냐 하는 문제가 되겠습니다. 이것은 대방군의 위치비정과도 관련이 되는데, 대방은 진번이 폐지되고 난 뒤, 남부도위 역시 유명무실해지면서 점차 주민이 남쪽으로 이산離散되어 마침내 황폐해진 곳이 되고, 그게 204년도 이죠, 204년 공손씨公孫氏 정권이 대방군을 설치하게 되지요. 그 대방군의 위치에 대해서 사실 그동안에 한국학회는 큰 이견이 없었습니다만, 1987년으로 기억되는데 일본의 니시모토西本라는 사람이 "서울 근처 아니겠느냐." 대수帶水의 물길이 서쪽으로 가다가 남쪽으로 꺾어지는 등의 지리적 특징이 한강과 비슷하다는 것을 들고, 심지어 풍납토성도 대방군에 관련된다는 얘기까지도 한 적이 있었어요. 그에 대해 우리 한국학계에서는 크게 대응을 안 했지만, 여기서는 그런 문제도 포함하여 대방고지가 어디냐에 대해 생각해보기로 하지요. 다시 말하면, 백제의 성장기에 온조溫祚 세력이 어디에 처음 입족立足하였느냐는 것으로서, 삼국사기 백제본기 온조기에는 마한의 동북방 백리의 땅 일대를 주었다고 되어 있었습니다만, 그 것을 포함해서 어디냐 하는 문제를 정리할 필요가 있겠습니다. 이 문제와 관련해서는 권오영 선생님이 그런 것을 했나요? 정인성 선생님이요? 두 분이서 서로 미루면 어쩌지요. 아무튼 그 부분과 관련해서 정리를 하고 넘어가겠습니다. 누군가는 운을 떼어줘야 하니까, 정인성 선생님께서 말씀하십시오.

정인성 : 예. 이 문제와 관련해서 제가 장무이묘張撫夷墓〈그림 2〉와 관련된 검토를 한 적이 있습니다. 아까 80년대 말씀하셨지만 한강유역이 대방군일 수 있다는 것은 이미 일제강점기에 일본 사학자 중에서 이름은 생각이 안 납니다만, 그런 주장이 있었습니다. 그런데 세키노 타다시, 이마니시 류, 야츠이 세이이쓰 이런 사람들이 초창기에 조사를 할 때에는 거의 백지상태였던 것 같습니다. 낙랑과 관련된 유적에 대해서도 몰랐고 당연히 대방군의 강역에 대해서도 고고학적 정보가 없었습니다. 그러다가 아시는 것처럼 가장 주목되는 발견이 대방태수帶方太守 장무이張撫夷 무덤이었죠. 공교롭게 그 주위에서 지탑리토성智塔里土城이 발견되었고 이 두가지 증거를 가지고 대방군치를 가늠했습니다. 즉 대방태수라는 명문이 새겨진 벽돌이 있는 무덤이 재령강에 있고 낙랑군은 평양의 대동강 유역이라고 보았기 때문에 낙랑군의 남쪽을 분할해서 대방군으로 삼았다는 기사가 고고학적으로 검증되었다고 보았습니다. 그 후의 문헌 혹은 고

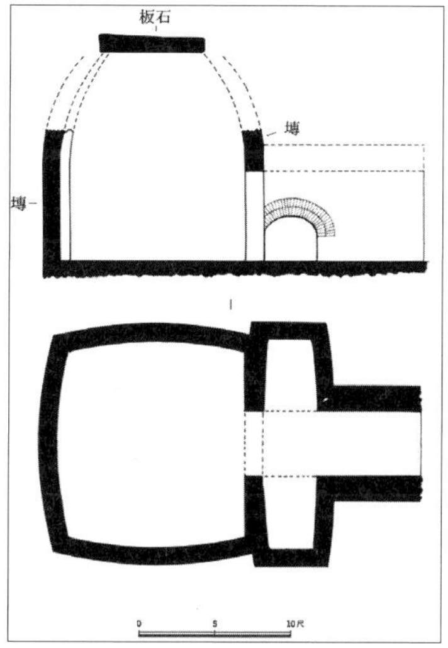

〈그림 2〉 발견 당시의 장무이묘와 정인성의 내부 구조 복원안(정인성, 2010)

고학자 중에서 이것에 반론하기가 힘들었던 것 같아요, 새로운 발견이 없었기 때문입니다.

그런데 제가 10년 정도 되었나요. 대방태수 장무이 무덤의 시기와 관련해서 새로운 이야기를 했습니다. 즉 아즈마 선생 등은 구조상 기원후 288년의 대방태수임을 확신했는데 그 근거는 무덤의 천정 구조가 궁륭상이라는 것이었습니다. 궁륭형 천정이 돌천정보다 빠릅니다. 그런데 북한학계에서 2천년대 들어와서 기년명이 있는 벽돌무덤을 제법 발굴했는데 4세기대 이후 돌천정이 많았습니다. 즉 낙랑과 대방군 멸망 전에는 궁륭상 천정이었지만 멸망 이후에는 무덤방의 천정이 돌로 바뀝니다. 그런데 제가 일제강점기 세키노, 야츠이 보고의 사진자료를 검토해 보니 장무이묘의 구조가 돌로된 천정구조임을 알았습니다. 즉 바닥에 있었던 큰 석재가 바닥석이 아니라 천장에서 떨어진 것이라는 놀라운 사실이 드러났습니다. 그게 천정석이라고 한다면 회를 두껍게 바른 천정석이라면 뚜껑돌이 붕락된 것이 됩니다.

그렇다고 한다면 영화永和 9년명九年銘〈그림 3〉 무덤과 비교되는데 이것이 역시 4세기 중엽 아닙니까. 그것과 아마 무덤구조 자체는 조금 다릅니다마는, 벽돌이 아니라 돌로 무덤 상부를 쌓았다는 공통점이 있습니다. 영화 9년(353)이 4세기 중엽인데 오늘 이 발표자료집에도 실려 있습니다. 이 벽돌은 모양과 형태, 그리고 제작기법은 낙랑하고 비슷합니다. 그렇지만 고구려에 의해서 멸망된 이후죠.

그러니까 요는 뭐냐면, 대방태수 장무이 무덤은 고고학적인 관찰에서도 그다음에 최근에 확보된 새로운 기년명의 자료를 포함해서도 4세기 중엽 경의 무덤일 가능성이 크다는 것이죠. 그렇다고 한다면 이 대방군의 고지가 확정되었을 때의 일급자료들은 사라진다는 결론이 됩니다.

〈그림 3〉 영화구년삼월십일요동한현도태수령동리조(永和九年三月十日遼東韓玄菟太守領佟利造) 벽돌

그 이후에 많은 연구자들이 분명히 낙랑과 대방은 토기 조합이라든지 이런 것들이 다를 것이라는 생각을 하고 저한테 질문을 합니다. 관련해서 저도 평양지역의 토기와 뭔가 다른 고고학적인 요소가 재령강 유역이든 그 이남에서 있을 것이라고 생각을 하고 검토를 해 보았지만, 지금까지 확인된 자료로서는

지탑리토성에서 나온 토기들과 평양 것하고 차이를 발견하지 못했습니다. 그 어떤 기종에서도 변별이 어려운 상황이기 때문에, 고고학자인 저로서는 지금 상황에서 대방군과 낙랑군의 강역을 구분할 수 있는 물질적 근거를 모른다고 말할 수밖에 없습니다.

좌장 박순발 : 아, 그렇습니까? 길게 해놓고 모른다는 얘기입니까? 대방군帶方郡의 수현首縣은 아마 대방현帶方縣 아니겠어요? 대방현 위치를 통해서 윤용구 선생님이 말씀해 주시죠.

윤용구 : 다 아시는 얘기인데요. 대방군은 세 가지 견해가 있습니다. 하나는 서울을 중심으로 한 한강에 설치되었다는 조선후기 이래의 견해인데, 우리와 달리 일본학계의 일반적 생각입니다. 다른 하나는 1910년 이후 황해도 여러 곳에서 대방帶方 등 낙랑군 남부도위 소속의 현명縣名이 기재된 문자자료가 나오면서 봉산鳳山을 중심으로 한 재령강 유역설이 등장하여 우리 학계를 비롯하여 현재 통설로 자리 잡았습니다. 세 번째는 이른 바 이동설입니다. 한강 유역에서는 대방군뿐만 아니라 낙랑군과 관련된 어떠한 유물 · 유적도 명시적으로 나오지 않았기 때문에 고고학적으로 증명이 안 되니까, 설치는 되었지만 일찍이 황해도 지역으로 이동해 갔다는 설명입니다. 역시 일본학계의 일각에서만 주장되고 잇는 학설입니다.

서울지역을 대방으로 보는 이유는 『한서』 지리지에 기록하고 아까 또 계속 나오는 염사치의 내용이 있습니다. 『한서』 지리지에 보면 함자현含資縣에서 대수帶水가 발원하여 서북쪽으로 흘러서 대방에 이르러서 바다로 들어간다고 되어 있어요. 그런데 염사치가 진한을 나와 육로로 함자현을 통해 낙랑군에 투항했다고 되어있습니다. 염사치는 진한의 우거수右渠帥라 했잖아요. 통상 진한辰韓은 영남嶺南으로 생각한다면 영남에서 나와서 함자현에 도달을 하고, 반대로 들어갈때는 배를 타고 가는 내용으로 되어 있습니다. 이를 통해 충주忠州를 함자현으로 보고 남한강을 대수帶水로 그 서북쪽에서 바다로 들어가는 대방현은 서울로 생각한 거죠. 말씀드린대로 조선후기 이래의 통설이었지만 1910년 이후 서북지방에서 낙랑 · 대방관련 고고학적 자료가 나오면서 설득력을 상실하였습니다.

그러나 통설은 황해도 봉산설로 옮겨갔지만, 일본학계의 일각에서는 여전히 한강유역 설치 후 황해도 이동을 주장하고 있습니다. 아무튼 낙랑군 남부도위가 설치될 당시 멸악산맥 이남에는 존재하지 않았다고 보는 것이 현재 우리 학계의 통설로 알고 있습니다.

좌장 박순발 : 그러니까 대방은 멸악산맥 이남은 아닐 것이다. 그러면 지금의 말하자면 황해도 해주라든지 이쪽 라인 윗부분. 사실 이 문제는 서로 다른 견해가 상존한다 해두고 넘어갈 수도 있지만, 그 자체의 문제로서 계속 미결로 남겨지는 부분보다 백제의 건국지에 대한 이해 문제와 결부되기 때문에 짚고 넘어가야 할 문제입니다. 최근에도 일부 연구자 가운데 여전히 한강유역 대방군설을 견지하고 있지만, 고고학 자료상으로 한강유역에는 군현 부근에서 일반적으로 보이는 묘제등의 특이성이 없기 때문에 잠복하고 있을 뿐입니다. 그러니까 우리는 이 문제가 흔들리게 되면 백제가 도대체 어디에서 건

국을 했고, 백제의 하북위례성이 존재하였느냐 여부 등 여러 가지 문제가 모두 흔들리게 됩니다. 물론 이 문제는 간단치 않습니다. 중간에 말씀하시는 중에서도 진한辰韓 우거수右渠帥가 있으니까 진한의 문제로 들어가면 이병도 선생부터 해서 완전히 '마진'(우스갯소리)이 없어져요. 마진馬辰, 즉 마한과 진한의 위치가 헷갈린다는 말이죠. 그래서 이 부분을 본격적으로는 건드리지 않겠지만 기본적으로 여기 단상에 계신 분 중에 '마한은 대체로 서쪽이고 진한은 동쪽이다.' 여기에 나는 반대한다 이런 분은 안 계시죠? 그러면 그런 입장에서 멸악산맥 이북에 대방帶方이 있었다고 치면 대방고지帶方故地라고 하는 곳에서 먼저 뭔가를 시작해서 온조 집단이 있었으면 결국 통일될 때까지 기다려야 백제 초기의 소위 입족한 지역을 찾겠는데, 문제는 이것이 동시에 온조기에 보이는 마한 동북 지역 백여리 땅이라고 하는 것도 무시할 수 없다는 말이죠. 이 문제와 착종이 되면 이게 과연 어딜까 하는 문제가 또 있지 않겠어요? 이것과 관련해서 종합적으로 백제가 아마 첫 번째 자리를 잡았을 때는 어디일 것이다 하는 문제를 우리끼리라도 결론을 짓고 싶습니다. 여기에 관련해서는 권오영 선생님께서 한 마디 해 주시죠.

권오영 : 아까 말씀하신 것처럼 문제점만 나열했는데 답까지 하라고 하시면…. 풍납토성 가지고서 대방을 얘기하는 것은 아까 사회자 선생님 말씀대로 그것은 통할 수가 없게 되는 것이 연대도 안 맞고 만약에 서울 강남에서 전실묘가 몇 개 나온다면 생각해보겠지만 지금으로서는 그것은 조금 힘든 것 같습니다.

그런데 또 문제는 온조집단이 압록강 유역에서부터 한강 유역까지 올 때 고고학적인 증거 · 흔적들을 남겼을까. 사실은 제가 학부논문, 석사논문이 다 그것을 추적해봤는데 결과적으로는 그렇게 딱 입맛에 맞게 나오지 않는다는 것이고요. 심지어 발굴조사가 많이 된 서울지역에서도 기원 전후한 시점에 고구려유민 혹은 압록강 지역에서 이주해온 사람들의 흔적을 찾기 어려운 판인데 대방고지帶方故地 문제 그리고 통일이 된다한들 황해도 지역에서 과연 그 흔적을 찾을 수 있을지는 아주 극적인 자료가 나오지 않는 한 상당히 비관적입니다.

좌장 박순발 : 마한 동북 백리를 중심으로, 마한의 동북 땅 백리에 있었다는 것을 중심으로요.

권오영 : 그렇게 생각을 해봤을 때 다시 정리를 하자면, 저는 하여튼 대방고지帶方故地라고 하는 표현은 고고학적인 자료로서는 뒷받침하기 어려울 것 같고요. 그다음에 마한이라고 불렀을 때는 물론 그 실체가 왔다갔다 바뀌기는 하지만 그때 마한이 우리가 생각하는 50여개의 소국을 다 포함시킨 마한인지 아니면 마한 중의 일부 세력인 예를 들어서 목지국이나 이런 세력을 중심으로 한 것인지는 조금 달리 봐야 한다는 생각입니다. 그것을 똑같이 볼 수는 없다고 생각합니다.

좌장 박순발 : 이렇게 되면 미궁에 빠져서 헤어 나오지 못하는데, 마한동북이라고 하는 문제는 사실은 마한이 어디서부터 어디까지이냐 하는 문

제도 있고요. 또 마한이 종족種族명이냐 아니면 정치체의 이름이냐, 여기에 대해서 얘기가 나오면, 여기 명패(단상에 노중국 선생의 자리가 준비되어 있었으나 아직 등단하지 않아 명패를 뒤로 돌려놓은)를 이렇게 바로 돌려야 할 부분(노중국 선생을 등단하게 하여 토론에 참가하게 하는 일)도 생깁니다. 여기 노중국 선생님께서도 상당 부분 견해를 갖고 계시니까 그 부분은 본격적으로 들어가지 않도록 하겠습니다만, 그렇다고 해서 마한이 평양 근처에 있을 것이라고 생각하지는 않죠. 물론 그 이전의(한의 성립과정과 관련한 논의에서 점토대토기문화가 북에서 내려온 사정 등) 것은 빼고요. 그렇다고 하면 마한 동북 지역에 백제가 있었다고 한다면 대방고지帶方故地라고 하는 것과 두 개가 같은 뜻이냐 아니면 다른 계열의 것이냐 이런 문제도 생기는데 어떻습니까?

윤용구 : 한 번 더 하면 안 시키실 것 같아서요.

저는 이 대방고지 기록과 백제건국은 분리해서 봐야 한다고 생각을 하는 입장입니다. 대방고지帶方故地에 백제가 건국되었다는 최초 기록은 『수서隋書』 백제전인데요, 아시는 대로 당태종 정관연간에 편찬되었습니다. 그런데 북조대에서 수당에 이르는 동안 고구려는 조선군왕朝鮮郡王, 신라는 낙랑군왕樂浪郡王, 백제는 대방군왕帶方郡王의 작호를 내렸습니다. 백제 건국기사에 보이는 '대방고지'는 백제왕을 대방군왕으로 봉작할 때의 백제가 지배하던 영토 전체를 말함이지, 공손씨公孫氏 정권이 낙랑군 남부에 설치한 대방군과는 지리적 관계가 없다는 생각합니다.

좌장 박순발 : 알겠습니다. 여기에 또 대방왕帶方王이 나오는데 그것은 잠시 후에 토론하기로 하고요. 그 옆에 계시는 김기섭 선생님을 못 봤네요. 이 문제, 가령 대방고지에 백제가 건국했다는 것, 이것은 우리가 취신할 수 없다는 말씀이죠. 그것과 관련해서 동의하시는지 아닌지 견해를 말씀해 주시죠.

김기섭 : 지금 기다 아니다 이렇게 대답하기를 기대하시는 것 같은데 저도 같은 생각입니다. 이것은 기본적으로 후대의 기록이고요. 대방고지帶方故地, 마한왕馬韓王이라고 하는 것은 기본적으로 후대의 관념을 투영한 것이기 때문에 백제의 건국과 연결해서 이해하기는 어렵다고 하는 말씀을 드립니다.

좌장 박순발 : 감사합니다. 대방고지의 백제 온조 세력이 거기에 와서 뭔가 토대를 닦았다. 이런 얘기는 적어도 앞으로 안 했으면 좋겠다는 생각이 듭니다. 동의하십니까? 동의 안 하시면 마지막 기회를 드립니다. 나는 이런 이유로 동의 안 한다.

김창석 : 저는 부분 동의합니다.

좌장 박순발 : 그런 것 없습니다.

김창석 : 왜 그러냐면 윤용구 선생님이 말씀하신 대로 주로 북조계통 사서에 나오는 그런 언급이고 그렇기 때문에 그것은 사실 백제사라기보다

는 백제나 대방에 대한 인식의 문제라고 생각을 하는데 그래도 왜 하필 많은 군현 중에 대방을 찍었겠느냐 하는 문제는 별도로 생각을 해봐야 할 것 같아요. 그래서 혹시라도 검증이 필요하지만 그 백제를 건국한 온조집단이라면 온조집단의 발상지가 혹시 대방하고 연결시킬 수 있는 가능성은 있지 않을까. 그러니까 건국을 한 곳이 대방고지는 아니지만 어쨌든 대방군이 설치되었던 황해도, 재령강 유역의 어떤 지역에 연고가 있었고, 그 집단이 대방고지를 출발해서 한강 하류지역에 자리를 잡은 게 백제일 가능성은 열어둬야 하지 않을까 싶은 생각은 듭니다.

좌장 박순발 : 실제로는 대방고지라는 그 말 자체만 해도 벌써 대방이 없어지고 난 후 한참 뒤 옛날 대방 땅 거기에 백제가 있었다는 얘기 아닙니까. 그렇죠? 그런데 문제는 그 짧은 시간, 즉 온조기를 무시할 수 없으니까, 온조기에 의하면 온조가 건국한 시점부터 불과 13년 정도밖에 안 되잖아요. 그 짧은 기간에 북쪽의 대방고지에 있었다가 남쪽으로 내려 왔느냐, 아니면 마한 동북 지역에 있다가 왔느냐 이런 문제인데 대방고지라는 것은 지금 유보를 하셨지만 기타 소수의견으로 처리하겠습니다.

대방고지를 우리는 이제 취신해서는 안 되겠다는 생각인데, 사실 왜 그러냐면요, 풍납토성 내부에는 삼중 환호〈그림 4 · 5〉 등을 비롯하여 그 이전 단계, 말하자면, 백제가 국가로 성립되기 이전 단계도 분명히 있거든요. 그런데 아직도 우리는 백제도성의 변천을 얘기하면서 대방고지에서 성장하였다는 그러한 인식에 얽매여, 실

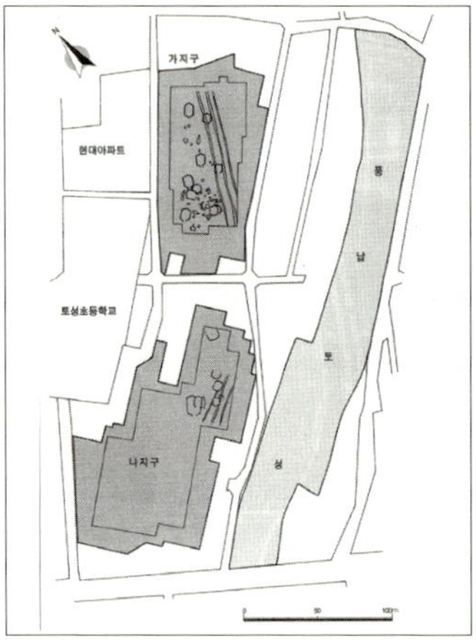

〈그림 4〉풍납토성 삼중 환호 배치도

〈그림 5〉 풍납토성 삼중 환호(가지구)

체도 모르면서, 막연히 한강 이북의 어디에 하북위례성이 있었을 것이라고 여겼습니다. 그러면서 여러 선학들이 이전부터 열심히 찾기도 하였지요. 삼각산이 어떻고, 어디가 어떻고, 육계토성이 어떻고 등등. 이런 식으로 이 문제를 미제未濟로 남길 필요가 없다는 생각입니다. 백제가 대방고지에서 정착 성장하였다는 것에 대한 근거라고 하는 것은 말씀하신 대로 별로 없으니까, 이제 그런 얘기는 안 했으면 좋겠다는 생각입니다.

그럼 이제 백제가 그 무렵에 군현 근처, 물론 곧바로 대방고지는 아니지만, 아마도 한강유역 가까이에서 성장해 나아가는 모습을 보아야 겠는데요. 이것이 바로 2단계, 전체 우리의 논의 진행을 위해서 참고하고 있는, 골격이 되고 있는 권오중 선생님의 2단계, '민간 역할 확대 시기' 마치 요즘의 추세 같은 타이틀입니다. 이때를 또 부제를 달아서 백제의 태동기, 이게 말하자면 완전한 형성은 아니지만 뭔가 시작이 됐다는 것인데, 아시다시피 기원전 18년이니까 그대로 취신하면 그 무렵에 그런 실체들이 바로 여기에 해당되는데 이때 아마 백제로서는 자리를 잡고 어쩌고 하는데 고고학적 실체는 사실 이 단계는 찾지 못하고 있습니다.

고고학적 편년에 따라보면 기원 전후한 이 무렵에 한강유역을 비롯해서 혹은 이쪽에 별로 그게 없고요. 오히려 가평지역에 있는 대성리 혹은 좀 더 올라가면 어디입니까? 역시 가평 달전리, 한강하류 쪽, 이쪽은 제외하고 한강하류 쪽은 김포 운양리, 운북리 등등 '낙랑계'로 붙여야 하는지 '낙랑'으로 붙여야 하는지 모르지만 그런 류의 고고학적 자료들이 최근에 많이 증가하고 있습니다. 이런 것들을 어떻게 이해할 것인가를 놓고서 오늘 여기 참석하지 않았습니다만, 이미 여러분들이 나름의 고고학적 해석을 제시하기도 하였지요. 인천 부근의 유적들은 쉽게 미추홀 세력과 연결할 수 있겠지요. 그리고 그와 온조 세력하고는 어떻게 관련시켜 이해하는지 등 그런 얘기가 이미 시작이 됐어요.

문제는 온조집단의 원 지역이라고 하는 것을 특정하지 않은 채 그저 허공에 띄워놓은 '대방고지'라고 하니까 얘기가 안 되지만, 만약 그것을 제외해놓고 범위를 좁혀서 생각한다면 과연 온조세력은 고고학적으로 어떤 모습일까요? 물론 아직 그 실체를 찾지 못했을 수도 있습니다만, 이 문제를 고고학적 관점에서 보자면, 한강 하류지역에서 기원 전후 무렵부터 기원후 1세기대까지 보이는 유적 및 유물을 우리가 어떻게 이해하여야 하는 문제일 겁니다. 이 문제와 관련해 고고학을 하신 분들에게 지금부터 발언기회를 집중적으로 드리겠습니다. 아무래도 가장 먼저 발언을 하셨습니다만, 정인성 선생님께서 운을 띄워주시죠.

3. 백제 토기의 발달과 군현계 문물

정인성 : 예. 벌써 2년 전에 이 자리에서 발표를 했습니다만, 진번과 결부시켜서 윤용구 선생님께서 말씀하신 적이 있지만 달전리〈그림 6〉나 대성리〈그림 7〉 이런 데서 나오는 화분형토기 그 다음에 철극, 이런 것들은 고조선 멸망과 낙랑군 성립으로 이어지는 혼란기에 발생한 유이민의 흔적이 아닌가 하고 생각을 하고 있습니다. 그렇게 시기를 조금 올릴 필요가 있고 그 다음 단계가 경기도에서 고고학하시는 분들이 관련 자료를 못 찾아서 김무중 선생님의 의문의 공백기라는 기간이 편년표에서 작성되었다고 봅니다. 그런데 아까 발표에서 말씀드렸듯이 낙랑토기에서 직구호에 이렇게 횡침선이 가는 것들은 시기가 올라간다면 서서히 공백이 메워질 수도 있지 않겠나 하는 생각이 들고요.

아까 대방고지와 관련해서도 역시 대동강이건 재령강 유역에서 발달했던 토기문화가 이 시기에 가장 현저하게 남하하는 지역은 한강 유역이라는 점도 중요합니다. 그런데 마한지역에는 의외로 와질토기가 이른시기에 지역토기로 정착하지 않습니다.

운북동에서 확인되는 1세기 상황이 중요합니다. 여기서 중요한게

〈그림 6〉 가평 달전리 2호 토광목곽묘 출토 낙랑토기

〈그림 7〉가평 대성리 유적 출토 화분형토기

기원전 1세기는 맞는 것 같은데 그 시기에 한강 유역에서 기층문화를 형성하고 있었던 그런 사람들의 토기문화는 무엇인가가 문제가 됩니다. 중도식토기가 될 수 밖에 없는 상황입니다. 그리고 김무중 선생님이나 성정용 선생님한테 최신 연구 분위기를 물으면 될 듯합니다. 제가 운북동에 있는 회도와 기와들은 평양 자료가 아니다라고 한 적이 있습니다. 또 다른 실체의 가능성을 이미 이전에 제가 던졌기 때문에 문제는 동반된 삼각형점토대토기粘土帶土器로 귀결됩니다. 삼각형점토대토기를 제외한다면 그것을 제외한 나머지 한강 유역 재지계 사람들의 기층 토기문화는 무엇인지 이런 것들을 제가 여기서 조금 묻고 싶습니다.

좌장 박순발 : 이것은 도면이 제시가 안 되었습니다만, 정인성 선생님의 발표 중에서 토기들이 제시된 게 있죠.

정인성 : 아래로 내려보시면 김무중 선생님의 이 지역의 토기 변천도가 나와 있습니다. 제 생각에는 지금까지 이런 토기들의 시기를 모두 내려 봤거든요. 그런데 윤용구 선생님이 여러 번 발표하신 낙랑호구부가 나온 정백리 토광묘의 사진을 보시면, 그 사진은 윤용구 선생님이 가지고 계시죠. 이성시 선생이 발표한 사진을 제가 확인해보니까 이런 토기가 그 무덤에 이미 있거든요.

좌장 박순발 : 초원 4년에, 그러니까 기원전 45년이요.

정인성 : 그렇죠. 그래서 우리는 아마 이런 토기들의 시기가 확 내려본 이유가 중요합니다. 고고학사를 뜯어서 살피면 우리가 "환령지말桓靈之末"을 너무 의식했던 거죠. 그러면 "환령지말"에 북방 군현고지에서 사회혼란으로 유이민이 발생했던 결과 물질문화의 이동이 일어난다는 설명인데 우리 고고학계가 너무 이를 의식해 온 것이 아닌가 하는 생각이 듭니다. 그런 맥락에서 저는 오히려 권오중 선생님이 말씀하시는 소위 기원전 1세기 초에 산동과 서북부 지역을 휩쓸었던 정치적인 혼란과 관련해서 생각한다면 이 토기의 편년을 기원후 2세기 후반, 3세기에서 올릴 수 있을 듯합니다.

좌장 박순발 : 25번이 초원 4년 그것입니까?

정인성 : 예. 이런 류의 토기입니다.

좌장 박순발 : 이런 유형이고 실물은 여기에 없고요. 그러니까 정인성 선생님의 말을 그대로 믿는다면 이런 직후, 여기까지입니다.

정인성 : 예. 그래서 시기가 올라갈 가능성이 있고 우리가 편년의 기준을 환령지말에서만 고정하지 않으면 의문의 공백 기간이 사라질지 모른다는 생각을 가지고 있습니다.

좌장 박순발 : 좋습니다. 이 문제는 사실은 이런 류의 토기를 놓고서 연대를 비정하기는 쉽지는 않는데, 아직 북한에서 정식으로 도면이 공표되지 않았지만 일본의 어떤 자료를 통해서 간접적으로 입수해서 본 것이지요. 그럼에도 불구하고 이 토기의 연대를 논하는 것은 한강 유역의 이 무렵 토기의 연대를 설정하는 데에 중요한 기년紀年 자료가 되기 때문이에요. 이런 정도가 말하자면 기원전 1세기의 뒷단계 토기인데. 운북동에서도 삼각형 점토대토기와 같이 나오는 것도 이런 식이죠?

정인성 : 예.

좌장 박순발 : 지금 윤용구 선생님이 줬는데, 이것을 스크린에 띄울 볼 수는 없지만, 이걸 보고 말씀하시죠.

정인성 : 맞습니다. 거기서 제일 왼쪽 위에 있는 토기를 자세히 보시면 그게 지구호이고 횡침선이 보이고 있습니다.

좌장 박순발 : 그리고 여기 세형동검도 나왔기 때문에 세형동검을 가지고 연대를 비정할 수도 있겠는데, 이 세형동검 갖고는 연대를 올릴 것 같은 느낌이 좀 있습니다만. 어쨌든 그것만으로는 안 되고 여기 동경銅鏡도 있네요. 편년의 근거가 될 수 있는 게 좀 많은데, 말씀하신대로 이러한 것들에 의하면 초원 4년, 기원전 45년 무렵의 토기가 이런 것이 맞다는 것인데. 그러면 지금 말씀하신 이 시기가 바로 이른바 '민간 역할 확대 시기'인데 이 경우 연대를 올려본다고 하더라도 당시 한반도의 한강유역이나 그 일대에 있는 세력들을 무엇으로 볼 수 있겠습니까? 마한의 한 일원 아니겠어요? 마한이겠죠. 마한의 일원이겠죠.

정인성 : 예.

좌장 박순발 : 그런데 우리가 흔히 그동안에 온조와 비류 문제를 다루면서 한강 하류의 바닷가에 자리 잡은 비류는 나중에 수세에 몰려 온조와 합쳐진 것처럼 이해하는 것이 일반적인데, 정작 그 실체는 아직 분명치 않지요. 아마도 한강하류 지역에서 발견된 고고자료 가운데 시기적인 정합성을 고려하면 비류집단과 관련시킬 수도 있겠지요. 그에 대응하는 온조집단 자체는 아직 못 찾았지만, 만약 풍납토성에서 좀 더 이른 시기의 자료가 나오거나 아니면 다른 지역에서 그런 것이 확인될 가능성을 배제할 수는 없겠지요. 어쨌든 이 무렵에 보이는 이러한 문물은 낙랑 내지는 대방을 통해서 온 것이지 자체

적으로 산동山東에서 건너온 것은 아니죠.

정인성 : 예. 맞습니다. 이런 류의 토기들은 분명히 대동강, 재령강 유역에서 발달한 토기들이고 들어온 다음에 곧바로 이렇게 지역화 됩니다.

좌장 박순발 : 그런데, 아까 발표하면서 이런 얘기를 했어요. 자비용기, 자비용기라 함은 요즘 같으면 쿠킹세트죠. 솥단지, 일상적으로 쓰는 이런 것들은 주민의 출신 등을 말해 주는 중요한 지표가 된다는 것이죠. 이와 같은 항아리의 경우에는 분포 양상이 좀 다른데, 광역 분포 양상을 보이고 있다는 것이죠. 항아리와 같은 저장용기는 그 자체가 목적이 아니라 거기에 담겨 있을 무언가의 내용물의 유통을 주목하여야 한다는 거죠?

정인성 : 예. 사람들이 왔는데 여기에서 저는 주목하는게 중도식 그러니까 경질무문토기硬質無文土器라고 하는 그런 토기들하고 어울리면서 세트가 됩니다. 취사용 토기와 생활용 토기 그 둘을 세트로 부장하는데 아마 평양과 재령강 지역에서는 그게 화분형토기와 이런 회도灰陶, 단경호短頸壺의 세트입니다. 그런데 이 지역에는 이미 그런 문화권하고 다르기 때문에 이 토기는 수입하면서 원래 쓰던 경질무문토기를 그대로 썼던 게 아니냐하는 생각도 갖고 있습니다.

좌장 박순발 : 알겠습니다. 그것은 뭐 토기가 어떻게 생산 · 유통되느냐 하는 문제인데, 이것이 이른바 대방까지 포함한 낙랑지역에서 생산해서

토기만을 요즘 옹기 팔 듯이 팔았느냐. 아니면 거기에 무언가에 들어있는 소위 콘텐츠가 뭔가 하는 거죠.

정인성 : 저런 백색토기는 컨테이너 박스라고 생각하는데 다른 낙랑 토기들은 보시는 것처럼 들어와서 여기서 자체적으로 형식변화를 하거든요. 그래서 아마 유이민들이 들어와서 여기에서 지역색을 가미해 가면서 바뀌어 나아가는 토기문화라고 해석됩니다. 그 다음에 화분형토기 같은 것들은 부분적으로 달전리, 대성리에서 나오다 말고요, 그 다음에 백색토기는 정말로 산동에서 군현 경유인지 아니면 마한세력의 직접인지는 모르지만 그것은 수입하기 위한 물자를 담는 컨테이너죠. 이것들이 이미 이렇게 정리가 되어 있습니다. 나머지 회도는 이렇게 들어와서 낙랑・대방과 구분이 힘들 정도의 분위기가 있다가 금방 지역화가 됩니다.

좌장 박순발 : 자, 좋습니다. 토기 문제는 사실 너무 고고학적인 전문성이 필요한 부분이어서, 그에 따라 모든 관찰자들이 모두 인식할 수 있는 경우는 많지 않습니다. 누구 눈에는 보이고 누구 눈에는 안 보일 수도 있지요. 그렇게 되어버리면 일반 청중들은 '나는 진짜 안 보이네' 이렇게 됩니다.

자, 쉽게 정리하겠습니다. 이 토기는 낙랑지역의 영향을 받은 것은 틀림없습니다. 그러나 주민이 직접 이동해왔을 경우에는 활석혼입토기라고 그러는데 솥단지로 쓰이는 그 토기가 같이 나오는 경우는 주민의 직접이동을 전제로 해야 한다는 것이지만 이런 경우에는 토기 자체의 생산유통망을 통해서도 들어올 수가 있고 아니면 말한 대로 이 자체가 원격으로 들어온다면 형식변화가 현지에서는 보이지 않을 가능성은 있습니다. 그러나 또 그것도 지속적으로 특정지역에서 계속 수입되어 오면 소비지에서도 형식변화가 보일 수도 있어요. 그렇기 때문에 어디라고 하는 것을 확정할 수는 없습니다. 그러나 지금 낙랑의 영향이라고 하는 측면에서 보면 이 시기가 이른바 낙랑군현지역 '민간 역할이 확대되는 시기'이자 백제 태동기에 해당되므로 분명히 한강하류 지역에서는 크게 영향을 받고 있다는 점은 동의하시죠?

정인성 : 예.

좌장 박순발 : 김무중 선생님 거기에 대해 다른 생각 있습니까?

김무중 : 김무중입니다. 저도 역시 영향을 받았다고 생각을 합니다. 다만 정 선생님이 갑자기 늘 발표하시면 새로운 사실 하나씩 보따리 풀듯이 말씀을 하세요. 정백동 364호에 호구부 나온 목곽묘에 나오는 토기 〈그림 8〉를 가지고 소급될 가능성이 있는데 "거기에 동반되는 중도식토기 연대는 더 올려야 하는 것 아니냐 하면서 해결을 해라 답변을 해라"고 합니다. 아마 또 다른 생각이 있을지 모르겠습니다. 우선 아까 보여드린 도면에 사실은 토기의 크기도 다르고 형태가 여러 가지가 있습니다만, 사실 낙랑토기를 처음 분류한 사람이 정인성 선생이에요. 그 분류한 것을 가지고 이쪽에서 어떻게 변형이

① 세형동검(우측 끝, 잔존 19.5cm)

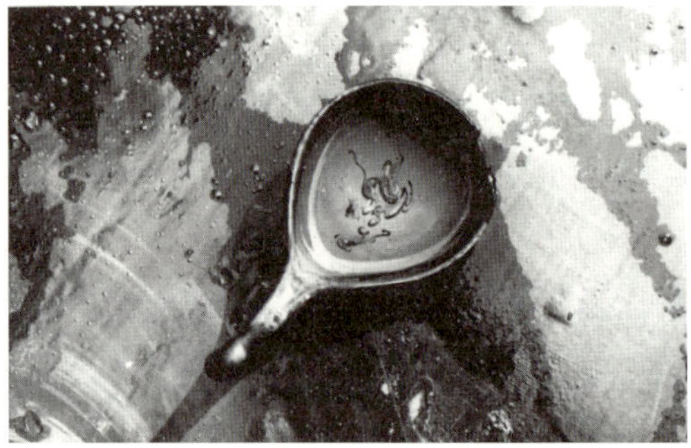

③ 칠국자 바닥 안쪽의 신선도

② 상단에 쇠장검 아래 왼쪽부터 백색토기, 화분형토기가 보이고 이어 칠통, 칠이배, 칠국자 등 각종 칠기 10여점과 동경 · 구슬 · 띠걸이 · 은반지 · 나무빗 등 장신구가 놓여 있다. 사진 좌측 하단에는 깨진 토기가 함지에 담겨져 있다.

〈그림 8〉 정백동 364호분 출토 유물 일괄(사진 : 일본 와세다 대학 이성시 교수 제공)

되어서 재지화 되는 과정을 설명하기 위한 도면입니다. 그런데 흐름은 분명하지 않지만 여기에 있는 도면 중에서 사실 낙랑에서 들어온 것이라고 볼 수 있는 것은 거의 없습니다. 거의 현지에서 변형되었거든요. 그래서 연대를 과연 그렇게 올릴 수 있는지에 대한 것은 사실 첫 번째 의문이고요.

두 번째는 호구부에 있는 토기가 제가 봐도 지금 사진을 보니까 가능성이 높아요. 그것에 따르면 변형된 과정들을 살필 수 있는 자료가 되겠다. 그래서 참고해야 하겠다는 것이고요.

또 하나 지금 제시된 토기가 기원전 1세기까지 올라간다고 하면 문제는 인천 운북동유적 처럼 낙랑이 아닌 별도의 지역에서 온 토기들이 기원전 1세기와 같이 병행하는게 문제거든요. 그것이 북한강 유역과 다른 지역색인지 시기차이 인지 또 설명이 필요하여 좀 복잡해질 것 같습니다. 앞으로의 과제로 삼기로 하고요. 문제는 이런 토기들이 사실은 한강 하류에 집중되는게 더 문제인 것 같습니다. 달전리 이후에 최근에는 우두동에서도 그런 목곽묘가 발견되었습니다. 지금의 백제 건국지역이라고 하는 풍납토성을 중심으로 보면 전혀 다른 지역에서 집중되고 있고, 아까 권오영 선생님이 기조강연에서도 말씀하셨듯이 풍납토성에서는 다 뒤져봐도 몇 십 점 안 됩니다. 그런 양상하고 어떤 관계가 있는지 해결이 되지 않으면 다시 복잡해지지 않을까 생각합니다.

좌장 박순발 : 네. 일단 정인성 선생님의 편년에 100%는 동의하지 않는다 이거죠. 그것은 여기서 더 이상 논의하지 않기로 하겠지만 말씀 중에

또 뒤에 다뤄야 할 문제가 같이 끼어버렸어요. 가평 대성리 출토품 중에 빠른 것들은 전국戰國으로 올리는 입장이고 달전리는 전국으로 올릴 수 없죠. 그런데 우두동 등에서 화분형토기가 나온 예들이 있습니까?

정인성 : 예.

4. 낙랑 · 대방과 말갈

좌장 박순발 : 소수이겠죠. 그런데 가장 확실한 것은 달전리의 경우에 분묘군이 있습니다. 그것은 이쪽 토착 분묘군과 완전히 다르기 때문에 이것은 주민의 이동을 전제로 하지 않을 수가 없는 부분이 있습니다. 그것이 기원 전후이고 그것도 바로 이 단계에 해당된다는 말이죠. 그러니까 이 단계에 실제 어떤 지역은 주민 자체가 이탈해오는 경우가 있고요. 또 어떤 경우는 바로 그쪽 주민이라고 할 수는 없지만 식생활 이런 패턴으로 보면 현지인이지만 말하자면 그쪽 계통, 우리가 흔히 '계'라는 접미사를 붙이곤 합니다만. 그런 것들이 내려온 것은 사실이다. 그러나 백제의 본고장은 아니지만 온조세력의 근거지라고 여겨진 지금의 우리가 위치하고 있는 이 일대에서는 아직까지는 확인이 안 되었다 하는 정도로 정리를 하겠습니다. 그것이 두 번째 단계의 문제이고요.

2단계는 아직 문헌적으로 이 시기에 낙랑 쪽 사람들의 내왕을 말해

주는 것은 거의 없지만 이 무렵에 군현이외의 토착사회로 넘어왔다고 나중에 술회하고 있는 예는 있죠. 자기들 윗대에 아니면 환령지말 어지러울 때 우리는 한漢에서 피난 왔다는 건데 그러한 인적 내왕의 문제는 제3단계에서 다루도록 하겠습니다. 다만 2단계에서는 백제와 직접 관계는 없지만 백색토기가 보이고 있는 이쪽 산동지역을 기반으로 낙랑 쪽으로 상당히 많은 물자들이 들어간 것으로 보이며, 그 가운데는 한강유역 여기까지 내려온 것도 있다는 것이죠. 물론 낙랑지역을 반드시 경유했느냐 아니면 바로 왔느냐는 문제도 있으나 그것은 별 문제가 되지 않습니다. 어떤 문물이 낙랑지역을 '경유 안 했으니까 낙랑하고 관계없어.' 이렇게까지 구별할 필요는 없을 것 같아요. 크게 보면 낙랑지역과 관련이 있는 것은 부정할 수 없으니까요. 전반적으로 이런 상황이라고 정리하고 넘어가겠습니다.

제3단계, 후한 정권이 힘을 되찾으면서 낙랑군이 다시 중앙 정권의 영향력을 받게되는 단계인데요. 바로 이 단계에도 해당되지만 그 직전 단계, 권오중 선생님 발표 속에도 있습니다만, 낙랑이 주변에 있는 조그만 정치체, 『삼국사기』에서는 말갈이라고 통칭해온 세력과 밀접한 관계를 가지고 있었던 것처럼 보입니다. 백제본기 온조기에 늘 백제를 괴롭히는 존재로 많이 나오죠. 이 세력을 '예濊'의 한 갈래라 여기기도 하지만 이를 곧 동예東濊와 같은 것으로서 하나로 보면 안 된다는 것이지요. 이에 대해서 이견이 있거나 그럴 것 같지는 않습니다마는, '말갈'들의 고고학적 실체가 뭔가 하는 것은 궁금하죠. 『삼국사기』에서는 '말갈'이라고 했던, 삼국에 포함되지 않은 세력들로서 별도로 입전入傳되지 않은 세력들이지만, 낙랑의 영향을 많이 받은 이들은 자연스럽게 낙랑의 문물은 분명히 다른 세력들보다 더 많이 갖고 있었을 것 같아요. 그래서 이러한 관점에서 보면, 2단계나 3단계에 낙랑계 문물이라고 우리가 통칭하는 이런 것들이 풍부하게 나오는 지역에 대한 평가의 문제가 대두합니다. 이와 관련한 논의를 진행할까 하는데 낙랑 주변에 있는 여러 정치체들의 고고학적인 실체를 어떻게 봐야 할 것인가와 관련해서 권오영 선생님께서 먼저 말씀해 주시죠.

권오영 : 저는 아까 권오중 선생님 발표를 들으면서 '아, 그렇구나' 하고서 크게 깨달은 부분이, 좀 더 생각해보자면 『삼국사기』의 백제는 결국은 이 송파 일대의 백제국 중심의 사고일텐데, 『삼국사기』에 말갈로 표현된 세력 중에는 정말 하나의 말갈집단이 아니라 심지어는 마한의 다른 국에 대해서도 그렇게 오해하거나 인식할 수도 있겠구나 이런 생각을 할 정도로 아까 권오중 선생님의 견해를 듣고 깨우친 바가 많았습니다. 그래서 동의하는 바입니다.

좌장 박순발 : 어쨌든 상당히 좋은 제안이라고 생각하는데, 권오중 선생님께서 그런 제안의 말씀을 하시면 이따가 토론 시간에 많이 매를 맞을 것 같다 하셨지만 전혀 아니고요. 다만 지금 고고학적인 실체가 뭐냐는 문제와 관련해서 논의함에 있어 실제로 제시한 개념 모델과 유사한 부분이 있다고 생각합니다. 그것과 관련해서 말씀을 해달라고 하니까 더 이상 안 했어요.

권오영 : 그래서 말갈을 그렇게 인식을 하고 지금 3단계 얘기하신 거잖아요. 그러니까 기원후 30년에서 110년대 이르는 기간 동안에 중부 지역의 고고학적인 실체를 말씀하신 것 아니에요?

좌장 박순발 : 말갈은 그 이전도 있고 그 이후에도 있으니까 말갈 문제를 여기서 고고학 실체로 보자는 겁니다. 단계는 따지지 마시고요.

권오영 : 예. 그러니까 그 말갈이라고 하는 자체를 오늘 발전된 견해로서 인식의 문제이기 때문에 말갈이라고 하는 하나의 정해진 종족이 있는 것이 아니라 백제 혹은 백제국의 입장에서는 낙랑, 대방 그 주변에 있는 세력들을 말갈로 이해했다고 인식을 하게 되면 저는 좋겠다고 생각을 하고요. 그랬을 때 그들의 고고학적인 실체가 무엇인지에 대해서는 다양하겠죠. 예를 들어서 아까 지나간 얘기지만 달전리나 대성리 같은 경우는 역시 낙랑 지역에서의 유민들이 내려온 것이, 환령지말이 아니라 여전히 여러 차례 간헐적으로 내려오기 때문에 그중에 일부 세력이 춘천 우두동도 아까 김무중 선생님이 말씀하신게 목곽묘 얘기하신거죠? 새로 목곽묘가 나온다는 말이죠. 그래서 가평이나 춘천 이런 북한강 유역에 목곽묘를 가지고 있는 고조선 혹은 낙랑계 세력도 있고 그다음에 그 주변에 애매하게 예계로 표현된 세력도 있을 것이고 그래서 이 『삼국사기』에 나오는 말갈들의 고고학적인 실체를 한 가지 색깔로 말할 수는 없고 역시 다양하지 않겠느냐 이 정도 생각입니다.

좌장 박순발 : 그것은 지나친 신중론이라고 생각합니다. 다양한 색깔은 아무 것도 아닌 것이 될 수가 있는데 저는 이런 생각을 할 수 있지 않느냐 하는 생각이 들어요. 말갈이라는 세력이 친낙랑 세력으로 늘 등장을 하죠. 쉽게 말해서 공짜로 친낙랑 했겠습니까. 뭔가 말하자면 지원하는 부분이 있었을 터이고, 그렇다면 고고학적인 부분에서 반대로 오히려 지금까지 우리가 낙랑계라고 하는 문물이 많이 나오는 지역, 이런 것들 중에서 후대에 국가단계로 발전된 지역과는 거리가 먼 지역들을 비록 전체가 통합된 세력은 아니라 하더라도 그런 세력이 아닌가. 물론 한강하류의 세력도 원론적으로는 그에 포함될 수도 있습니다. 그런데 그것까지 말갈이라고 하려니까 문제가 좀 복잡해집니다만, 강원도 지역에 적어도 영동, 영서 지역에 내륙 깊숙이 있으면서도 낙랑계 문물이 상대적으로 많이 나오는 세력에 대해서 우리가 기존에 고고학적으로는 쉽게 생각이 안 났던 부분을 '아, 이것은 말갈이라고 하면 되겠네.'하는 것으로 받아들여도 좋지 않겠느냐 이런 것을 기대했는데 옆으로 빼시는 군요. 그러면 제가 말씀드린 여기에 대해서 다른 의견이 있다는 분 말씀해 주시죠.

김기섭 : 잠깐 제가 한마디 드리겠습니다. 잠깐 부분적으로 보태고 싶은 말씀이 있었는데요. 말갈이라고 하는 명칭은 적어도 중국사에서는 당나라 때 본격적으로 등장하는 용어입니다. 그러니까 종족 명칭이죠. 그러니까 발해사를 연구하시는 한규철 선생님 같은 경우는 말갈은 종족을 비칭, 멸칭하는 것이고 그래서 정식으로 썼던 것은 아마 당나라 때부터 썼을 것이라고 했는데, 이것이 우리가 알고 있

는 일종의 통설적 이해입니다. 그런데 삼국사기에는 이 말갈이라는 용어가 아주 일찍부터 등장하고요. 온조왕 때 말갈하고 싸웠다고 나오는데, 그리고 또 낙랑에 약간 종속되어 있는 것 같은 느낌도 기록상으로는 있습니다만, 아까 권오영 선생님이 말씀하셨듯이, 비칭이라고 하게 되면, 하나의 종족, 하나의 정치체를 칭하는 것으로 보기가 굉장히 어려워집니다. 당나라 때의 말갈도 여러 말갈이 있지 않습니까? 7개의 부락을 지칭하기도 했는데, 삼국사기에 나타나는 것들은 이 말갈들이 동쪽에서 나타나기도 하고 북쪽에서 나타나기도 하고 그렇습니다. 그런데 용어에 자꾸 집중하게 되니까 말갈이라고 하는 하나의 단위체로 자꾸 인식하게 되어서 그 용어를 쓰면 쓸수록 일종의 착란이라고 할까요, 왜곡이 생긴다고 봅니다. 그래서 이 말갈이라는 용어는 삼국사기에 후대적 관념을 계속 적용해서, 아까 대방 같은 경우도 그렇게 볼 수 있습니다만, 그런 용어들이 계속 등장하는데, 그런 부분들이 심지어 온조왕 때의 기록에까지 영향을 미친 사례로서는 볼 수 있지만, 말갈을 하나의 정치체 내지는 하나의 단위체, 문화의 정체성을 담보하고 있는 종족, 이렇게 보기는 조금 어렵다고 생각합니다.

좌장 박순발 : 그것은 당연합니다. 그런 얘기는 안 했거든요. 정치적인 통합체는 아니고. 뭐 당연하죠. 이게 1146년에 쓴 기록이니까 그때 말갈로 인식했을 뿐이고 다만 하나의 정치집단으로 되어 있지는 않지만 여기저기 말하자면 미숙한, 그것은 사실은 당대 말갈도 그런 개념으로 쓴 거죠. 어쨌든 그 고고학적 실체와 관련해서는 조금 전에

제가 말씀드린 그런 측면들의 부분이 있다. 성 선생님 어떻게 생각하십니까?

성정용 : 이미 정답을 다 말해 주신 것 같습니다. 1시간 10분이 지나면서 혀가 굳었습니다. 아마 앉아계신 분들은 허리도 아프시고 힘드시지 않을까요?

다른 것보다도 저는 권오영 선생님하고 김무중 선생님께서 하신 말씀에 전적으로 동감하는데요. 권오영 선생님께서 조금 전에 춘천지역에 대해서 얘기하신 말씀에 동감한다는 것이고요. 하나는 권오중 선생님께서 말씀하신 점적인 부분 그리고 성격이 단순하지 않다. 정말 시사 받은 바가 많았습니다. 그래서 기본적으로 말갈이 위치하는 것은 서쪽일 가능성은 거의 없고 북쪽이나 동쪽일텐데, 그러면 말씀하신 것처럼 영서 어느 지역 일대가 될텐데, 춘천지역에 있는 것을 지금까지 무조건 낙랑 이런 것과 관련시켜서 생각을 했는데, 권오영 선생님 말씀을 듣고 보니까 그런 낙랑과도 관련이 있는 집단들이 말갈로도 충분히 표현될 수 있겠다. 물론 정인성 선생님도 아까 고조선계 유민들 말씀하셨지만 시기도 그보다 조금 더 늦든 관계없이 낙랑과 굉장히 관계가 많은 집단들이 백제를 괴롭히는 집단, 즉 기원전 1세기 무렵에 충분히 백제한테 위협을 가했다고 표현될 수 있겠다 싶어서 그런 집단들을 앞으로 찾아내는 작업이 중요하지 않을까 생각을 합니다.

좌장 박순발 : 이제 한강유역에 보였던 백제에 초점이 맞춰져 있습니다만, 백

제의 성장과정에서 군현계의 문물, 이런 것들이 지금 2단계, 3단계에도 있죠. 3단계에도 있는 것입니다. 이게 아까 무슨 편년상의 문제 때문에 어느 한 시점에 공백이 딱 있다고까지는 말할 수 없는 것 같습니다마는, 그것이 있는데 그 가운데에서도 분명히 백제 중심지라고 할 수 없는 영서영동 여기저기에 있는 이런 세력들, 낙랑계의 문물이 나오는 것들은 당초 이름은 알 수가 없습니다마는, 그 집단들은 어디에 속하느냐에 따라서 이름이 바뀌겠지만 삼국사기에서 말갈이라고 지칭한 그런 세력들일 가능성을 우리가 생각을 해봤습니다.

이제 제3단계에 들어오면 산동지역을 어떤 지역적 기반으로 많이 의존했던 낙랑군현이 그 기반을 요동지역으로 옮긴다는 말씀도 있었고, 그리고 이 무렵에 우리가 놓치기 쉬운 것 중의 하나, 오늘 본 흐름에 속하지는 않습니다만, 느닷없이 백제하고 신라가 또 맞닥뜨리는 이런 모습들이 있는데 이것에 대해서 또 여러 가지 일이 있었습니다. 그런데 이것은 군현하고 문제가 직접 관련되지는 않지만, 이 문제도 수수께끼다 이상하다 이렇게 보는 사람도 있고, 아니면 또 신라에 있어서 신라 건국 세력이 북에서 남으로 쭉 내려갔을 것이라는 얘기도 있고요. 그리고 심지어는 고고학적으로 보면 똑같은 상황은 아닙니다만, 청주권 이쪽 지역에서 영남권에서 보이는 무덤들이 분포하고 있다는 사실입니다. 무덤의 부장품이 영남지역과 같다는 얘기는 그쪽 출신이 현지에서 죽지 않으면 그런 일이 있을 수가 없는데, 그것도 한 예가 아니고 진천, 청주 등 지역에 지금 복수로 보이고 있다는 말이죠. 이런 등등을 어떻게 평가할 것이냐

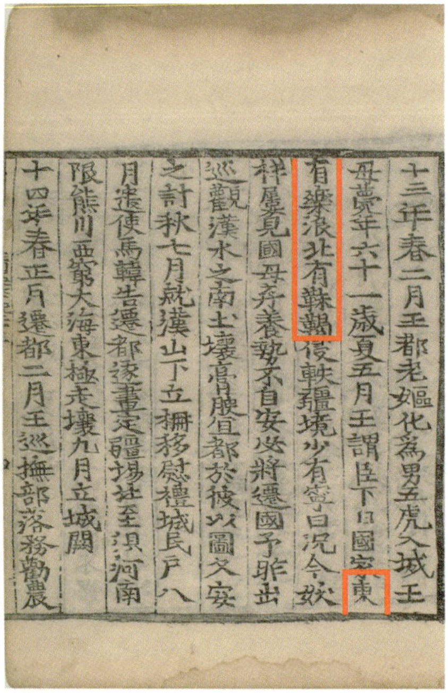

十三年春二月王都老嫗化爲男五虎入城王
母薨年六十一歲夏五月王謂臣下曰國家東
有樂浪北有靺鞨侵軼疆境少有寧日況今妖
祥屢見國母弃養勢不自安必將遷國予昨出
巡觀漢水之南土壤膏腴宜都於彼以圖久安
之計秋七月就漢山下立柵移慰禮城民戶八
月遣使馬韓告遷都遂畫定疆埸北至浿河南
限熊川西窮大海東極走壤九月立城闕
十四年春正月遷都二月王巡撫部落務勸農

〈그림 9〉 『삼국사기』 권23 백제본기 온조왕 13년조

하는 문제도 있습니다. 그리고 여기에 대해서 낙랑은 침묵하였다고 했습니다만 말 안 하고 있어도 관련이 되어 있는 것은 맞습니다. 백제가 신라하고 그렇게 맞닥뜨릴 수 없다는 게 우리 일반인 생각 아닙니까. 그렇죠? 그런데 여기 묘안이 있다고 생각하시는 분. 역시 낙랑처럼 침묵입니까? 이 문제는 여기서 풀 일은 아닙니다만.

김기섭 : 제가 잠깐 짧게 말씀드려도 되겠습니까? 저는 이렇게 이해하고 있습니다. 『삼국사기』에 백제하고 신라가 아주 일찍부터 전쟁을 벌입

니다. 그리고 지명도 구체적으로 나오죠. 괴양, 괴산 같은 곳에서도 전쟁을 벌였다고 해서 충북 일대의 지명들이 나오는데요. 당시에 신라가 거기까지 영토를 넓혔다고 생각하는 사람은 거의 없는 것 같습니다. 그래서 아까 말갈도 마찬가지인데 당나라 쪽에서 북쪽에 있는 일종의 이민족, 조금 눈을 아래로 깔고 보는 이민족을 말갈이라고 칭했던 것처럼, 그런데 그 용어가 영향을 미쳐서 『삼국사기』에 나오는 것처럼, 마한 · 진한의 정치체들이 알려진 것만 해도 70여개 나라가 있는데요. 그 나라들끼리 전쟁을 벌이는 일들이 있었고 그런 전쟁의 어떤 기억들이 나중에 『삼국사기』나 후대의 기록에서는 백제, 신라, 가야도 거의 안 나오죠. 이렇게 간단하게 정리가 된 것이라고 저는 생각을 합니다. 그래서 온조왕 때의 기록에도 보면 "동유낙랑, 북유말갈"이라는 문구가 나오는데 <그림 9> 이것을 예전에는 이병도 선생님 이하 "북과 동이 서로 바뀐 거다. 북쪽에 낙랑이 있었고 동쪽에 말갈이 있었다. 이렇게 봐야 한다. 이런 것은 아까 말씀하신 동예나 이런 것들을 염두에 두고 그렇게 바꿔보면 자연스럽다." 이렇게 이해도 하셨는데요. 중국의 사례를 보면 기본적으로 말갈은 북이라고 하는 방위 관념하고 거의 같이 나옵니다. 그래서 그것 자체가 잘못된 방위의 착오라기보다는 이런 식으로 어떤 여러 종족들이 있는데 그런 것들을 사료상 사서에서 하나의 정치체의 영향이나 이런 것들은 후대에 한참 수백 년 지난 뒤에 정리되는 것이니까요. 그래서 그것을 이입해서 거기에 적용한 사례가 아니냐. 낙랑 같은 경우도 그렇고 말갈도 그렇고 저는 그렇게 이해하고 있습니다.

좌장 박순발 : 말하자면 그게 기록되는 순간에 잘못되었다 이렇게 보는 거죠.

김기섭 : 예. 잘못 적혔다고 보는 것이죠.

5. 고흥(高興)의 역사 기록, 서기(書記)의 문제

좌장 박순발 : 예. 그렇게 이야기하면 문제를 해결하기는 쉬운데, 이 문제와 관련해서 조금 뒤의 이야기이지만 이제 고흥 등등 해서 얘기가 나올 겁니다. 묘제상에서 낙랑의 요소가 나오는데 먼저 잘못 적었다고 하는데 고흥高興이라고 하는 사람이 김창석 선생님께서 발표해 주시면서 동진東晉에서 왔을 것이다. 그 근거는 나름대로 아까 구체적으로 설명은 안 했습니다만 동진에서 왔을 것이고 그리고 이 고흥이라는 사람이 『서기書記』라고 한 것은 역사기록이다. 즉, 역사기록을 처음으로 했다는 취지인데 거기에 대해서 나는 그렇게 생각하지 않는다고 얘기를 해 주시면서 발표하신 게 바로 김기섭 선생님인데 왜 바로 이 문제를 연결시키느냐하면 기록되는 기간하고 기록되지 않았던 전승傳承 기간 이런 문제가 있기 때문에 여기에 초점을 맞춰서 말씀해 주시죠. 서기는 문서라고 생각한다는 입장이시죠?

김기섭 : 예. 사서라고 보기는 좀 어렵다는 입장입니다. 고구려의 『유기留記』, 『신집新集』이나 신라의 『국사國史』같은 경우는 아주 명확하게 나오죠. 논란의 여지가 없습니다. 그런데 백제 같은 경우 『서기書記』는

조금 다르게 보일 소지가 있다. 이것은 제가 생각해서 처음으로 한 것은 아니고요. 처음 발설하신 분은 천관우 선생이십니다. 천관우 선생께서 이것은 역사서의 이름치고는 전체의 문장구조가, 『삼국사기』 백제본기 근초고왕 30년조의 문장구조가 조금 걸맞지 않다, 고유명사로 보기 어렵다는 관점을 내셨고요.

저는 김창석 선생님 발표 내용과 관련해서 두 가지 부분에 대해서 이의를 가지고 있는데요. 첫 번째는 고흥 같은 경우 낙랑계열의 고씨들이 제법 있지 않습니까. 지금 선생님께서도 성씨를 거론하셨습니다만, 고흥도 낙랑 쪽으로 들여다볼 소지가 많다는 것이고요. 왜 그러냐면 백제와 동진東晉과의 관계는 기록상으로 근초고왕대에 처음 시작한 것으로 알려져 있는데요. 교류한지 얼마 안돼요. 그러니까 그것도 초반부터 하는 것이 아니라 21년인가 23년부터, 그러니까 근초고왕의 후반부에 그런 일로 동진에 사신을 보내서 작호도 받고 그런 일이 있었던 것이고요. 그런데 그 무렵 만약에 동진에서 어떤 사람이 왔다고 하더라도 그 사람이 백제의 역사를 정리할 정도의 시간적 여유는 필요한 것이 아니냐. 어떤 흐름을 이해할 수 있는 그런 정도의 백제에 대한 나름대로 공부할 시간을 좀 가진 다음에 정리할 수 있는 게 역사인데, 남의 나라에 와서 금방, 아무리 지식이 있다고 하더라도 그것을 쭉 일목요연하게 정리할 수 있었을까 여기에 대해서는 일단 의문을 가지고 있습니다.

좌장 박순발 : 그래서 서기書記는 문서행정이다 이렇게 하신 거죠?

김기섭 : 예.

좌장 박순발 : 자, 여기에 대해서 아까 발표를 했습니다만 지금 반론을 중심으로 재반론해주시기 바랍니다.

김창석 : 예. 지적해 주셔서 감사합니다. 일단 서기書記가 문서행정을 가리키는 것이냐 아니면 역사서의 서명이냐 하는 문제에 대해서는 제가 발표 때 충분히 말씀을 드렸기 때문에 그것을 반복할 필요는 없을 것 같습니다. 그런데 일단 중요한 것이 고흥을 얻기 전까지는 기사를 하지 못했다고 되어 있는데 기사의 용례가 적어도『삼국사기』에 있어서는 단순한 어떤 문자기록이라든지 아니면 문자를 가지고 행정시스템을 갖추는 것이 아니라 거기에는 분명히 역사편찬이라는 의미로 쓰이고 있고요. 그게 중요한 포인트 중의 하나입니다.

그리고 고흥이 과연 어디 사람이냐 여기에 대해서는 그동안 많은 논란이 있었습니다. 고씨이기 때문에 고구려 인물이라고 보기도 하고 아니면 김기섭 선생님께서 말씀하신대로 낙랑 쪽이라고 보기도 하고, 그런데 낙랑계라고 하더라도 과연 이 낙랑 쪽에서 언제 들어왔느냐 하는게 밝혀져야 할 것 같고요. 여러 가지 시기가 있습니다만, 371년인가요. 근초고왕이 고국원왕하고 전투를 벌이던, 그러면서 남평양 지역이라고 추정이 되는데 그쪽까지 진출을 했을 때 만약에 그때 고흥이 들어왔다면 371년이나 372년, 동진東晉하고 수교한 372년하고는 큰 차이가 사실 없거든요. 그래서 그것을 가지고 일국의 역사편찬을 할 때까지는 너무 시간이 짧다는 것은 조금 부족할 것 같고 그렇다면 그 전에 들어왔다고 봐야 하는데 과연 언제 들어왔을까를 추적해야 할 필요가 있을 것 같습니다. 그래서 저도 사실 확실한 근거는 없습니다만, 375년에 서기가 편찬된 것으로 되어 있고 바로 그 3년 전에 372년에 동진하고 수교를 맺었는데, 그 이후에도 중국 쪽에 학예나 아니면 특별한 기술을 가진 인물들을 요청하고 또 보내준 사례가 종종 보이기 때문에 아마 동진에서 수교를 맺으면서 그 즈음에 백제 쪽으로 파견한 학자일 가능성이 높다고 봅니다.

좌장 박순발 : 예. 지금 동진東晉 출신이라는 것은 확실한 근거가 없다. 그리고 고씨니까 낙랑 쪽에 보낸 고구려 이것도 근거는 확실치 않다. 그리고 언제 왔는지도 잘 모르겠다. 논점은 서기라고 하는 것이 역사책이다는 것이지요. 아마 우리가 국사 시험을 치를 때 정답은 백제가 처음으로 편찬한 역사책, 이렇게 될 겁니다. 지금의 주류학설은 문서행정으로 보지는 않습니다만 이 문제는 사실 그렇게 간단히 해결될 문제는 아닙니다. 어느 경우든 근거가 확실치 않다면 기존의 설을 유지할 필요가 있습니다. 자, 그러면 문서행정이라는 것에 더 강력한 근거가 있습니까? 예를 들면 122쪽을 보시면 됩니다. 이 문자기사라고 하는 것은 문서행정이냐 말하자면 이게 역사편찬이냐 이 문제인데요. 기존에 우리는 『서기』를 『일본서기』도 그렇듯이 '그것은 역사책 아닌가' 이렇게 해왔죠. 그러나 그것은 도저히 안 된다고 하는 그야말로 꼼짝 못하는 근거가 있으면 내놓으시고요.

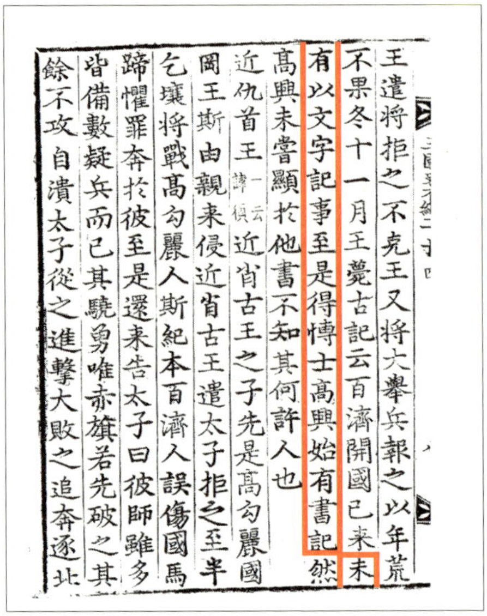

王遣將拒之不克王又將大擧兵報之以年荒
不果冬十一月王薨古記云百濟開國已來未
有以文字記事至是得博士高興始有書記然
高興未嘗顯於他書不知其何許人也
近仇首王(一云諱須)近肖古王之子先是高句麗國
岡王斯由親來侵近肖古王遣太子拒之至半
乞壤將戰高句麗人斯紀本百濟人誤傷國馬
蹄懼罪奔於彼至是還來告太子曰彼師雖多
皆備數疑兵而已其驍勇唯赤旗若先破之其
餘不攻自潰太子從之進擊大敗之追奔逐北

〈그림 10〉『삼국사기』 권24 백제본기 근초고왕 30년조

김기섭 : 그런데 제가 원문을 정확하게 기억하는지 제 스스로 자신이 없습니다만, 지금 여기 120쪽에 김창석 선생님께서 인용을 해 주셨습니다.[1] 그런데 번역하시면서 '未有以文字記事' 이렇게 되어 있습니다. 제가 기억하는게 맞다면 '至是得博士高興始有書記' 이렇게 아마 원문이 되어 있을 겁니다〈그림 10〉. 그런데 앞에 있는 '未有以文字

1) 古記에 이르기를, "백제가 개국한 이래 문자로써 일을 기록하지 못했는데, 이때 이르러 博士 高興을 얻어 비로소 書記가 있게 되었다"고 한다. 그러나 고흥은 다른 책에 나타나지 않으니 그가 어떤 사람인지 알 수 없다.[古記云 百濟開國已來 未有以文字記事 至是得博士高興 始有書記 然高興未嘗顯於他書 不知其何許人也] 〈『三國史記』 卷24 百濟本紀2 近肖古王 30年〉

記事'하고 '始有書記'라고 하는 것이 바로 대구를 이뤄요. 그러니까 문자로 이를 기록한 적이 없었는데 이때부터 비로소 서기書記가 있게 됐다. 그런데 이렇게 보면 고유명사인 듯도 하고 아닌 듯도 하고 헷갈리는 부분이 조금 있기는 합니다만, 문자로 이를 기록하지 않았다고 하는 것은 저는 그게 일종의 행정체계 속에서 뭐랄까, 문자가 없었다는 것이 아니고 문자가 있었다고 하더라도 그것을 행정의 어떤 문서화하는 일들이 없었다. 그리고 문서가 쌓여야 나중에 서기가 책으로 만들어지는건데 지금 그 단계도 제대로 밟지 못한 단계에서 책부터 만들었다고 하는 것은 조금 너무 성급한 판단 아닌가 하는 생각을 한 겁니다.

좌장 박순발 : 여기까지, 그런데 번역할 때 '이럴 겁니다.' 했는데 그것은 그럴 필요가 없잖아요. 정확히 뭡니까?

김창석 : 원문이 '未有以文字記事' 그다음에 '至是得博士高興 始有書記' 이렇게 되어 있습니다.

그리고 또 하나만 말씀을 드리면 전에도 문서행정이 있을 수 있다는 게 3세기 후반인 274년의 일입니다만, 『진서晉書』를 보면 서진西晉하고 마한, 백제 계통의 정치체가 교섭을 벌인 기사들이 있다는 말이죠. 그때 아마 백제 쪽에서 파견된 사절들이 외교문서를 분명히 준비해갔을 겁니다. 중국에 가면서 말로만 한다는 것은 상상하기 힘들고요. 그렇다면 이미 그 전에 문서행정은 이루어지고 있었다고 보아야 하지 않을까요?

6. 환령지말(桓靈之末)과 조묘기술집단

좌장 박순발 : 실제로 그런 예들은 백제 이전에도 있었죠. 진번하고 진국이 위만조선 있을 때 '上書見天子 하니까 雍閼不通 했다.' 이런 게 나오잖아요. 외교문서가 일찍부터 있었던 것은 맞는데, 여기서 문서라는 것이 그런 정도를 말하느냐 아니면, 문서행정이라는 것은 그것과는 또 다른 문제이냐는 것인데요, 이게 간단한 문제가 아니긴 합니다만 제가 들어볼 때는 이게 절대 역사서는 아니라고 하는 수준은 아닌 것 같습니다. 하여튼 이 문제는 '서기書記'에 그런 문제가 있다는 정도로 하고 넘어갈 수 있으면 합니다. 이런 어정쩡한 것은 싫어하지만 어쩔 수 없습니다. 이따가 우리끼리 투표해볼 수도 있겠습니다만, 암튼 이렇게 하고 넘어가도록 하겠습니다.

자, 이처럼 문자기록이 늦고 이러다 보니까 온조기에 나오는 것이 뒤에 있었던 사실을 소급해 기록하는등 왕계王系가 고정되지 않은 채 흔들리는 그런 일이 비일비재하였을 겁니다. 그런 측면에서 이제 일어난 일을 그때부터는 제대로 '춘추관春秋館' 같은 데에서 즉시 기록하게 했는지 모르겠고요. 어쨌든 그런 부분인데, 지금 다루고 있는 것은 시간적으로 갑자기 뒤로 내려서 그렇지만, 사실 낙랑 주민 이탈 시기 문제와 관련되는 부분인데요. 이 낙랑 주민 이탈 시기가 대체로 2세기대입니다. 110년부터 190년. 우리가 흔히 환령지말桓靈之末이라고 하는데요. 이 환령지말 부분에서 특히 삼한사회, 백제를 포함하고 있는 이쪽 사회가 도약하는 것으로 알려져 있죠. 반면에 이탈 주민 중에서는 다른 지역으로 간 경우도 있겠죠. 그래서 심지어 일본까지도. 등등해서 여러 사례가 알려져 있는데, 바로 이 시기에 백제에 국한시킨다면 이 시기에 해당되는 소위 군현 출신 사람들을 몇 개의 부류로 나눠서 전문직능을 갖고 있는 사람 또 외교활동에 능한 사람 등등할 수도 있는데, 이 시기에 해당할 만한 예가 있을까요?

김창석 : 그 시기를 국한시키기는 힘들고요. 어쨌든 남아있는 자료들을 보면 진시황의 자손이라든지 한고조의 자손이라든지 후한 말기가 되겠네요. 그때 낙랑이나 대방 쪽으로 왔다. 이런 기록들이 남아 있습니다. 그러니까 명확하게 환령지말桓靈之末이라고 특정하기는 힘들지만 어쨌든 중국 쪽은 혼란기입니다. 그러니까 진 · 한의 교체기라든지 아니면 후한 말기 이 시기에 중국 내지를 떠나서 한반도 쪽으로 들어오고 그중의 일부가 다시 가야를 거치든지 해서 왜로 건너가는 경로를 보여주고 있습니다.

좌장 박순발 : 그런데 진법자陳法子 묘지를 인용하신 것을 보면 '한이 쇠약해진 말년에 큰 바다를 뛰어넘어 재앙을 피해서…' 이 무렵에 이런 것이 보이잖아요.

김창석 : 그렇습니다. 그게 후한 말기가 되겠죠.

좌장 박순발 : 바로 이 내용은 환령지말桓靈之末일 겁니다. 이때에 아마 군현지역 뿐만 아니라 중국 본토에서 이쪽을 거쳐서 내친김에 더 달려온 경우가 진법자陳法子〈그림 11 · 12〉 이런 경우인데 아마 이때 상당

〈그림 11〉 진법자(陳法子) 묘지
(大唐西市博物館 ⓒ이장웅)

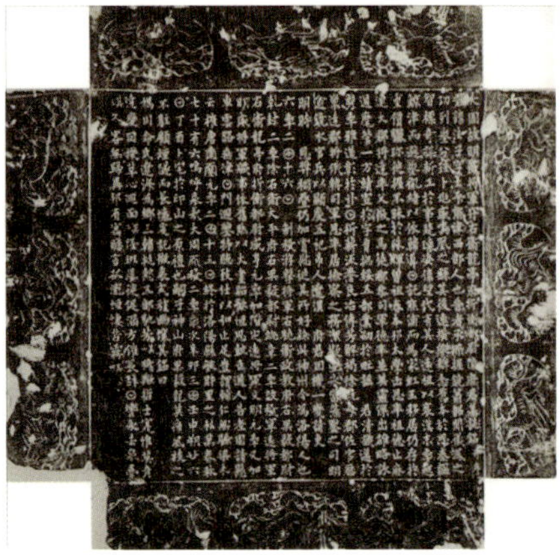

〈그림 12〉 진법자(陳法子) 묘지 탁본

부분 내려 왔기 때문에 아마 재지세력에 뭔가 힘을 얻었을 것 같고요. 자, 이 무렵과 관련해서 정인성 선생님께서 이미 발표하신 부분이 있죠. 낙랑지역에서 소위 동정 이런 것이 삼한사에 들어가고 그러잖아요, 울산 하대下垈라든지 김해 양동리라든지. 그런 것들이 바로 이 시기에 해당, 편년상은 이 시기로 가야 하죠.

정인성 : 지금까지 편년에서는 영남지역의 목곽묘 출현 그 자체를 이 시기에 비정을 했죠. 정확한 근거는 없습니다만, 시기가 좀 빠르면 내리고 해서 다들 2세기의 상황이라고 하고 그래서 영남지역에서 목곽묘는 기원후 2세기를 소급할 수 없다는 게 일반론이었는데 최근에는 전기 와질토기 단계에 목곽묘가 발견되고 있기 때문에 영남지역에

서도 환령지말을 어떤 고고학적인 현상과 비교할 것인가 하는 이야기가 조금 흔들리고 있는 상황입니다.

좌장 박순발 : 예. 그건 그쪽 얘기지만 삼한사회 전반에 영향을 미치니까 백제에도 그러한 것이 있으리라고 생각이 됩니다만, 백제의 환령지말이라는 것과 연결시킬 만한 고고자료 같은 것이 있을까요?

정인성 : 김무중 선생님의 환령지말은 여러분이 보고 계신 이것이었습니다.

좌장 박순발 : 자, 이건데, 이 환령지말에 해당되는 낙랑계는 어떤 게 있을까요?

권오영 : 꼭 사회자님께서는 제가 말을 하려고 하면 그때는 안 시키고 모르는 것을 시켜서 하고 싶은 말이 많았는데 지금 갑자기 머리가 멍해집니다. 일단 풍납토성 미래마을에서 중국 제품들이 나왔죠. 청동기의 포수鋪首라든지 이게 나왔는데 그 연대를 2세기 중후반으로 보고 있는 것 같지는 않고요. 그리고 제가 보니까 사회자 선생님께서 아마 이 얘기를 유도하신 것 같은데, 지금 개별 연구자들별로 다 시대관은 다르지만 어찌되었던 간에 중부 지역에서 폭발적으로 취락이 만들어지기 시작하는 것은 대개 이 단계에 해당되는 것 아닌가, 지금 그 말씀을 끄집어내시려고 아닙니까? 여기서 한 가지 더 하고 싶은 이야기는 정인성 선생님하고 저하고 똑같은 생각인 게 환령지말을 너무 전가의 보도처럼 휘둘러서 영남지방도 그렇고 오로지 새로운 변화의 획기 아니면 편년의 근거로서 막 휘둘러대는데 분명한

사실은 영남보다도 사실은 '민다유입한국民多流入韓國' 했을 때 그 '한국韓國'은 삼한 전체를 말할 수도 있지만 대개는 마한 쪽이기 때문에 마한 지역으로의 대규모 유민들의 남하 그리고 또 중간 과정은 모르겠지만 어쨌든 간에 곳곳에서 대규모 취락이 만들어지는 양상 이런 것들은 인용되는 것이 아닌가 그 말씀을 드리고 싶었는데 갑자기 풍납토성 얘기를 하셔서요.

좌장 박순발 : 풍납토성에 대해서는 오늘 발제를 하셨잖아요. 기조발제에서 수만 점 중에서 바로 그 겨우 얼마 안되는 것들이 환령지말 정도 올라가면 2세기대일 가능성, 현재로서는 저는 그렇게 보는 부분이 있습니다만.

권오영 : 예. 그 얘기는 제가 다른 차원인게, 반성을 한게 하여튼 방법론상으로 유물이 보이면 아무래도 그것을 중시하다 보니까 조금 착시현상을 일으킨 게 아닌가 그런 차원이었습니다.

좌장 박순발 : 특히 이 지역은 백제의 발상지는 아니지만 최근에 언론보도도 되었던 것처럼 KTX 오송역 근처 지역입니다〈그림 13〉. 이쪽 지역에 보면 부여계가 되었든 뭐가 되었든 어쨌든 시기적으로 이 시기에 해당되는 유물이 상당히 집중적으로 나오고 있고 그중에는 또 이배耳杯와 같이 남쪽에는 전혀 보이지 않는 이런 것들도 나오고 있습니다. 이게 전부 시간적으로 보면 이 시기라는 거죠. 조금 전에 서울지역은 안 보이지만 더 남쪽의 마한지역에서는 그런 것들이 잘

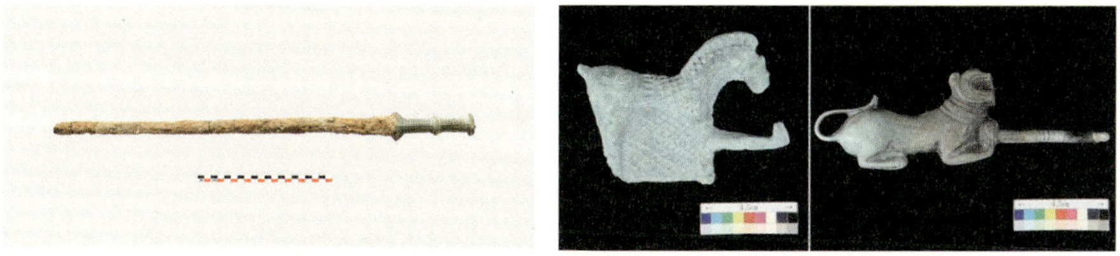

〈그림 13〉 청주 오송 2생명과학단지 주구토광묘 출토
동병철검(銅炳鐵劍), 마형대구(馬形帶鉤), 호형대구(虎形帶鉤)

보이고요. 심지어 보령 일대에서도 방격사유경方格四乳鏡 거울이 최근 출토된 바 있죠. 미사리 방제경이 편년에 중요한 근거가 되었습니다만, 그러한 방격사유경의 원경原鏡이 나옵니다. 아마 그런 수준의 것들이 곳곳에 나타나는 것이 그 단계가 아닌가 싶습니다.

7. 낙랑 고분의 동장 기법과 산초법(散草法)

좌장 박순발 : 자, 그다음 단계가 될지 모르겠지만 대체로 이 무렵에 낙랑지역에서는 후한 전기, 중기 이때에 소위 묘제 가운데에 오늘 힘주어서 말했던 기법이 있죠. 명칭만으로는 청중들이 잘 모를 것 같은데, 자기 배가 이렇게 '동장胴張' 된 분들도 있습니다만, 배가 불룩 튀어나온 모양으로 무덤방의 벽을 만드는 기법이 있습니다. 아까 발표할 때 잘 보셨겠습니다만, 그것에 대해 그간 국내 학계에서는 중국에서 기원한 것으로 여기고 있었습니다만, 실제로 면밀하게 대비해보면 조윤재 교수님께서 지적하셨듯이 그 출현의 상한上限 연대는 중국과 거의 같다는 겁니다. 그리고 중국 연구자들은 오히려 낙랑

에서 출현하여 역으로 중국에 들어와 확산되었다고 보기도 합니다. 또 더해서 특히 권오영 선생님이 좋아하는 산초散草, 즉 나뭇가지나 풀등을 넣어 견고성을 높이는 축성술 내지는 토목공법과 관련된 기술도 어쩌면 낙랑지역에서 먼저 출현하여 중국 내지로로 갔을 가능성까지는 언급하지 않으셨나요? 어쨌든 시간이 지났으니까 조윤재 교수님께서 그것을 다시 한 번 강조를 해주시죠. 그러고 나서 그에 대한 이견이 없으면 최근 중국측 연구자의 의견을 받아들여 '낙랑이 최고最古예요'라 할 수도 있습니다. 그러나 나는 그렇게 생각하지 않는다고 하면, 그 의견을 들어 보기로 하지요. 그러한 낙랑의 기술은 바로 백제로 들어오니까 중요합니다. 좀 말씀해 주시죠.

조윤재 : 예. 아까도 말씀을 드렸지만 적어도 현재까지의 자료로 봤을 때는 동장이라는 배가 부른 형식의 묘벽 처리 형상은 어쨌든 중국 내지라고 일컫는 중심지역 혹은 또 약간 벗어난 지역에서도 적어도 낙랑 지역보다 이른 시기는 아직 안 보이고요. 더욱이 낙랑과 대단히 밀접한 관계를 가지고 있던 요녕, 산동 지역에서 낙랑에서 확인되고 있는 동장 기법과 그 시간적인 포인트가 거의 비슷한, 특히 두 군데입니다. 산동의 유방이라는 지역하고 요녕성 지역하고 와방점 같은 데에서 지금 보이고 있기 때문에. 그래서 이 동장 처리 기법이라는 것이 사실 이것을 왜 할까 저는 궁금합니다. 왜냐하면 낙랑에서는 과연 도대체 왜 동장 기법을 이렇게 했을까, 그것을 단순하게 구조적인 문제, 천장의 하중을 고려하면 이것만 가지고는 설명이 안 되는 부분이 있는 것 같아요. 그래서 사실은 일정 세력들이 낙랑

에서도 이것을 사용했고 물론 낙랑에서도 전실묘 초기 단계에서 동장도 있지만 사실 직벽도 많습니다. 직벽도 많기 때문에 부분적으로 이것이 중국으로 이식이 되면서 중국 내지에서 어느 정도 움직임이 있었다는 것이 지금 중국 내부 학자들 몇몇의 요지이기도 하고 저도 지금 그렇게 보고 있습니다.

좌장 박순발 : 예. 나는 이쪽에 대해서 공학적으로 말씀드릴 수는 없지만 대개 단실묘 단계에 동장기법이 많이 쓰이죠. 다실묘의 경우에는 거의 없다는 말이에요. 시기적 선후관계도 물론 거기에 따라서 있습니다. 그러니까 어느 시점이라고 하는 것은 결국 우리는 모르는 과정이지만 일정한 건축술의 발달단계에 이르러서 나타날 수 있는 것인데, 그것이 왜 하필 낙랑이냐는 것에 대해서는 사실 우리가 결정할 문제는 아닙니다. 낙랑지역에서 뭔가 그 당시로서는 '노벨상' 감의 토목 기술이 처음으로 시도되었을 수도 있습니다. 현재까지 우리가 몰각하고 있었던 사실은 말하자면 새로운 건축기법이라는 것이 낙랑지역에서 기원하였을 가능성을 이미 중국 학자들이 제기한 바 있다는 것이지요. 제가 본 경우도 한 두 예가 있습니다만. 그렇다면 동장기법은 낙랑지역에서 고안되어 나중에 중국 내지로 들어갔다는 것이죠. 그리고 그에 더하여 산초법散草法, 풀을 깐다는 뜻이지만 일종의 연약지반 처리 공법인데, 이것도 낙랑기원이라고 보는 것인지요?

조윤재 : 지금 문헌에서 보이는, 김창석 선생님도 인용을 하신 부분이 있는

데요. 산초법 혹은 또 다른 용어를 아까 제가 잠시 봤는데 그래서 한 번 찾아봤습니다. 그때 권오영 선생님하고 모 학술대회에서 아마 제가 토론으로 그 부분을 해달라고 해서 찾아봤는데 전통적으로 춘추전국시대 초 지역에서 사실 유사한 그런 방법들이 이미 활용이 되고 있었다는 기록도 있고 그에 대한 연구논문도 있었습니다. 그렇기 때문에 아마 초엽, 부엽 부분은 아마 그 지역의 안휘성 일대 그리고 호북성 일대 이런 데에서 이미 차용했다고 보고 있는데 그것을 봐서는 사실 낙랑에서 굳이 그것이 갔다고 보기는 아직 무리가 있지 않느냐 그렇게 보고 있습니다.

좌장 박순발 : 예. 그런데 문제는 풍납토성의 어떤 것이 산초법散草法인지 나로서는 그게 아직 한 번도 본 적이 없어요. 무엇을 가지고 풍납토성에 산초법이 있다고 그래요?

권오영 : 조금 전에 나왔던 것을, 제 말씀을 조금 오해하신 것 같은데 지난번에 조윤재 선생님 덕분에 저도 안풍당安豊塘, 왕경, 후한 때 이때가 산초법山草法이 처음이 아니라는 것을 일단 알게 되었고, 이미 안풍당은 그 전에 만들어졌잖아요. 그리고 왕경 때 수리를 한 것이기 때문에 이미 춘추전국시대 때 산초법이 있다는 얘기는 이미 나왔던 얘기이고요. 풍납토성은 문화재연구소에서 조사했던 '97년도 동벽 구간에서 나뭇가지들이 나왔고 그 뒤에는 안 나오기 때문에 전반적으로 다 그런 부엽공법이 쓰여진 것은 아니고 구간구간 다른 것이 아닌가 보고 있죠.

〈그림 14〉 사야마이케(狭山池)
박물관에 전시된 제방 토층 단면

〈그림 15〉 사야마이케(狭山池) 전경

좌장 박순발 : 저는 그렇게 생각하지 않습니다. 저도 봤는데 그것을 가지고 말하자면 사야마이케狭山池〈그림 14 · 15〉라든지 부여에 있는 그런 것과 같다고 여기는 것은 너무나 큰 비약입니다. 풍납토성의 경우 성벽 내측 축조 시 일부 목제로 가구한 흔적이 확인되었을 뿐입니다. 판축 공정에서 산초하는 것은 토목공학적으로 난센스예요. 그런 것을 집어넣으면 안 돼요. 단순 퇴축堆築할 때나 쓰이는 것이지요. 그럼에도 불구하고 풍납토성에 산초법이 적용되었다고 왜 자꾸 그러는지 모르겠습니다. 제가 볼 때는 없습니다. 반론 있으십니까? 이것은 사실 확인 문제이기 때문에 자꾸 그것을 가지고 산초법이다 부엽지설이다 이렇게 하는 것은 아닌 것이라고 봅니다. 어

졌든 그럼에도 불구하고 묘제 상으로는 전축塼築을 하지 않는 백제가 석축石築을 했지만 동장기법을 채택한 것은 사실입니다. 대표적으로 최근에 알려진 것이 판교 고분군이구요. 그 이후에 판교와 같은 한성기에 해당하는 예로서 나성리羅城里 같은 경우가 있습니다. 아까 예를 들어준 그것이 다 해당될 겁니다.

8. 낙랑 인물의 백제 이동 문제

좌장 박순발 : 자, 그렇다면 이러한 동장기법이 낙랑과의 연계성은 명백한데 기술만 올 수 없겠죠. 사람 내지는 소위 무덤을 만드는 데 관여되는 피장자도 그러하거니와, 피장자는 반드시 그럴 필요는 없겠지만 적어도 조묘 기술 집단들은 있었으리라고 생각됩니다. 이것과 관련해서 김창석 선생님, 조윤재 선생님 두 분께서 각기 견해를 말씀해 주시죠.

김창석 : 어떤 사람들이 왔느냐. 이것은 사실 인구이동에서는 대단히 핵심적인 주제입니다. 그런데 지금 문헌상으로 확인되는 것은 그런 기술자 집단은 거의 확인이 안 됩니다. 그나마 남아 있는 인물이 아직기阿直岐 정도이고요. 아직기가 일본에 가서 마사馬飼를 맡은 것으로 되어 있습니다. 그렇다면 아직기가 백제에서 활동을 할 때도 아마 목마든지 아니면 기마든지 이런 것에 관련된 일을 맡았을 가능성은 크다고 보겠습니다. 그것 말고 구체적으로 예를 들어서 축성이랄

지, 제철, 아니면 토기제작이랄지, 무덤을 만든다든지 이런 것을, 물론 낙랑이나 대방 쪽 인물이 들어와서 새로운 기술을 소개했을 가능성은 대단히 큽니다만 그것을 문헌상으로 확인하기는 힘든 상태이고요. 지금 남아 있는 것은 대부분 학술에 관련된 인물들입니다. 아직기가 유교에 대한 소양이 있었다고 하고 그 다음에 왕인, 이후에 단양이랄지 이런 인물들 그리고 중국 쪽에서 백제를 거쳐서 다시 일본으로 간 왕씨 성을 가진 인물들 같은 경우는 대부분 학예, 학술이나 예능에 관련된 일을 하는 것으로 나옵니다. 그것은 아마 그 당시 현실이 그랬다는 것이 아니라 그 역사서를 편찬할 때 어떤 인물들을 선택해서 기록을 하느냐 하는 문제라고 생각이 됩니다.

좌장 박순발 : 예. 기록상 내지는 문헌 사료상의 그런 인물 정도까지는 안 적혀 있는 것일 것입니다만 그럼에도 불구하고 이것은 분명히 낙랑과 관련이 있을 것이라고 조윤재 교수님은 생각하고 계시죠?

조윤재 : 금방 김창석 선생님께서, 안타까운 일입니다. 왜냐하면 구체적으로 문헌이라는 데에서 대단히 구체적으로 기술자 집단이라든지 아니면 이 기술과 관련된, 특히 조묘와 관련된 인물들의 움직임이나 이동 등이 포착이 되면 아주 좋은 일이겠습니다만, 그것이 지금 현 상태로는 보이지 않고 있습니다. 그렇기 때문에 문헌과 고고학적 현상을 섣불리 정합을 시키는 것은 문제가 있겠습니다. 사실은 제가 여기서 담는 내용들이 조금 불안정합니다. 왜냐하면 기본적으로 횡혈식 석실, 백제 한성기 혹은 그 이후 시점의 과연 동장처리기법

을 갖춘 묘의 상한과 하한을 조금 더 면밀하게 향후에 해보는 게 작업이 진행되어야 좀 더 안정적인 검토가 될 것 같습니다. 또 이것이 아마 나중에 중국과의 자료를 점검할 때 조금 더 낙랑하고의 문제를 생각할 수 있는 기본적인 탄탄한 기초가 될 것 같습니다. 그래서 아마 제가 향후에도 여기에 관심을 가지고 자료를 한 번 해보고 싶은 마음입니다.

좌장 박순발 : 네. 그런데 기존에 판교에 보이는 것이 아마도 비교적 빠르다고 볼 수가 있을 테죠. 그것에 대해서는 이미 보고서가 공간이 되어 있기 때문에 그 연대에 대해서는 여기서 전혀 감을 못 잡는다는 것은 아닐 겁니다. 성정용 선생님 연대를 어떻게 생각하십니까?

성정용 : 문제가 간과하고 있는게 조윤재 선생님이 말씀하셨듯이 낙랑 전실묘는 최대한 기원후 1세기까지 올라갈 수 있지 않습니까. 그런데 지금 말씀하신 한성기의 판교 석실묘라든지 한성기에 나오는 석실묘들은 아무리 빨라도 4세기 중후반을 생각하기 어려울 것입니다. 판교 석실묘가 대체로 5세기를 중심으로 하고 있다고 생각하는 게 일반적일 거고요. 그랬을 때 그 연대의 차를 어떻게 극복할 수 있느냐. 왜 낙랑지역에는 1세기 단계까지 나오는 게 2, 3세기 때 낙랑과 그렇게 밀접한 관계를 맺고 있던 마한, 백제 지역에 왜 안 오는 것이냐. 이 문제를 전혀 생각을 안 하는 것 같습니다. 그러면 아까 말씀하셨던 환령지말에 사람들이 내려왔을 때 전실묘를 사용하는 기술자들은 전혀 안 내려오고 그 사람들은 낙랑에 남았던 것인지 아

니면 다른 이유 때문인지. 4세기 이후에 전실묘가 들어오는 배경도 다시 한 번 생각해봐야 할 것 같고요.

좌장 박순발 : 지금 연대 문제를 말씀하려고 했는데 뒤의 문제가 또 사실 다룰 내용입니다. 연대는 5세기입니다.

성정용 : 4세기 후반을 상정하기 어렵다고 생각하고 있습니다.

좌장 박순발 : 4세기 후반을 더 거슬러 올라갈 수는 없지만 그 근거는 뭡니까?

성정용 : 거기에 나오는 토기들 몇 점 많지는 않습니다. 그 몇 점 안 되는 토기들이 3세기 후반의 토기들이고 고급품들이 일반적인 것들은 아니기는 합니다만, 4세기 중반 이전에 무덤에서 나온 것들과는 비교할 수 있는 게 없습니다.

좌장 박순발 : 예. 사실 이게 4세기 후반, 오늘 본격적으로 이 문제를 다룰 때는 아닙니다만, 이때 다뤄야 한다고 생각하는 부분이 있습니다만, 4세기 후반을 더 이상 거슬러 올라가지 않을 것이라는 것이 사실은 명백한 근거는 없지만 막연하게 우리가 계속 그렇게 여기는 견해가 축적이 되고 있는 중이에요. 김무중 선생님께서는, 판교에 9개의 석실묘가 있습니다만 그들 사이에 큰 시차가 있으리라고 보지는 않죠? 대체로 어떻게 보시는지요?

김무중 : 자료가 벌써 나왔어야 하는데 행정적으로 처리했다고는 들었지만 아직 자료는 못 보았습니다. 그래서 문화재보호재단에 연락해보니까 금년 내에 나온다고 하는데요. 현장에서 본 토기 느낌은 저도 성정용 선생님하고 4세기 후반 정도면 적정하지 않느냐 생각을 하는데, 거기에 하나 덧붙여서 짧게 말씀드리겠습니다.

사실은 성정용 선생님 도면인데요. 저기에 보시면 여러분들 두 가지 도면이 있는 게 보이실 겁니다. 하나는 석실에 남아 있는 위에서 본 도면이고요. 바닥 그림이 있습니다. 청주 신봉동이나 오창 주성리 석실의 바닥 그림이 있는데요. 당초 3도 인쇄, 4도 인쇄해서 겹쳐놓은 도면을 지워서 보니까 판교나 연기 송원리만 있는 게 아니라 동장식이 아주 많습니다. 안성 장원리, 화성 마하리도 약간 동장이고요. 그리고 송원리에도 상당수가 동장이 있습니다만 또 한쪽은 직선인데 한쪽은 동장으로 처리한 것도 있습니다. 아주 많은 석실이 동장식임에도 불구하고 그 연원을 조윤재 선생님도 낙랑을 말씀하셨는데 저도 그럴 가능성에 동의를 합니다. 그런데 137쪽에 도면 한 번 봐주십시오. 전실묘가 영화 9년명, 아까 조윤재 선생님이 4세기 중엽 정도 된다고 말씀하셨는데 그 맨 위쪽에 보시면 남정리 119호분이 있습니다. 그 이전에 고구려나 낙랑 말기에 석곽이나 석실들을 보면 부정형의 무덤이 있는데 남정리 119호분 같은 경우는 지금 판교나 광암동과 유사한, 다만 연도나 형태는 약간 차이가 있는데요. 지금의 평양지역에 수가 많지는 않지만 이런 흐름들이 있어서 동장 수법의 전실묘의 영향으로 여기에 와서 석실로 이식이 되는 것보다는 석실로 만든 기법들이 들어왔을 가능성도 생각해볼 필요가 있습니다.

좌장 박순발 : 예. 이것은 연대, 즉 말해서 백제지역의 조묘과정에 동장기법이라고 하는 배불림 이런 기법이 보인다는 것이고 그 시기가 고고학적으로는, 내가 판교만 이야기하라고 그랬더니 다른 데도 많이 있다고 하는데 있어 봤자, 그게 올라가봤자 4세기 후반 이후이라는 문제죠. 자, 그러면 성정용 선생님이 얘기하다가 본격적으로 문제를 말씀을 하지는 않았지만, 낙랑지역에 보이는 이런 것들이 전부다 목곽묘 단계에 보이는 것은 아니고 전실묘 단계, 즉 횡혈식으로 되는 단계에 나타난 것인데, 횡혈식 묘제가 백제에는 가장 이르면 언제 나타나느냐 하면 결국 4세기 후반대를 못 올라갈 것이라는 겁니다. 그렇게 되면 왜 그와 같은 시간적 공백이 생겼을까 하는 부분이 대두됩니다. 이러한 현상은 아마도 일반적인 경향이라 해도 될 것 같아요. 낙랑지역에는 늘 저런 무덤을 쓰는데 백제는 왜 한참 뒤에, 그리고 조윤재 선생님의 발표도 있습니다만, 또 일본열도로 확산 과정에서 맨 처음 큐슈지역에 횡혈식석실이 들어가는 시기가 백제와 같지 않습니다. 신라에 들어가는 것도 같지 않고요. 왜 이런 시차가 생겼을까하는 문제, 당연히 궁금한 부분의 하나겠죠. 이 문제와 관련해서 성정용 선생님이 갖고 있는 생각, 횡혈식 확산 등등 하면서 지난번에 한 것 있었죠. 거기에서 어떤 견해를 가지셨는지. 횡혈식의 묘제가 백제에 들어오는 이유, 배경 등등 여러 가지가 궁금합니다.

성정용 : 연대가 제일 중요하겠죠. 현재로서 4세기 중반 이전을 상회해서 3세기 것이 나온다는 다른 배경을 생각해야 할 텐데, 일단 4세기 중반 이전 것의 가능성이 적다고 한다면 낙랑군의 멸망과 가장 관련시켜봐야 하지 않을까. 물론 낙랑의 멸망이 313년이기 때문에 현재 있는 백제 석실묘들과의 연대도 차이가 조금은 있습니다. 40~50년, 정확하게 몇 년이라고 할 수는 없습니다만 어쨌든 그 낙랑의 멸망 그리고 그 대방군, 오지 쪽에 있던 주민들이 그때 과연 어떤 움직임을 보였을지. 그런 주민들의 이탈 그런 것과 깊게 관련시켜서 봐야 하지 않을까 생각하고 있습니다.

좌장 박순발 : 그러면 낙랑이 멸망하기 전에는 왜 안 내려왔을까요?

권오영 : 제가 말씀을 좀 드릴까요? 아까 조윤재 선생님 이야기부터 다시 하자면 동장기법을 저는 다르게 보는 게 이것은 구조적인 문제입니다. 왜냐하면 아치가 필요한 것처럼 아치는 수직방향에 대한 압력을 이기는 고안이고 동장기법은 결국은 횡방향의 토압을 이기기 위한 방법이기 때문에 저는 그래서 혹시라도 나중에 찾아봤을 때 동장기법이 들어간 무덤들이 혹시 지하 깊숙이 들어가는 경향성이 있는지를 찾아보고 싶고 또 하나는 아까 조윤재 선생님이 그렇게 하신다고 하니까 조금 권하고 싶은 것은 일본도 동장기법이 많고, 원래 동장이라는 말 자체가 일본 말이거든요. 그래서 우리말은 아닌데 그러면 일본에서 동장기법이 나왔던 이런 무덤들은 그러면 낙랑과 백제와 연결되는 뭔가 낙랑적이거나 중국적인 혹은 백제계 이주

민들과 관련이 있는지까지도 같이 봐야 하는 문제가 되고요. 그러면서 박순발 선생님께서 말씀하신 왜 횡혈식 석실이 주변으로 다 알고 있는데 빨리 만들어지지 않느냐는 저는 대략 세 가지 정도의 이유가 있다고 봅니다.

하나는 물론 재료를 돌로 바꾸지만 처음에는 전돌이잖아요. 그런데 그 전돌을 구우려고 하면 보통 재력 갖고는 안 되기 때문에 애당초 그런 무덤, 물론 나무로 만든 황장제주黃腸題湊도[2] 돈이 많이 들기는 하지만 이런 비용 문제가 하나 있을 것이고 또 하나는 기본적으로 횡혈식 무덤은 가족장을 의미하는데 그랬을 때 가족의 어떤 구성 자체가 동시기에 중국과 주변지역과의 단혼 소가족이라든지 이런 가족의 구성 자체의 개념이 다를 수 있다는 것이고 제일 중요한 것은 내세관의 문제라고 생각을 합니다. 그래서 아까 제가 잠깐 일본의 예를 들었지만 『일본서기』의 신대神代에 보면 부부이자 남매였던 신이 이자나기노 미코토伊邪那岐尊(남편)와 이자나미노 미코토伊邪那美尊(부인) 둘이 사랑하다가 죽고 부인을 따라서 지하 황천세계로 들어가는데 거기에 표현되어 있는 내용이 연도가 긴 횡혈식 석실묘로 들어가는 과정이고 먼저 죽은 부인의 시신을 볼 수밖에 없는 상

---

2) 중국 고대에 제왕의 능에 사용했던 특수한 장례법이다. 껍질을 벗긴 측백나무 속심으로 관 밖을 쌓아 올리는 것을 '황장(黃腸)'이라 하고, 나무의 방향을 내부로 향하게 하는 것을 '제주(題湊)'라고 한다. 관곽(棺槨) 주변은 방처럼 목재로 담을 쌓고 위쪽에 천장을 덮었다. 황제 이하의 제후, 대부, 선비도 '제주'를 사용할 수 있었는데, 목재는 일반적으로 측백나무를 사용하지 않고 소나무나 잡목 등을 사용하였다. 황제가 특별히 허락하면 제후나 중신이 죽은 후에도 황장제주를 사용할 수 있었다.

황이고 그다음에 거기에 보면 미니어처 명기의 취사구를 두고 그것을 먹음으로 인해서 황천세계의 사람이 되어버리고 지상과는 구분되는 이런 이야기가 계속 전개되는데 결국 그것 때문에 황천세계에 대한 인식과 횡혈식 무덤과의 관계가 밀접하다. 그랬을 때 백제에서 횡혈식 석실묘가 왜 빨리 등장하지 않느냐 하는 것은 저승세계에 대한 인식이 바뀌지 않고서는 그런 묘제를 안다고 하더라도 선불리 도입하지 않았을 것이라는 생각을 갖고 있습니다.

좌장 박순발 : 생각이 바뀌지 않았기 때문에, 즉 황천 개념이 아직 없었기 때문이죠. 횡혈식 석실의 출현이 왜 낙랑과 시차를 가졌는가 하는 문제에 대해서 정인성 선생님께서 한 말씀 해주시죠.

정인성 : 저는 권오영 선생님의 이야기에 기본적으로 동의하고요.

좌장 박순발 : 다른 점은요?

정인성 : 예. 다른 점은 제가 말씀드리려는 것은 이미 성정용 선생님이 보충하셨습니다만, 4세기 중엽 경에 동장을 가지는 장무이 묘, 영화 9년명 무덤이라든지 이런 게 있기 때문에 연대가 낙랑 · 대방지역하고 구조적으로 동장 그 자체가 차이가 난다는 것들은 좀 조정이 되어야 합니다. 또 하나는 기본적으로 만약에 조묘집단, 낙랑 · 대방이라고 얘기를 한다면 제일 중요한 요소는 아마 벽돌일 것 같아요. 그런데 이미 군현은 사라졌지만 낙랑대방에서는 기년 자료를 보면 4

세기, 5세기까지도 벽돌이 만들어지거든요. 그러니까 그런 조묘에 익숙했던 사람들은 그런 벽돌을 기본으로 하는 무덤을 만들 수 있다는 말이죠.

그런데 한성기 백제에서 보이는 저런 동장이라는 것들은 횡혈식으로 가는 무덤을 만들기 위해서 사용하는 소재가 돌이라면 그런 공간을 확보하기 위해서는 저런 동부에서 그다음에 지붕 부위에서의 아치는 구조적으로 필연적인 게 아닐까 하는 생각을 합니다. 만일에 그런 큰 구조물들, 방을 저런 동장을 안 하고 신라, 가야처럼 직선으로 하면 다 무너지죠.

좌장 박순발 : 자, 그래서 일본 얘기도 나옵니다만 일본은 특이한 구조가 되는데 나중에 하기로 하고요. 권오영 선생님은 지금 단순하게 외형적으로 형태라든지 이것을 봐서 그것을 그때 한 것은 아니고 사상의 변화가 있을 때까지, 그러니까 약간 유심론적. 그런데 정인성 선생님이나 성정용 선생님은 역시 고고학자답게 유물론적으로 했는데 아시다시피 중국도 똑같은 변화가 있습니다. 그래서 중국에서 소위 횡혈식이라고 하는 그런 묘제로의 전환이 갖고 있는 사회적인 배경 이런 것을 포함해서 조윤재 선생님께서 설명해 주시죠.

조윤재 : 일단 한반도보다는 훨씬 이른 시기에 중국 같은 경우는 횡혈식으로 진행이 되고 있었습니다. 기본적으로 횡혈식 체계가 갖춰지던 것은 서한 중기보다 조금 이른 시기 혹은 지역별로는 이미 토동묘의 형식 혹은 애묘의 형식으로 횡혈식이 나타나기 시작합니다만, 완전

한 횡혈식으로 나타나기 시작하는 것은 역시 실 개념의 하장방식이 횡으로 진행되는 횡혈식 방법이고 또 방의 개수가 많아지면서 역시 2차장 다차장을 고려한 그런 관계인데요. 그리고 아까 권오영 선생님께서 말씀하신 서한 사회의 전반적인 가족제도 이것이 가장 큰 원인이 아닐까 이렇게 생각하고 있습니다. 이게 한 번 장을 하는 것과 다시 열어서 장을 하는 것은 중국에서도 똑같은 맥락으로 이해가 될 것 같습니다.

좌장 박순발 : 저도 그렇게 비슷하게 알고 있습니다만, 또 그런 얘기를 저도 옛날에 썼는데 전혀 반응이 없었지만 지금도 똑같은 관점입니다. 그러니까 바로 낙랑에서 그런 묘제가 있다고 해서 바로 쓰는 것은 아니고 아마 백제 내적인 말하자면 함께 묻히는 단위, 즉 사회 기본 단위라고 할까요, 그런 것과 밀접한 관련이 있다고 생각합니다. 요즘은 가족 해체시대라고 해서 '1인 가족' 뭐 이렇게 되는데 그 당시에는 가족의 중요성이 이전보다 부각되는 그런 사회적 변화가 반영되었을 것이라 봅니다. 그런 맥락에서 백제지역에서 횡혈식석실이 등장하는 시점과는 시차가 좀 있는 일본의 초기 횡혈식석실을 잠시 보기로 하죠. 횡혈식묘제는 중국에서 시작해서 한반도를 거쳐 일본열도로 흘러가는 것이니까 잠시 소개를 하고 그것이 빨리 끝나면 10분간 휴식하겠습니다.

김무중 : 빨리 끝내겠습니다. 우선 그것을 하기 전에 하나 추가해야 할 것 같은데요. 백제 횡혈식 석실의 석재를 잘 보시면 아마 동장기법이 왜

채용되었는지 이해가 되실 것 같습니다. 세부적으로 구분가기는 어려운데 벽돌 모양의 두께를 가진 돌들을 아주 촘촘히 쌓고 있습니다. 신라나 고구려는 그것보다 더 큰 돌을 쌓았기 때문에 돌 자체의 하중 때문에 벽의 유지가 가능했던 것 같고, 백제는 돌 자체가 전상판석이라는 얇은 돌을 이용하고 있어서 그런 부분을 감안하시면 될 것 같고요. 일본의 초기 석실이라고 하는 것은 지금 우리가 말하는 석실과 상당히 차이가 있는데 북부 구주의 로지老司, 다니구치谷口, 후지사키藤崎 등의 고분들을 제외하면 동장기법이 많다고 권오영 선생님이 말씀하셨는데 잘 보시면 거기에도 돌들이 상당히 납작한 돌들을 쓰는 경우가 많이 있습니다. 그래서 동장기법이 들어가는 고분들의 형태를 보면 그런 석재와 관련이 있을 것이라 생각하고요. 그 다음에 일본의 초기 횡혈식석실이라고 하는 것이 참 희한합니다. 수혈식 석실 비슷한 모양에다가 시신을 먼저 안치하고 천정 부분을 삼각형으로 이렇게 좁혀 올려서 만들었는데 입구가 겨우 한 사람이 들어갈까 말까이고 그리고 입구로 들어가면 바닥하고 단차가 높아서 실제로 추가장이 가능한지는 굉장히 해석하기가 어려운 부분이 있습니다.

좌장 박순발 : 도면이 있기 때문에 그런 설명 말고 압축해서요.

김무중 : 그 출현 시기가 4세기 후반이라고 해서 기원이 백제 지역에 있던 게 아니냐 하는 설이 있다가 요즈음은 유보된 상태라고 할 수 있습니다. 그외에 긴키近畿 지역에 들어가는 것은 역시 한성기 후기 내지

는 웅진기에 들어서의 편재형 석실, 연도가 한 쪽으로 치우친 석실들이 많이 들어가는 것 같고요. 그리고 요즘 한반도 남부에 있는 왜계석실이라고 하는 것도 차이가 있는 상황입니다.

좌장 박순발 : 이 문제와 관련해서 긴급발언 필요하시다 해서 발언 기회를 드립니다. 윤용구 선생님.

윤용구 : 잘 모르는 분야이니까 용감하게 말씀을 드리면, 백제지역으로 유입되어 들어간 군현계의 주민들은 백제 건국 전이나 건국 후나 낙랑군 소멸 전에 여러 차례 단속적으로 있을 수 있다고 생각합니다. 하지만 전실묘와 같은 지배층의 묘지를 쓸 수 있는 군현계의 유력층이 어느 정도 대규모로 이동할 수 있는 시기는 저는 적어도 군현 소멸 이후가 가능할 것이라고 생각하고요. 그런 측면에서 판교 유적은 저는 보지도 못했습니다만 만약에 그게 낙랑하고 통하는 어떤 기술적인 게 있다고 하면 연대 문제는 그것을 고려해야 할 필요가 있는데 사실 오늘 조윤재 선생님은 제가 알기로는 전실묘를 확인하시고 정말 중국 고고학을 정통으로 하신 몇 안 되는 전공자이신데요. 여기 인용되어 있는 이매전이라고 하는 사람의 논문이 대표적이듯이 이렇게 배부른 전실묘가 요녕하고 만난 지역에서 중국으로 확산되었다는 게 주요 요지인데 사실 그 문제를 최초로 제기한 사람은 동경국립박물관에 있는 타니 토요노부谷豊信입니다. 그 사람이 공손 씨의 관할지역, 요녕, 한반도 서북 지방, 산동 지역에도 자사를 뒀잖아요. 그 지역을 중심으로 소전을 쓰는 전실묘가 퍼지기 시

작했다. 그런 이야기를 한 바가 있었어요. 그래서 사실은 이 문제는 국내에서는 오늘 제가 생각하기에는 이 문제를 조윤재 선생님이 처음 제기하신 그런 연구사적 의미가 있고 또 하나는 이게 동시대에 한강유역이나 남쪽에서 나타나지 않은 이유는 저는 역시 유민의 이동이 질적인 측면에서 군현 설치 이후가 확실히 다르다 이 부분이 고려되는 것 같아요.

좌장 박순발 : 역시 시간적인 계기성 이런 것을 말씀하시는데 묘제라고 하는 것이 갖고 있는 그런 사회적인 부분, 사상적인 부분 이런 것을 고려할 필요가 있는 것이죠. 그런 부분들에 대해서는 오늘 처음 담론이 시작된 것은 아니고 그런 부분에 대한 연구들이 의외로 고고학자들이 약간 물증을 들이대기는 어렵거든요. 그런 부분이 있기는 합니다. 어쨌든 백제와 관련된 동장기법이라고 하는 것이 낙랑에서 내려온 것은 사실이지만 그것이 시차가 많은 것 같다고 했는데 많은 것 같지는 않다. 비슷한 시기라는 점이 있고요. 그럼에도 불구하고 횡혈식이라고 하는 묘제 자체로 따지면 늦은 게 맞습니다. 그래서 그 공백은 어떻게 볼 것인가 하는 문제 이것은 오늘의 주요 논점은 아니기 때문에 잠시 휴식을 10분 정도 하고요. 그러고 나서 1시간 정도가 남았습니다. 그렇게 마무리를 하도록 하겠습니다.

Ⅱ. 백제와 낙랑 · 대방

1. 백제 한성기 기와 제작기법과 낙랑

좌장 박순발 : 자, 오늘 다뤄야 할 문제들이 비단 지금까지 다뤘던 그 문제만은 아닙니다만 보셨다시피 지정토론문은 사실 없습니다. 그래서 비교적 제 주관적 관점이 많이 포함되어 있습니다만, 거기에 필요하다고 생각되는 부분을 중심으로 했는데 아직 하나의 문제가, 하나 이상이겠습니다만, 적어도 하나의 문제가 남아 있는데 그것은 와전입니다. 물론 정인성 선생님께서 발표하실 때 힘주어서 발표를 해서 그 취지는 이것이었습니다.

낙랑계통의 소위 기와제작기술과 백제한성지역에서 보이는 특히 풍납토성을 포함한 와당을 포함한 이쪽 지역에 기술 계통상의 관계는 바로 그 시점만의 문제는 아니고 그 이전부터 쭉 있어왔던 것이고 특히나 와瓦를 전문적으로 만들 필요가 비교적 적었다고 여겨지는 그 시절에 있어서 대부분 소위 말해서 흙을 가지고 빚고 이런 일들은 토기의 수요가 많기 때문에 토기를 하는 사람들이 같이 만들었다. 이른바 와도겸업이라는 말을 썼습니다. 그리고 또 구체적으로 보면 문양 이런 등속에 있어서도 낙랑지역에서 보이는 것과는 다르다는 말씀이 있었습니다. 여기에 단상에는 올라오지 않았지만 정치영 선생님, 단상으로 잠시 올라오셔도 상관없고 아니면 마이크를 주셔도 상관없습니다. 이쪽에 올라오셔서 기존에 정치영 선생님께서 생각하신 부분, 물론 정치영 선생님만의 독창적인 것만은 아닙니다만, 정리했던 것과 차이가 있기 때문에 그 부분에 대해서 여기 단상의 누구보다도 정치영 선생님께서 언급 내지는 반론을 해주시는 게 마땅하다고 여겨지기 때문에요.

시작해 주시죠.

정치영 : 한성백제박물관의 정치영입니다. 정인성 선생님께서 보내신 원고를 제가 살짝 보고 오늘 같은 일이 생길 것을 우려를 했습니다만, 아까 주로 정인성 선생님께서 인용하셨던 그 부분은 제가 그동안 공부해 온 부분을 정리해놓은 것이었는데요. 그 글은 정인성 선생님께서 기획을 하셨던 『낙랑고고학개론』이라는 책의 한 챕터를 구성하고 있었는데, 제가 맡은 부분은 낙랑의 와전문화와 백제 한성기 와전문화의 관련성 여부를 다룬 내용이었습니다. 결론적으로는 저는 기술적 요소상에서 관련이 있다는 생각을 피력을 했고, 요지는 그렇습니다. 아까 한성기 와당의 문양을 보여주셨는데 그 문양 자

체는 일찍이 낙랑과의 관련성을 여러 학자들이 이야기해 오셨던 것입니다. 그 이후에 저뿐만 아니라 제 독창적인 견해는 아니었고 여기 계신 권오영 선생님, 일본의 몬다 세이치門田誠一 같은 연구자들께서 육조 전문도기의 전문과의 관련성들을 말씀하셨고 저도 기본적으로 그 부분에 동의하면서 논리를 펼쳤습니다〈그림 16〉. 이쪽 풍납토성에서 동물 얼굴 무늬, 우리가 귀면문 또는 수면문이라고 부르는 이런 것도 나왔는데 그것은 동진과 관련된 것으로 보고 있습니다. 다만 아까 정인성 선생님께서 주로 많이 말씀하셨던 그런 와당들의 제작기법 관건이 되겠는데, 제가 그 논문을 쓰면서도 정인성 선생님께서 인류제일성이라는 측면에서 영남대에서 발표하신 그 원고를 확보해서 거기에 동의하지 않는다는 견해를 피력한 바 있는데, 선생님께서 오늘 공식발언을 해 주신 것입니다.

그런데 말씀하신 대로 그 기와의 제작기법이 타날, 내박자內拍子등이 백제토기와 같기 때문에 낙랑에서 쓰이는 승문繩文의 내박자, 타날과는 다르다, 그래서 기본적으로 같다고 볼 수 없다는 말씀도 하셨는데요. 다만 그렇습니다. 거기 와당을 만들 때 그 뒷부분에 점토로 원통을 만들어 붙여서 아랫부분의 반을 잘라내는 기법, 이것은 전형적인 전국시대 기와에서부터 출발해서 한대에 정착이 된 기와 제작기법이고 낙랑도 기본적으로 동일합니다. 정인성 선생님께서 그런 제작기법이 백제 한성기뿐만 아니라 베트남에서도 보이고 흉노에서도 보이고 심지어 신라에도 있고 일본에도 있다는 말씀을 하셨습니다. 그래서 또 낙랑, 한대 중원 중심부와 백제가 많은 시간차도 난다, 낙랑과도 마찬가지다 이런 말씀도 하셨거든요. 그래서 '인

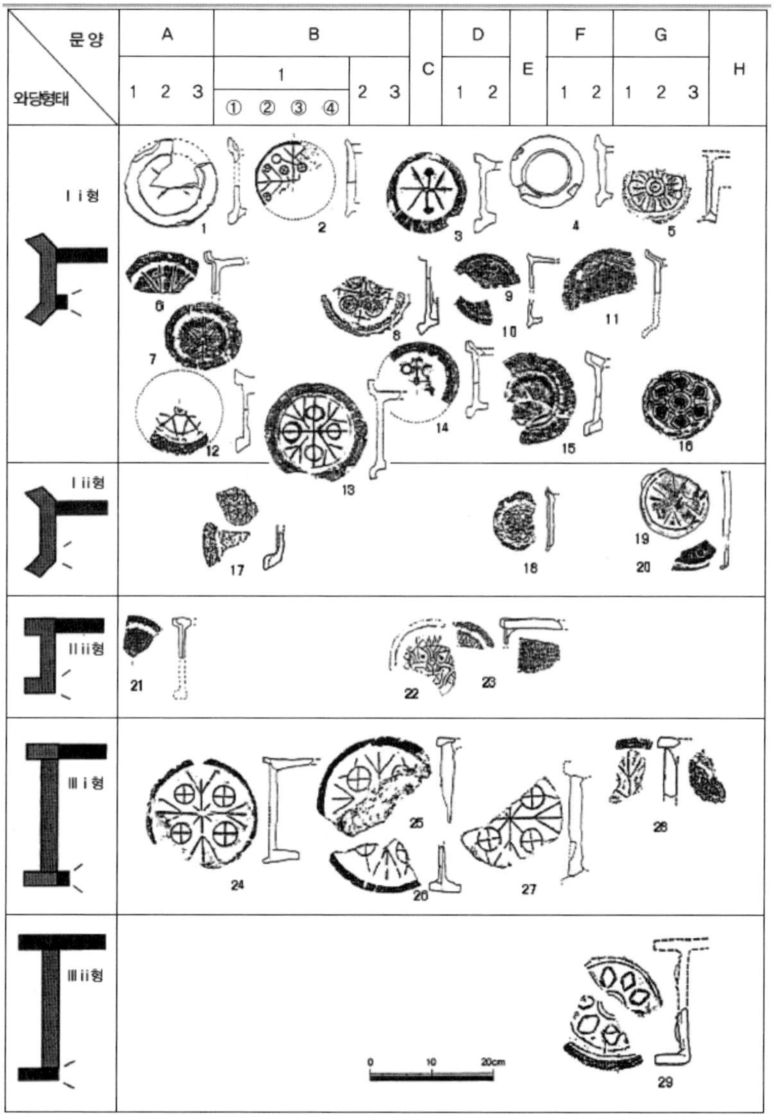

〈그림 16〉 백제 한성기 와당 형태 및 문양 상관관계(정치영, 2010)

류제일성'을 말씀하셨는데 그 점에는 저는 여전히 동의를 할 수 없습니다. 왜냐하면 백제 한성기에 나타난 그런 제작기법들은 정확히 한성기 어느 시점에만 나타나게 되죠. 웅진기로 가면 전혀 보이지가 않습니다. 물론 거기에 타날과 내박자 이런 것들이 토기와 공유되는 측면이 분명히 있습니다만, 어디까지나 그것은 토기가 아니고 기와입니다. 그 기와가 이렇게 대량으로 사용되는 데는 사회적인 어떤 환경이 있었고, 기와라는 것이 지붕에 올라가는 건축자재이므로 그야말로 건축기법도 달라지는 등 그런 영향들이 있었다고 보입니다. 그럴 때 단순히 기와만 들어오는게 아니고 기와가 들어올 때 여러 가지 건축 문화가 같이 들어오게 되는 것이죠. 그러면서 기와의 제작기법이라는 것도 어떤 원류가 있을 것입니다. 그래서 백제 기와에는 백제 토기 제작기법이 많이 반영이 되지만 기본적으로 원통을 붙여서 뒤를 잘라내는 그런 기법의 출발점은 한대의 기와에 있다고 생각하고요. 이게 백제에 나타나는 것은, 그 경유지는 어디까지나 낙랑지역을 주목할 수밖에 없다고 생각합니다.

좌장 박순발 : 예. 사실은 크게 다른 얘기가 아닌데 정인성 교수님께 여쭤보겠습니다. 낙랑을 경유하지 않았다는 것은 아니죠? 짧게요.

정인성 : 예. 길어질 것 같은데요. 이것은 사실 한성기 백제를 풍납토성을 조영하고 혹은 여러 가지 토목을 했을 핵심 공인세력들의 출자라고 할까 이런 것들과 관련해서 대단히 중요하다고 생각하는데, 중요한 건축부재인 기와는 제가 봤을 때는 A1, A2 이런 것들에서 일반적으

로 낙랑이나 군현에서 정형화된 그런 기법들이 사실 내 눈에는 보이지 않는다. 오히려 남경이나 이런 데 가보시면 전문이라든지 이런 것들은 훨씬 그쪽에서 발달하고, 물론 낙랑에 본문에 있습니다. 그렇지만 벽돌 중에 예전에 박순발 선생님이 인용하셨던 전문도기가 평양에도 있는 것은 맞습니다마는 이런 류의 문양은 낙랑, 대동강, 재령강 유역에서는 유행하지 않았고, 더 주목할 것은,

좌장 박순발 : 잠깐만요. 기법이 지금 이렇게 상정하시는지. 낙랑이 아니고 제3의 무언가에서 들어왔다고 생각하시는지, 아니면 고식기법이긴 하지만 낙랑을 경유해서 들어왔다고 생각하시는지 이 두 개 중에서 어떤 것인가요?

정인성 : 낙랑을 경유해서 들어왔다고 생각하지 않고요. 오히려 이미 이 지역에서 회도를 만드는, 그러니까 초기 백제 토기를 만들 수 있는 토기공인들에게 아까도 말했지만 와당을 만들어야 하는 수요가 발생한 겁니다.

좌장 박순발 : 좋습니다. 이렇게 생각하면 되겠네요.

정인성 : 잠깐만요. 그런데 이들이 의식한 것은 전문도기가 풍납토성에 엄청나게 많지 않습니까. 그런데 그 전문도기가 평양이나 재령강에 있는지.

좌장 박순발 : 그것 말고, 지금 영향과 기법을 두 개 섞어서 그러는데 기법이

라고 하는 것은 가령 이전부터 쭉 있어 왔으니까. 그런 말씀 아니에요? 이전부터 있어 왔다.

정인성 : 예. 있었는데 이미 평양지역에서는 A기법이 이미 사라지는 거죠. 베트남 같은 경우에도 이미 사라졌고.

좌장 박순발 : 다시 묻겠습니다. 사라진 이유는 그 동네는 잊어먹었다가 아니고 만약에 그 동네도 전업적으로 와를 만들 필요가 없을 때는 도공들에게 만들라고 만약에, 소량 만들라고 하면 그렇게 다시 회귀할 가능성이 있다. 어떻게 생각하십니까?

정인성 : 글쎄요. 제가 지금까지 백제 기와를 이해하시는 분들과 조금 다른 이야기를 해서 그렇다고 생각합니다마는, 분위기가 지금… 이런 기법들에서 제가 지금까지 해 온 고고학적 관찰법으로 보면 주연부를 만드는 방법, 주연부 뒤쪽에 흙을 쌓아올리는 방법, 그다음에 문양이 이렇게 찍히는 것들이 평양에서 예전부터 타니 토요노부 선생이 분류했던 것들을 검토를 해 보니까 여기에 안 녹아 있습니다.

좌장 박순발 : 어떻다고요?

정인성 : 안 녹아 있다고요.

좌장 박순발 : 이게 녹는 게 아닌데(우스갯소리).

정인성 : 소위 끼워 넣기든 그다음에 문양판을 만들고 주연부를 따로 점토를 가지고 도드라지게 하든 이런 부분들이 여기에 없다는 거예요.

좌장 박순발 : 그럼 다시 묻겠습니다. 계속 약간씩 의사소통이 안 되는 것 같은데 저런 기법은 인류 보편성이라서 누구든지 토기를 만드는 사람도 만들라고 하면 저렇게 만든다 하시는건지, 아니면 그 이전에 전국시대가 되었든 그 이후로 쭉 있으니까 어느 무렵, 연燕이 되었든 어느 무렵엔가는 들어왔다고 봐야 하는 것인지.

정인성 : 예를 들어서 아까 석실 문제하고 동장 석실하고 같은 문제인데 이게 시기가 그러니까 아까 얘기했지만 낙양에 있는 여러 가지 후한대 초기에 건물들에서 나오는 수키와를 반 저렇게 해서 붙이는 기법 이런 것들로 간다는 거죠. 낙랑에도 마찬가지고 기본적으로 이런 기법들은 이런 시기에 소멸했을 것이고. 그렇지만 이런 기와들의 시기는 언제입니까?

좌장 박순발 : 그것은 베트남에서 말했잖아요. 소멸하는 시기에도 그 동네는 소규모 생산하면 또 회귀한다든지, 스스로 논리에 따르면 낙랑지역에도.

정인성 : 제 정리를 아까 화장실에서 많은 분들이 충분히 무슨 이야기를 하는지 알겠다. 좀 더 명확하게 결론을 이야기 해 달라 하는 것인데, 저는 백제 토기를 적어도 회도를 만들 수 있게 된 토기 공인들이 군

현이나 북방이 아니고 오히려 남방세계의 물질문화의 문양 이런 것들을 참고해서 토기 공인이 만든 결과가 아닐까 이런 생각을 하고 있습니다.

좌장 박순발 : 자, 여기에서 남방이라고 하면 중국의 남조? 시기적으로 송 시기는 아니고 동진입니까?

정인성 : 남조라고 생각하고 있습니다. 그다음에는 동진도 되겠습니다마는 그 시간,

좌장 박순발 : 동진하면 우리 공식 문헌기록에는 371년 처음으로 교섭… 전부 다 그러면.

정인성 : 서진대는 기본적으로 이런 문양들은 있습니다마는 아까도 얘기했습니다마는 B기법으로 가거든요. 그런데 이미 다 그쪽에 B기법으로 갔는데 이 지역에서는 A기법으로 만든다는 거거든요. 그런 A기법이 시기적으로 많이 나는 지역에서 A기법으로 회귀하는 경우는 대다수 일본에서는 스에키토기 공인이, 경주에서는 도질토기 공인이, 가야에서도 일부 도질토기를 만드는 공인들이, 그다음에 아까 흉노에서도 토기를 만드는 집단들이 기와를 만듭니다.

좌장 박순발 : 아까 힘주어 말했던 내용이 다시 반복되기 때문에 그런데, 무슨 말씀인가 하면 그 논리대로 지금 말씀하시면 기법 자체를 잊어

버리고, 잊어버리고 낙랑지역은 옛날에 들었는데 잊어버려서 다시는 안 돌아간다, 이런 말씀과 똑같은데 그건 다른 지역에서는 안 그렇잖아요.

정인성 : 여기서 100% A기법이 낙랑 시기에 소멸했다. 저는 소멸했을 가능성이 크다고 생각합니다만 이렇게 물어보시니까 단언은 못하겠는데, 기본적으로 A기법의 유행 시기는. 이미 수백 년 차이가 납니다.

좌장 박순발 : 그 부분에 대해서 두 사람은 이것이 논리적인 문제이고 해석의 문제로 되어 버렸거든요. A기법이라고 하는 것은 지금 이렇게 보이는 기법이고 B기법이라고 하는 것은 와당을 붙이는 기법인데, B기법이라고 하는 것은 쉽게 말하면 기와를 만드는 소위 전문적인 기와공들이 대량생산할 때 그것이 말하자면 주로 채용되고 그런 사람들도 한두 개만 만들라고 하면 A기법을 모른다, 이렇게 말할 수는 없잖아요.

정인성 : 자꾸 그렇게 유도 질문을 하시니까 박순발 선생님이 듣고 싶은 대답을 제가 충분히 알 수 있겠는데, 만약에 토기연구의 세계라면 이런 정도의 명확한 차이에 대해 반론을 못하실 것이라고 생각하는데, 선생님 뒤를 한 번 돌아보십시오. 그러니까 예를 들어 하나만 더 이야기를 하면 주연부와 나머지 부분들 그 어떤 부위에서도 소위 낙랑에서 보이는 그런 유사한 A기법의 요소는 없습니다. 그런데 이것을 이렇게 다른데 왜 낙랑에는 없는데 그거 낙랑이야 라고 하

시면….

이런 것들은 초기에 낙랑토기 이야기 나왔을 때 일어났던 현상하고 비슷한 게 아닌가 하는 생각을 합니다.

좌장 박순발 : 만약에 낙랑토성지 말고 또 다른 낙랑에 그런 것들이, 예를 들면 전국 말 위만 같은 때에도 있을 수 있잖아요.

정인성 : 있을 수 있죠. 그런데 제가 알고 있는,

2. 백제 한성기 기와의 문양

좌장 박순발 : 알겠습니다. 여기까지 하겠습니다. 자, 문제는 기법상으로 보면 이것이, 즉 낙랑이라고 한다면, 대신 문양으로 보니까 낙랑지역 문양은 아니고 전문錢文이다 했는데 여기에서 전문의 문제를 한 번 언급하고 넘어가겠습니다. 이 전문이라는 얘기를 얘기했던 사람은 일본의 몬다 세이치. 이후에 권오영 선생님 역시 거기에 동의. 저도 그런가 했는데 저는 최근에 다른 생각을 갖고 있습니다만. 자, 전문은 남조에 안 나오잖아요. 그렇죠? 와당 안 나오잖아요.

정인성 : 이런 문양 모티프는 예를 들어 후한대 이후에 몬타선생하고 똑같은 견해는 아니지만 예를 들어서 보면 정말 중국 박물관에서 후한 화천 이후에 그러니까 아파트식 동전 주조 내지는 금속 범 같은 걸 본

다면 정말 과연 그렇구나 라고 생각을 할 수 있을 것 같네요.

좌장 박순발 : 나도 '과연'이라 그래서 그것을 가지고 억측을 좀 하였습니다. 그런데 사실 그 부분이 검증이 안 됐어요. 이게 과연 전문이냐는 문제를 저는 다르게 생각한 이유를 말씀드릴게요. 오늘 정치영 선생님 올라오시라고 해놓고 그런데 토론비를 못 드리기 때문에 하고 싶은 얘기 제가 대신해 드립니다. 자, 지금 우리 초화문이라는 게 있죠. 저거하고 십자가가 합쳐진 것은 지난번에 조윤재 선생님께서도 업성鄴城에서 나온 다는 얘기를 했고요. 그리고 거의 똑같은 것이 수면문 같은 것이 있잖아요. 그건 북표北票, 말하자면 모용慕容선비의 종묘 유적에서 나온 바 있는데, 대개 4세기 후반대로 편년합니다. 이것 둘을 합치면 비슷하게 되는데, 둘 다 공교롭게도 업성이든 북표지역이든 시기적으로는 같습니다. 그러한 맥락에서 전문이라 여기는 문양이 형성되었을 가능성이 있어요, 문양 자체로 보면. 그리고 후한대에 보면 이와 같은 모티브. 즉 위에 초엽문이라고 하는 저런 모티브들이 실제로 있어요. 그것을 초엽문이라고 하지 않고 중국학계에서는 성문星紋이라고 한 예를 도록에서 본 적 있었습니다. 그 이후로 아직 더 정리를 진행하지 못했습니다만. 아무튼, 사실은 주범鑄範 비슷한 것도 있습니다. 그러나 그러한 문양을 주범에서 착안하여 백제가 고안했다고 생각하기는 자연스럽지 않다, 다른 유사한 맥락이 있느냐는 그런 문제가 있습니다.

정인성 : 좋습니다. 지금 박순발 선생님께서 허점을 드러내셨습니다. 저는

초창기에 있는 연화문을 포함해서 수면문이다 뭐다 이런 것들이 낙랑 · 대방에 있느냐는 말이죠. 지금 비슷하게 업성에 있다 이런 이야기를 하셨는데 낙랑 · 대방에 없다는 거죠. 그럼 순리대로 가자는 거죠. 그래서 나온 마지막으로 붙들고 있는 게 제작기법이 닮았다고 하는데 그 제작기법도 다르다는 점까지는 정리되었는데 다시 왜 닮았다고 이야기하는지 모르겠습니다.

좌장 박순발 : 닮았다는 그런 뜻이 아니고, 허점이라고 하는데 허점이 아니고 진실을 말하자 이거죠. 전문 아니라고 저는 생각해요. 왜냐하면 전문이라고 못 박아놓는 순간에, 뭐 이게 중국에서 전혀 지금 아직 안 찾기고 있어요. 그 많은 사람이 주목하고 있는데도. 이게 전문 아닐 겁니다. 그리고 낙랑지역에 있을지 없을지는 모르겠지만 현재까지는 발견 안 되었습니다. 그건 사실이고요.

정인성 : 동전 주범은 이걸 이야기하는 거죠.

좌장 박순발 : 그러니까 이게 전부 동일계열입니다. 초엽문 같은 것도 실제로 보면 동그라미가 있죠. 동그라미에 십자가 꺾여 있는 것이 본래 후한대에 그쪽 것들입니다.

정인성 : 수직이 되어야 하는데 사실은 이야기를 더 확대시키면 이런 것들은 제나라에 이미 이른 시기에 있는 것 아닙니까. 그렇게 문양의 유사성을 따지면 제를 이야기해야 합니다.

좌장 박순발 : 사회를 제가 하고 있습니다. 저렇게 소위 수지문이라는 게 있지 않습니까. 그 몇 가지 모티브들 다 찾을 수가 있지만 현재로서 동일한 것은 없다, 이것은 맞습니다. 그런데 제작기법이라는 측면에서 봤을 때 이것도 인류제일성이라고 했으니까 그것은 잊어버렸으니까 안 나왔다 이렇게 할 수는 없지만 적어도 이 문제는 뭣하고 연결 되냐면 백제와당의 출현시기 문제와 더불어 백제에서 기와 및 와당을 갖춘 건축물의 출현시기 문제와도 연관되는 것이죠. 그런데 현재로 봤을 때 이게 3세기다라고 하면 무리죠. 절대 무리죠. 4세기다, 대체로 후반대다. 어떻습니까? 그런 정도니까 낙랑과의 연관성을 기술적인 측면에서 낙랑은 이미 까먹고 없어진 B, A기법, 문양도 다르니까 상당 부분 설득력이 있습니다. 다만 어디서 왔느냐는 문제예요. 조금 전에 정치영 선생님께서는 단순하게 기와만의 문제가 아니고 전체 건축문화의 한 부분으로 들어왔을 가능성을 생각하면서 무언가의 대안을 제시해야 할 필요가 있다는 것이죠. 그 대안으로서 과연 어디냐 하는 문제가 지금 남아 있습니다. 남조를 상정할 수 있지만, 똑같은 것 없다 이 말이에요. 다만 인면문 와당은 있죠. 그건 소수니까. 그래서 이 문제는 낙랑과의 관계 여부 이것으로 끝나는 문제는 아니고 다만 낙랑 쪽에서 앞으로 그 문제를 찾든 혹은 다른 지역에서 찾든 서치라이트를 바짝 켜고 있어야 할 문제다 하는 이런 수준으로. 그 외에 다른 할 말 있습니까?

정인성 : 한 마디만 하겠습니다.

좌장 박순발 : 정인성 선생님 말고. 정치영 선생님이 해주세요.

정인성 : 굳이 이 기원을 낙랑 · 대방에서 찾아라 그러지 말고 정말 이거야말로 그러니까 백제와당이다 이렇게 하면 아무 문제가 아닌 것을 그러니까 백제와당에 정말 백제의 오리지널리티가 구현된 이것을 가지고 자꾸 낙랑 · 대방에 있으니까 찾아내라라고 하시면…. 다르다는데.

좌장 박순발 : 마이크를 좀 켜주십시오.
정치영 선생님.

정치영 : 한 가지 사실관계라고 할까요, 연구의 견해차이일 수 있는데 정인성 선생님께서 와당의 단면도까지 보여 주시면서 제작기법이 다 똑같다고 말씀을 하셨지만 사실 여기 보이는, 제가 B류로 분류했던 이 와당들은 제법 직경이 큽니다. 20cm까지 되는 것도 있는데요. 이 와당들은 제작기법이 좀 달라요. 와당면 주변에 점토띠를 돌려붙여 주연부를 만드는 것도 있고 또는 그냥 테쌓기로 해서 원통을 만들어서 톡 끼워놓은 것도 있습니다. 낙랑의 와당제작기법도 메커니즘은 비슷하지만 다 똑같은 것은 아닙니다. 거기에도 A기법이라고 통칭되지만 A에서도 A-1, A-2, A-3이 다르고요. 그래서 그런 요소들이 한성기 와당에도 보인다는 거죠. 일단 그런 부분에서는 조금 수정의 여지가 있다고 생각합니다.

3. 총평

좌장 박순발 : 똑같은 범본은 아직 확인 안 된다. 이것은 사실입니다. 그래서 남조에서 그대로 이걸 가져왔거나 다만 시기적으로는 4세기 후반 이전으로, 평기와 빼고 와당은 그 이전 것이 발견되면 더욱 좋겠지만 현재까지는 그렇다, 이런 정도 수준으로 하겠습니다.

그러면 남은 시간이 40분. 우리가 정리한 내용들을 보면 기본적으로 오늘 기조 강연해 주신 권오영 선생님이 제기하신 문제들 중에서도 아직 못 다룬 게 남아 있고 그것을 제가 말씀드리기로는 권오중 선생님의 말하자면 낙랑의 시기분기에 따라서 진행한다고 나름대로 했습니다만 다루지 못한 부분도 있습니다. 다만 그 가운데 우리가 정리를 했던 몇 가지 사실도 있습니다. "대방고지 이런 것 앞으로 쓰지 말자."이런 제안을 했습니다. 그리고 백제 초기에 백제가 처음에는 작다가 뭉쳐나가는 과정에서 낙랑도 좋은 그림이 있었습니다. 권오영 선생님의 그 그림 속에서 푸른 세모꼴로 나왔던, 정치체로 통합이 안 된 이런 세력들의 일괄 지칭으로서 말갈 이런 얘기들 등등. 그래서 여러 가지 초기에 물론 그 세력이 낙랑이 뒤에 조종하고 이런 등등이 있었습니다만, 그리고 그때그때의 소위 군현지역으로부터의 인적인 자원들 그리고 그 인적 자원과 필시 같이 따라 내려오는 문물 이런 것들이 백제의 국가성장에 영향을 줬다고 막연하게 그동안에 되뇌어 왔지만 오늘 정도에 밝혀진 이런 사실들은 충분히 있다고 하는 점을 다시 전체를 다 기억해내기에는 시간도 없고 그럴 용량이 부족해서 그렇게 안 하기로 하겠습니다만, 이제 남은 시간은 여기 단상에 올라오신 분들 열 분이 남았기 때문에 4분씩 최후 진술을 하는데 지금까지 했던 것을 다시 주장하기 위해서 하면 시간을 안 드리겠습니다. 오늘 못 다뤘던 것, 최후로 내가 이 말은 해야겠다는 이런 수준으로 빨리 진행해 주시면 그 남은 시간만큼 청중에게 질문시간을 드립니다. 만약에 길게 발언하시면 청중으로부터 심하게 눈총을 받습니다.

자 어느 분부터 하실까요? 오늘 아무래도 첫 발언을 해 주신 노중국 선생님께서 먼저 해주시죠.

노중국 : 불려 올라왔기 때문에 몇 가지만 말씀드리겠습니다. 아까 사회자가 대방고지 문제 정리를 해 주신 것은 저도 100% 공감을 합니다. 이것 때문에 백제 건국초기 문제를 혼란하게 만들었는데 감사하게 생각하고요. 그러면서 앞으로 이런 면에 관심을 가졌으면 좋겠다는 것을 몇 가지 말씀드리겠습니다.

하나는 일단 삼국사기 기년대로 백제가 건국한 시기를 기원전후라고 뒀을 때 기원전후한 시기에 한강 이북 쪽하고 황해도, 평안도 지역이 사실 어떤 상황에 있었느냐. 이것은 그냥 낙랑 · 대방으로만 다 뭉쳐버리니까 굉장히 이해하기 혼란한 측면이 있는데 예를 들면 낙랑 호구부현에 25개 현이 나오는데 이 25개 현이 아시다시피 인구편차가 너무 많이 납니다. 특히 낙랑군의 수현 같으면, 조선현 같으면 거의 10만에 가까워요. 그런데 어떤 작은 현은 600~700명밖에 안 되는 엄청난 편차가 있습니다. 이게 전부 다 현으로 표현이 되어 있어요. 그러면 현으로 하기 전에 낙랑이 이 지역을 지배하기 이전의 상황이 뭐였는가 하는 것도 한번 면밀하게 따져볼 필요가 있겠다. 낙랑이 설치되기 이전의 상황에 거기에 낙랑이 군을 설치하고 현을 설치했기 때문에 어느 면에서는 25개 현이 설치된 지역이 원래는 마한, 진한, 변한에 수십 국이 있는 것처럼 그 자체가 국이었을 가능성도 한번 염두에 두고 생각을 해보자 이 점이고요. 이것은 나중에 동부도위에 속했던 영동 7현을 나중에 후국으로 바꿔버리거든요. 후국을 바꿔보면 국이 현이 된 셈인데 낙랑이 설치되면서. 거꾸로 하면 현이 설치되기 이전에는 이게 원래는 국이었을 가능성. 그러면 이게 마치 삼한에 보면 대국이 만여 가家고 소국은 육칠백 가家라는 이 현상하고 굉장히 닮아 있는 점도 염두에 둬야 하지 않겠느냐는 말씀을 하나 드리고요.

그다음에 두 번째로 인구이동의 문제에서 지금 많이 하는 게 환령지말에 주민들이 이탈했다는 것을 굉장히 많이 이야기를 하면서 막상 낙랑이 설치되기 바로 직전에 일어났던 조선상 역계경이 2,000여 호를 거느리고 왔다고 하는, 이게 그러면 낙랑 설치되기 이전 고조선 문화의 영향이 역계경 집단을 통해서 이게 어떻게 이쪽에 전해졌느냐, 어떻게 반영되었느냐 이런 얘기들이 나왔었는데, 역계경 문제가 많이 안 되어 있었어요. 그것을 했으면 좋겠다는 거고요.

그다음에 세 번째로 하고 싶은 이야기가 오늘 쭉 들어봤을 때 낙랑에서 사람들이 내려왔다, 대방에서 내려왔다. 이것도 난리통에 내려온 겁니다. 정식으로 나라와 나라 사이에 교섭해서 내려온게 아니고 난리나 살기 어려워서 빠져 내려온 사람들이 일정한 지역에 와서 정착해서 살아남고 거기에서 죽어서 무덤도 쓰고 그릇도 만들게 되는데, 그러면 그네들이 정착하고 있을 때 무주공산에 온 건 아닐 거란 말이에요. 그럼 거기에 분명히 삼한, 여러 국들이, 어떤 정치체가 먼저 있는 거고 거기에 이동해 왔을 때 이동해 온 사람들을 기왕에 있던 정치체에서, 어떤 국에서 그네들을 어떤 형태로 정착하게 하고 살게 하고 했는지. 내려온 사람한테 초점을 두지 말고 그네들을 받아들이거나 그네들을 살 수 있게 된 그 지역 사람을, 정치체를 주체로 두고서 한 번 생각해보는 것도 좋지 않겠느냐 이런 생각이 들었고요.

그다음에 마지막으로 하나 드리고 싶은 것은 교섭과 교류를 한다고 했을 때 이것은 기본적으로 국과 국의 관계이다. 그리고 국과 국의 관계는 그게 삼한의 국들도 저는 국으로 봅니다. 그 국과 국 사이의 관계, 국과 낙랑군 또는 대방군과의 관계 이렇게 했을 때 거기에도 어떤 일정한 절차가 있었지 않았느냐. 그 절차가 무언지를 고민해 볼 필요는 있겠다는 겁니다. 예를 들면 삼한의 나라들이 중국 군현에 가게 될 때 인수와 의책을 차고 가야 한다는 말이죠. 그러면 그쪽에서 오는 사람들이 마한이나 진한으로 오게 될 때 이쪽에서는 어떤 절차를 거쳐서 오게 할 수 있는지 이런 쪽의 측면도 고려를 하면서 정리하면 좋지 않을까 생각해봤습니다.

좌장 박순발 : 예. 오늘 다루지 않았던 문제를 제시해 주신 부분도 있고요. 또 다뤘던 문제도 있습니다마는 역계경 이 단계에 올라가면 거대한 블랙홀이 있습니다. 삼한 문제에서 가장 난해한 문제로 접어드는데, 진국 문제 등등. 그러면 다음 토론회를 한 번 더 마련해야 할 부분

도 있고요. 좋은 관점을 제시해 주셨습니다.

시간이 많지 않기 때문에 이제, 계속 이쪽으로만 가면 섭섭하니까 저쪽으로 갑니다. 지그재그로 왔다 갔다 하겠습니다. 권오영 선생님.

권오영 : 빨리 말씀드리겠습니다.

아까 기와 이야기가 나와서 거기에 조금만 말씀드리자면 두 정 선생님께서는 주로 와당과 수키와 가지고 하셨는데 풍납토성에서 나온 암키와들을 보면 제작기술 면에서 두 가지로 갈라지죠. 그래서 하나는 통쪽을 이용해서 와통으로 만드는 제대로 된 기와처럼 만든 게 있고 반면에 또 어떤 부류는 토기 만드는 것처럼 진흙 점토 띠를 둘둘 올려서 만드는 그런 기법이 두 가지가 존재하고요. 이건 당연히 그럴 수밖에 없는 것이 일본의 경우에도 와박사 4명이 갔을 때 아까 정인성 선생님 말씀대로 일본에서 기와를 만들어본 경험이 없기 때문에 당연히 스에키공인들을 이용하는 것이기 때문에 선생님이 갖고 있는 기술을 제대로 발휘하지 못하고 배우지 못하는 학생들이 나오기 마련이죠. 그래서 이런 두 가지 기술이 공존하다가 결국 웅진기에 가면 토기 만들던 기술은 사라지는 것이기 때문에 그런 측면을 생각한다면 아까 말씀드렸던 A기법, B기법의 문제도 사실 선생님이 가져온 기법은 A기법이 아닌데 학생들은 계속 토기 만들던 공인이기 때문에 토기 만들던 공인들에게 익숙한 A기법을 쓸 수 있는 것도 아니냐 이런 생각이 들었는데 하여튼 결론을 못 내리겠는 것이 계속적으로 풍납토성이나 이런 것들을 낙랑에 그동안 계보를 대왔지만 오늘 발표를 들어보니까 조금 다시 생각해보고 육조

六朝를 볼 필요가 있다. 아까 조윤재 선생님 발표 들으면서 역시 그렇다면 석실묘도 우리가 계속 낙랑·대방만 봐왔지만 오히려 남경을 한번 볼 필요가 있지 않을까. 동진기의 단실전실묘를 볼 필요가 있지 않을까 이런 생각을 해보았습니다. 이상입니다.

좌장 박순발 : 베트남에서 또 남조로 올라오셨는데 기와의 기술은 똑바로 전달되어도 와전瓦傳이므로 '와전訛傳'되기 쉽습니다(웃음). 권오중 선생님께서 발언해 주시죠.

권오중 : 이 기회를 빌어 고고학 하시는 분들께 묻고 싶은 게 있습니다. 개인적으로 낙랑 유물과 관련하여 백도에 대해선 제가 천착해 온 편인데, 고고학에 문외한인지라 이리저리 궁리만 할 뿐 방향을 못 잡고 있습니다. 백도가 낙랑군 중심인 토성지역에서도 많이 나오지만 조금 전 정인성 선생이 보여 준 유물 지도를 잠시 보니까 재령강이라든가 예성강 심지어는 그 남쪽 한강 하류유역에서도 백도가 발견된 예가 보이더군요. 그렇다면 이 백도 모두를 연태시 용구龍口市에서 제작되었다고 할 수 있을까요. 한반도 지역에서 발견되는 모든 백도는 거의 100% 중국에서 만들어졌다 이런 말씀이신데... 이러한 설명에 대해선 자꾸 의문이 생깁니다. 제가 오전 본 발표에서 설문해자의 예를 말씀드렸습니다. 설문해자의 예는 결국은 낙랑지역에서 여러 종류의 해물, 생선 등의 물품이 중국으로 전달되었기 때문에, 그것도 중국인들에게 상당히 익숙할 정도로 전달되었기 때문에 문자로도 발전했을 텐데요. 그렇다면 백도는 처음 시작은 중국

이지만 낙랑 현지라든가 한반도 일원에서 제작 흔적이나 자취를 찾을 수 있는 그런 근거는 없는 것인지. 만약 찾을 수 없다고 한다면 물자를 담는 용기와 그 내용물은 서로 지역 차가 심하다고 할까요, 생산지가 전혀 다르다는 이야기가 되기 때문에 그런 부분에 대해서도 생각을 해보셨는지 묻고 싶습니다.

좌장 박순발 : 네. 정인성 교수께서 대답하리라고 생각했죠? 백도 문제는 생산지에 관한 중국 연구자들의 최근 견해는 모두 산동지역으로 보고 있습니다. 요동에서도 나오고 있지만 역시 산동산으로 보는 입장입니다. 다만 내용물의 문제는 낙랑산 내용물을 산동산 백도에 담아 유통할 수도 있겠습니다만, 적어도 백도의 산지가 낙랑이나 한반도일 가능성에 대해서는 상정하지 않고 있습니다. 다음 윤용구 선생님.

윤용구 : 권오중 선생님하고 김창석 선생님 발표에 대해서 두 가지씩만 말씀드리겠습니다. 오늘 주제는 낙랑과 마한의 중심지라고 할 수 있는 한강유역 사이에 중간 단계의 공간들, 곧 낙랑외이樂浪外夷에 해당되는 정치체의 존재 양태가 드러나면 마한백제와의 관계가 좀 더 명료하리라 생각을 했는데요. 그런 측면에서 오늘 권 선생님의 논문은 고민을 많이 하신 주제로 생각하였습니다. 삼국사기에 보이는 '말갈'의 이해 방향에 대해서 다들 동의들을 하시는 바와 같이 선생님 설명이 적극적으로 설명하시면 좋겠다는 생각이 들었고요. 두 번째는 사실 선생님 가장 힘주어서 이야기하신 것이 2장하고 5장

이라고 하셨는데, 5장 부분은 시간에 몰려서 자세히 말씀을 못하셨지만, 기리영의 군제상의 문제를 처음으로 언급하신 것에 많은 공부가 되었습니다. 그동안 기리영을 공격한 주체가 누구냐에 대해서만 계속 신경을 써왔지 정작 기리영이 언제 설치되고 어떠한 군사적 의미가 있느냐 이 부분에 대해서는 사실 그동안 신경을 못 썼는데 선생님께서 새로운 문제제기를 해주셨다고 생각을 합니다. 김창석 선생님 경우에 기왕에 이 문제를 다룬 사람들이 저뿐만 아니라 여러 사람이 있었어요. 그런데 사실 단편적이고 전체적인 흐름을 잡지 못했는데 김 선생님이 그 간의 연구를 정리하여 향후 연구 방향까지 다 제시를 해 주셨습니다. 특히 중국에서 들어왔다가 백제를 거쳐서 일본으로 간, 또는 직접 일본으로 간 경로를 이야기해 주신 게 오늘 이야기 중에 상당히 중요한 부분인데요. 다만 일본으로 간 중국계 군현민들은 백제에 의해서 파견된 존재라는 점에서 예를 들어 오경박사 같은 경우는 교대제잖아요. 그건 제도화되어 있는 것이고, 승려들도 마찬가지여서 이 부분을 좀더 언급해야 된다고 생각합니다.

좌장 박순발 : 알겠습니다. 반론 필요 없습니다.
4분씩 드렸는데 앞에서 썼기 때문에 3분씩 드리겠습니다.

김기섭 : 조금 말씀드리고 싶은 게 있었는데요. 인류학의 굉장히 주목할 만한 이론이 있죠. 문화발전단계론, 국가발전단계론이라고 하는 이론인데요. 이것은 아주 지당한 역사적 경험을 전제로 한 이론이라고

생각합니다. 그런데 이 이론이 우리 사서에 적용하는 경우 잘 안 맞는 경우들이 있습니다. 백제의 건국 문제라든지 이런 부분들이 그에 해당한다고 생각합니다. 그래서 백제 초기사나 이 시대의, 특히 기원전후 시기의 문제들 같은 경우는 기존의 역사학만으로도 해결하기 어렵고 고고학만으로도 해결하기 어렵고 다 뭉쳐서 종합적으로 이해해야 조금 가닥이 보인다고 생각하는데요. 오늘 그런 측면에서 주제가 사실 종합적으로 정리하기에는 좋은 주제였는데 역시 시간이 조금 부족해서 가다가 다 못 간 느낌을 개인적으로 받았습니다. 아쉽게 생각하고요.

평양과 관련해서는 저는 이렇게 생각합니다. 기존의 인프라를 이용하는 것이 역사적으로 굉장히 중요한 부분이었다고 보는데요. 가령 평양이 낙랑군의 수현이 있었던 곳이라고 했을 때 고구려 같은 경우도 고국원왕이 전연으로부터 낙랑공이라고 하는 작호를 받기 위해서 노력합니다. 그리고 345년인가요. 전연의 공격을 받고 수도가 함락되고 난 뒤에 바로 이어서 이듬해에 평양으로 거처를 옮깁니다. 그래서 평양에서 재기하는 기반을 닦고 있거든요. 그것은 평양이 그만큼의 인프라를 갖추고 있기 때문에 가능했던 것이라고 생각하고요. 낙랑태수라고 하는 작호를 굳이 근초고왕이 371년에 동진으로부터 받습니다. 그런데 동진은 그런 낙랑태수호를 그 앞에도 적극적으로 준 적도 없고 그랬는데 근초고왕이 굳이 요청해서 받은 것 같아요. 낙랑태수호라고 하는. 전연으로부터 고국원왕은 이미 20여년 전에 낙랑공이라고 하는 그보다 훨씬 더 높은 작호를 받았는데, 근초고왕은 그것을 분명히 알고 있었을 것 같은데 낙랑태수호라고 하는 작호를 받습니다. 그것은 기본적으로 무슨 의도가 있는 것이고 낙랑이라고 하는 어떤 예전에 인프라가 아주 잘 갖춰져 있는 그런 지역, 그리고 세력 이런 부분들을 흡수해서 뭔가 경영하려고 하는 의도가 있는 것 아닌가 저는 그렇게 생각하고 있습니다.

좌장 박순발 : 예. 김창석 선생님. 2분으로 줄었습니다.

김창석 : 예. 두 가지인데요. 1분씩 나눠서 말씀드리겠습니다.

하나는 중국계 인구나 중국계 인물들이 백제로 들어온 다음에 어떻게 새로운 사회에 적응을 해나갔을 것인가 하는 문제인데요. 처음에는 아마 별도로 관리했을 가능성이 크다고 생각을 합니다. 예를 들어 신라 같은 경우에는 노인奴人으로 편제했다가 나중에 신라에 정식 공민으로 전환을 시키는데 백제 같은 경우도 궁남지 목간에 보면 부이部夷〈그림 17〉라는 존재가 나옵니다. 그게 꼭 중국계라는 보장은 없습니다만 그런 중간 단계를 거쳐서 백제의 민이나 백제의 관료로 흡수되었을 것이라는 말씀이고 그 과정에서 이 사람들이 백제 쪽에서 이게 일종의 생존전략이라고 생각이 되는데 이 사람들이 자기들 나름의 전문성을 확보하고 그것을 유지하기 위해서 일종의 거류민 공동체 같은 것을 백제 왕성 안이나 아니면 그 주변에서 형성하고 있었을 가능성이 크다고 봅니다. 그리고 그게 발표 때 말씀드렸던 가학家學이나 가업家業이 계승되는 형태로 나타나게 된 것이 아닌가 싶은 거고요. 또 하나는 백제 쪽으로 오는 중국계 인물하고 그 밖에 고

〈그림 17〉 궁남지 목간의 부이(部夷)

〈그림 18〉 안악3호분 장하독 위의 묵서명에 쓰여진 동수(冬壽)

구려나 신라 혹은 가야 쪽으로 가는 유이민의 양상이 달랐지 않은가 하는 생각이 듭니다. 일단 백제 쪽이 자료가 제일 많이 남아 있는데 그것은 아마 낙랑이나 대방이 멸망한 다음에 그쪽에 고급 학자든지 아니면 고급 직능인들이 대거 백제 쪽으로 왔던 것 같고요. 거기 비해서 고구려로 물론 잡혀간 사람들이 있었겠지만 고구려 왕정에서는 큰 역할을 하지 못한 것 같습니다. 오히려 고구려 쪽에서는 평양이나 황해도 지역을 다스리는 데 집중을 했고 그때 아마 거기에 남아 있는 유민들, 예컨대 동수冬壽〈그림 18〉와 같은 중국계 망명객들을 활용했습니다.[3] 그 다음에 신라의 경우는 자료가 없습니다만, 자기들이 중국 쪽의 사람들을 아잔我殘이라고 불렀다는 말이 있고, 또 마한과 진한의 언어가 달랐다고 하는 것으로 봐서 어쨌든 낙랑·대방하고 뭔가 관련이 되어 있는 그런 역사적인 사실 아니면 인구의 이동이 신라 쪽에도 있었던 것 같습니다.

마지막으로 가야는 정말 자료가 없습니다만 허황옥이 가야를 찾았을 때 가락국기에 나와 있는 내용을 보면 한사잡물漢肆雜物을 가지고 왔다고 되어 있습니다. 그런데 그 '한'이라는 게 중국 한나라 '한漢' 자를 쓰고 있거든요. 그게 물론 인도 사람이 낙랑군을 경유해서 왔을 가능성을 배제할 수 없습니다만, 아마 낙랑이나 대방 쪽의 주민이 자기들이 보유하고 있던 고급문물을 가지고 가야를 방문했다고, 그러니까 어떤 교역의 측면을 가야 쪽의 유이민 흡수를 생각할 때는 고려해야 한다고 봅니다.

좌장 박순발 : 예. 다음 과제들까지 말씀을 해주셨습니다.

자 이제 고고학을 하신 네 분 남았으니까 고고학은 시간 잘 지킨다 이렇게 정리하겠습니다. 2분씩, 조윤재 선생님.

---

3) 고구려 안악 3호분 묵서명에 보이는 冬壽라는 인물은 일반적으로 모용황 즉위 후 요동에 자신의 세력권을 형성하여 이에 대항하던 慕容仁의 僚屬이었던 佟壽와 같은 인물로 보고 있다. 『資治通鑑』 권95 晋紀 17 成帝 咸康 2년조에 의하면, 336년 慕容皝은 慕容仁을 급습하여 대파하고 慕容仁과 더불어 그 휘하에 있었던 僚屬들을 살해하였는데, 이 때 佟壽는 郭充과 더불어 고구려로 도망하였다.
이동훈, 2010, 「冬壽의 出自로 본 高句麗의 낙랑군지배」, 『白山學報』 88 참조.

<그림 19> 평양 토성리토성 출토 낙랑대윤장(樂浪大尹章) 봉니

조윤재 : 묘제 이야기를 했지만 결국 오늘 이 주제 자체가 백제와 낙랑·대방인데 계속 선생님들께서 말씀하신 요지는 사람의 움직임이었습니다. 그 부분을 통해서 많이 풀려고 했는데 저는 오늘 하나 빠진 게 있다고 생각되는 게 낙랑 부분을 이해할 때 봉니封泥<그림 19> 문제가 빠졌다고 생각합니다. 이것은 단순하게 낙랑만 이해하는 것이 아니고 봉니 문제를 우리가 정리함으로써 과연 문자로 표현된 공문서 정보를 송달하는 과정에 과연 마한이나 백제 초기의 인사들이 참여한 흔적 이런 것들도 추적해볼 필요가 있다고 생각합니다. 그래서 잠깐 부언을 드리자면 중국 현지 연구자들도 봉니에 대해서 전부 낙랑에 주목하는 이유는 제가 봉니연구사를 읽어보니까 초기

에 중국에서는 봉니를 1930년대 이전에는 전부 역사적 유물로 생각하지 않고 찌꺼기나 흙덩어리로 생각했기 때문에 상당 부분 버려졌어요. 그렇기 때문에 중국 변군이나 중심지역에서 봉니가 대량으로 보이지 않았던 이유는 그런 이유입니다. 그렇기 때문에 여기 정인성 선생님도 계시겠지만 우리가 가지고 있는 봉니 자료를 가품을 가려내고 최대한 활용하는 것도 하나의 과제라고 생각합니다.

좌장 박순발 : 예. 정인성 선생님.

정인성 : 예. 조윤재 선생님께서 요새 봉니에 관심이 있는 걸 어떻게 아시고 짚어주신 것 같습니다. 발언을 많이 했기 때문에 특별히 보태지 않고요. 다만 우리 한국 학계가 낙랑 · 대방을 바라보는 시선은 아마 이 책 자료집 표지에 그대로 드러난다고 생각하고 있습니다. 어떻게 회의 거쳐서 정했는지 모르지만 '백제의 성장과 낙랑 · 대방' 왜 '낙랑 · 대방군'이라고 안 썼을까요. 저도 '낙랑군토기'라고 쓰지 않고 항상 '낙랑토기'라고 쓰고 있거든요. 이런 분위기가 존재하는 한편 또 언제나 이렇게 삼한사회의 성립이라든지 성장이라든지 이런 것을 이야기할 때는 마한제국의 성장과 낙랑 · 대방, 백제의 성장과 낙랑 · 대방. 이게 정말 북방 혹은 군현일변도의 성장과정에 대한 언설들 이런 것들에 익숙해져 있는 것 아닌가 하는 생각이 듭니다. 오늘 와당 이야기도 나왔지만 노중국 선생님 마지막에 코멘트하셨지만 한성기 백제 그 본연의 모습을 찾아내려고 거기는 정말 다양한 외래적인 요소가 중층적으로 관여하고 있을 가능성이 크다라고

앞으로 연구방향을 설정했으면 좋겠습니다. 이상입니다.

좌장 박순발 : 예. 그것은 다음에 설정하는 데 반영할 겁니다.
김무중 선생님.

김무중 : 저는 오늘 정인성 선생님께서 환령지말을 염두에 두고 한 것 아니냐, 그리고 공백기도 다 그것을 염두에 둔 것 아니냐고 말씀하셨는데 제가 환령지말을 언급한 것은 기안리 하나이고 그 뒤로는 그 얘기를 한 적도 없습니다. 다만 정인성 선생님이 그렇게 비판하고자 하는 얘기가 아니었나 싶고요. 사실 정백동 364호 그 토기는 앞으로 주목해 봐야 할 거라고 생각합니다.
또 하나의 예, 말갈과 관련된 것인데요. 아까 이야기하고 싶었는데 시간이 안되어서 못 했습니다. 중도식토기, 경질무문토기라고 이름 다시 바꿨는데요. 왜냐하면 중부지역 전체에 제일성을 가지고 어느 지역이든 다 똑같이 변화한다고 생각을 하는 게 아직도 주류인 것 같습니다. 저도 아직 계속 발표한다 하면서 못하고 있습니다. 즙석분구묘, 적석묘라고 하는 무덤을 잘 아실 겁니다. 연천, 춘천, 영월 그쪽인데요. 그다음에 남한강의 충주 쪽 라인인데, 그 동쪽과 서쪽의 변화양상이 다르다는 것을 최근에 알았고 그다음에 주거지 양상도 다릅니다. 아마 조만간 여러분들하고 얘기할 수 있는 기회가 있지 않을까 싶은데요. 그리고 또 하나는 거기에 나온 낙랑계 토기도 영동 지역은 1단계에서 거의 집중돼 있고 영서 지역, 북한강 유역은 2, 3단계까지도 쭉 이어집니다. 그래서 양상이 똑같지가 않다

는 말씀을 드리고 아마 그런 부분들이 좀 더 밝혀지면 예의 문제도 해결할 수 있지 않을까 합니다.

좌장 박순발 : 예. 마지막으로 성정용 선생님.

성정용 : 낙랑과 마한과 진변한 지역을 이해하는 데 아까 말씀하신 환령지말이 굉장히 많이 작용을 했던 것 같은데요. 최근 중부지역에서 나오는 고고학적 자료들을 보면 철 장검이라든지 유개대부호 토기, 그리고 원저 옹, 원저 심발, 발형토기, 이런 것들이 환령지말 150년경보다 훨씬 더 올라갈 가능성이 굉장히 높습니다. 그런 점에서 환령지말을 뭔가 낙랑에서 자꾸 문물이 대거 유입되는 계기로 하는 시각은 좀 바꿔야 할 것 같고요. 그런 점에서 권오중 선생님께서 말씀하신 기원전 1세기에 산동지역과 낙랑과의 관계, 교역활동 이런 점도 계속 주목해서 앞으로 더 봐야 할 것이라고 생각합니다.

마지막으로 하나만 더 하겠습니다. 낙랑을 바라보는 시각이 아까 말씀하셨는데 여기 있는 분들은 낙랑의 위치가 평양이라는 것을 다 동의하고 있을 겁니다. 그런데 최근 사회에 일각이 아니고 아주 한 중요한 부분 정치와 결탁되어서 낙랑의 위치를 당연히 밖으로 내보내고 싶어 하죠. 사회의 그런 흐름이 결코 만만하지가 않습니다. 그런데 낙랑을 내보내야만 우리가 떳떳해지는 게 아니라고 생각합니다. 낙랑을 우리 한국사 영역으로 충분히 끌여들여올 수 있지 않느냐. 당연히 지금 한국사 영역으로 생각하고 얘기하고 있는 거고요. 중국 사람들이 만주지역에 정벌한 청나라를 중국의 역사라고 하지 않습니까. 저희가 잠시 빼겼더라도 저희가 저희 지역에 들어와 있는 이 낙랑을 우리 한국사의 영역으로 앞으로 적극 인식하고 해야만 문제가 풀리지, 낙랑을 밖으로 내보내서 문제가 해결되지 않는다. 그리고 그런 점에서 오늘 학술대회가 굉장히 의의가 있다고 생각을 합니다.

4. 객석 질문

좌장 박순발 : 예. 이제 남은 시간이 한두 분 정도 청중석에 계신 분, 난 오늘 발언하지 않으면 잠이 안 오겠다 이런 분.

저 뒤에 마이크 부탁합니다. 시간관계상 1분 이내로, 질문이니까요. 길게 하지 마시고 자기 견해 말고 질문만 해주세요.

오종홍 : 저는 1분 이내로 끝내겠습니다. 지금 말씀을 잘 들었습니다. 저는 코리아 히스토리 타임즈 오종홍 기자인데요. 역사를 적용하는 데 일관성이 있어야 하는데 낙랑군 평양설을 인정할 때는 주로 고고유물로 하시고 백제하고 낙랑을 연결할 때는 정인성 교수님께서는 관련이 없다고 하는데도 자꾸 문헌으로 연결시키려고 하는데 일관성이 없다는 것에 대해서 일단은 문제제기를 하고요.

그리고 여러 가지 고고유물 가지고 백제하고 낙랑하고 연결시키는 것 중에서 배부른 묘실, 전실묘 있잖아요, 동장. 그것과 관련해서 자꾸 평양 쪽에서 있다고 나오는데, 그게 원조라고 나오는데 자꾸 대륙 쪽에서 왔다고 하는 시각은 좀 아닌 것 같고 왜냐하면 고인돌 같은 경우도 북한에서 석강준 그 전문가가 뭐라고 하냐면 배부른 동장 형태의 고인돌이 의도적으로 만들어졌다고 나왔고요. 그리고 배흘림기둥 그런 것 있잖아요. 이런 것이 우리가 원래 원조가 아닌가 이런 얘기를 합니다. 그래서 아까 마지막 말씀하신 분이 낙랑군을 평양에서 몰아내지 말자고 하는데 사실상 근본 문제가 낙랑군이 어디 있냐 그것을 가지고 전제로 하고 얘기하고 있지 않습니까. 그런데 분명히 아시겠지만 통전이나 태평환우기 이런 일차 사료에 분명히 한나라 때 한나라가 설치한 낙랑군 수성현이 갈석산 진장성 속이라고 분명히 나오는데 이런 것을 무시하고 그냥 유물만 가지고 낙랑군 평양설을 설정하는 것이 과연 역사학적으로 맞느냐 하는 거죠. 그리고 진개 2천리 이런 것도 다 연결되는데, 그것은『삼국지』위략 주석에 나오는 거잖아요. 그런데 역사적 사실이 가장 가까웠던,

좌장 박순발 : 20초 경과했습니다. 지금 자기주장이니까 질문만 하세요.

오종홍 : 예. 그래서 그런 근본적인 문제가 산재해 있고 그런데 이렇게 낙랑재평양설을 전제로 해서 논리를 전개한다는 것이 너무 심하지 않나. 그래서 결과적으로 이렇게 하시는 것이 결과적으로 동북공정이나 일제식민사관하고 결과적으로 같은데 굳이 그것을 따라갈 필요가 있느냐는 거죠, 그렇게 비난을 받으면서.

좌장 박순발 : 예. 질문은 그 정도로 하시고요. 자, 그러면 낙랑평양설 등등

하셨는데요. 오늘 시종 들으셨으면 아시겠지만 그 문제를 지금 여기에서 장황하게 설명할 시간이 없고요. 필요하다면 그 설명을 드릴 수는 있습니다. 다만, 오늘의 주제는 『통전』 등등 언급하셨는데 그것은 아시다시피 낙랑군이 처음에 있다가 옮겨 가는 게 있지요. 그런 논의는 여기 아니라도 다른 데서 많이 했기 때문에 정리를 하시기 바라고요.

나머지 한 분. 또 한 분 더 없으십니까?

청 중 : 저는 궁금해서 한 가지만 여쭤보겠습니다. 저희가 백제 건국할 때 항상 다루고 있는 문제는 낙랑하고 건국시기 때, 그러니까 기원전 1세기가 되겠죠. 그때 우리 지도를 보면 그때 고구려가 있고 낙랑이 있고 그다음에 마한, 삼한이 있고요. 그런데 우측에 보면 동예하고 옥저가 있습니다. 그래서 백제를 건국할 때 우리가 소외시 되는 부분이 사실 동예하고 옥저일 수 있다는 생각을 가끔 할 때가 있습니다. 어떨 때냐면 아까 김기섭 과장님이 말씀하셨듯이 백제가 건국했을 때 북쪽으로는 말갈, 또 동쪽으로는 낙랑의 괴롭힘이 있었다는 얘기가 있는데 그때 우측 동쪽에 왜 낙랑이 있었을까 하고 생각을 했어요. 그런데 사실 동예라는 지역이 사실 말은 동예지만 그 당시에 보면 낙랑에 소속으로 되어 있을 때 있잖아요. 그래서 그렇게 생각한다면 우리가 동예의 위치가 지금 우리가 알고 있는 동예라고는 하지만 그 당시는 낙랑이었다고 생각하면 그런 문제가 해결될 수도 있었다는 생각을 얼핏 했습니다. 저는 그냥 하나의 제안으로 말씀을 드립니다.

좌장 박순발 : 예. 지금 질문이 아니고 제안을 해 주신 거네요. 사실 오늘 못 다룬 얘기가 있습니다마는 시간관계상 끝내기로 하겠습니다마는, 낙랑국, 낙랑군 최리 등등 있습니다. 그런 점에서 보면 나중에 낙랑국이 되었다는 최리의 낙랑국도 사실은 거기에 속해있기 때문에 동부도위 설치 직전에 그런 부분이 있죠. 그러나 다만 온조집단이라고 대표되는 건국세력이 어디로 내려왔느냐에 대해서는 오늘은 그 부분에 대해서는 집중하지 않았습니다. 이 점을 양해해 주시고요. 지금 그것은 제안으로 받아들이겠습니다.

제가 마이크를 끝내야 하는 시간은 5시 40분입니다. 이것으로 마치도록 하겠습니다. 고생하셨습니다.

(장내 박수)

휘보(총 목차)

백제학연구총서 쟁점백제사 1

백제, 누가 언제 세웠나(Foundation of Baekje)

- 백제의 건국시기와 주체세력

백제학연구총서 쟁점백제사 2

근초고왕 때 백제 영토는 어디까지였나(Territorial Expansion of Baekje)

- 백제의 영토확장

주제제안

백제의 영토확장에 대한 몇 가지 검토(노중국)

주제발표

백제의 동북방면 진출_문헌적 측면(임기환)

백제의 동북방면 진출_고고학적 측면(심재연)

백제의 서남방면 진출_문헌적 측면(강종원)

백제의 서남방면 진출_고고학적 측면(서현주)

종합토론

좌장 이현혜 · 임영진 **토론** 이성주 · 백승옥 · 노중국 · 임기환 · 심재연 · 강종원 · 서현주

Ⅰ. 영역의 기준과 지배방식

1. 영역의 개념과 기준
   - 영역의 개념
   - 영역의 기준·명찰론
2. 지배방식
   - 지배방식의 유형
   - 직접지배·간접지배
   - 영향권·세력권
3. 영역과 지배방식의 고고학적 지표

- 5가지 고고학적 지표 - 성곽
- 무덤 - 취락
- 위세품 - 토기

Ⅱ. 백제의 영역 확장

1.『삼국사기』 백제본기 초기 기록의 영역 확장 기사

- 영역 확장 기사의 연대 - 패하·주양·웅천의 위치

2. 백제의 북부지역 진출

- 패수·열수·대수의 위치

3. 백제의 동부지역 진출

- 말갈 기사의 해석 - 화천 원천리 유적

4. 백제의 남부지역 진출

- 벽골제 축조 - 고사부리성 축조
- 풍납토성 초축 연대 - 완주 상운리 유적
- 영산강유역 -『일본서기』 신공기 49년조 기사

5. 근초고왕 때 백제의 영토는 어디까지였나

백제학연구총서 쟁점백제사 3

한성백제의 왕궁은 어디에 있었나(Structure of Hanseong, the Capital of Baekje)

- 한성의 도시구조

주제제안

한성백제 왕도 연구의 현황과 과제(이형구)

주제발표

백제 왕궁과 풍납동토성(이도학)

한성백제 왕궁의 구조와 풍납토성(신희권)

백제 한성의 실체와 몽촌토성(여호규)

몽촌토성을 통해 본 백제 왕궁의 실체(권오영)

종합토론

좌장 양기석, 임영진 **토론** 차용걸 · 박순발 · 심광주 · 김기섭 · 이도학 · 신희권 · 여호규 · 권오영

Ⅰ. 문헌 자료로 본 백제의 초기 도성

1. 백제 초기 도성의 위치

- 하북위례성과 하남위례성의 위치

2. 백제 초기 도성의 명칭과 위치

- 위례성·한성·한산·한산성·북한성

- '이도한산'의 성격

Ⅱ. 고고학 자료로 본 백제의 초기 도성

1. 용어 검토

- 도·도성·왕성
- 성·곽·성원·성장
- 원·궁원

2. 백제 한성시기 주요 성곽의 분포

- 이성산성
- 아단성
- 광주고읍 춘궁리·하남 교산동

3. 백제 한성시기의 도성

- 하북 위례성
- 고대 도성의 구성요소

4. 풍납토성의 도성 구성

- 궁전
- 제의시설
- 도로시설

5. 몽촌토성의 도성 구성

- 지상 건물지·성토대지
- 목책
- 외성
- 적석시설
- 무덤

6. 풍납토성과 몽촌토성의 축조 시기

7. 백제 한성시기 왕궁의 위치

Ⅲ. 백제의 초기 도성 관련 남은 문제

백제학연구총서 쟁점백제사 4

백제의 왕권은 어떻게 강화되었나(Establishment of State Power in Baekje)

- 한성백제의 중앙과 지방

주제발표

백제 국가의 형성과 발달 과정을 둘러싼 중요 쟁점(이현혜)

한성 백제의 중앙집권화 정도에 대한 연구의 평가(박현숙)

고고자료에 투영된 한성백제의 중앙과 지방(이한상)

백제 한성도읍기 중앙과 지방의 성립과 지방통치(노중국)

백제 한성기의 지방도시(박순발)

종합토론

좌장 임기환 **토론** 강현숙 · 권오영 · 노중국 · 박순발 · 박현숙 · 이한상 · 이현혜 · 이희준 · 전덕재

종합토론 1부

Ⅰ. 문헌 자료 연구성과 정리

1. 연맹왕국과 귀족국가의 개념

- 3~4세기대 각 국의 지배 복속 관계 - 부와 부체제

2. 한성백제 중앙과 지방에서의 부

- 고고자료를 통해서 본 부 - 3~4세기 정치발전단계와 부체제

Ⅱ. 문헌과 고고자료의 조화 모색

1. 위세품 사여를 통한 중앙과 지방과의 관계

2. 한성백제의 중앙과 지방관계를 보여주는 고고자료

종합토론 2부

Ⅲ. 주요 쟁점사항

1. 한성백제의 영역

- 삼국사기 초기 기록의 해석과 영역
- 고고자료의 분포 범위와 정치체의 영역

2. 한성백제의 영역지배

3. 중앙에서 지방으로의 위신재 · 위세품 사여

- 문헌기록상 중앙집권화의 지표
- 피장자의 성격과 위세품 및 위신재
- 금동제 위세품의 사여 연대
- 위신재의 출토 상태와 성격

4. 고구려의 왕권 강화 사례

Ⅳ. 객석 질문

백제학연구총서 쟁점백제사 5

백제의 성장과 중국(The Growth of Baekje and China)

주제발표

3세기 이전 마한백제의 성장과 중국(윤용구)

고고자료로 본 낙랑 · 대방군과 마한제국(정인성)

4세기~5세기 초엽 백제의 대중교섭 양상(여호규)

고고자료로 본 한성백제와 양진, 십육국의 대외교섭(조윤재)

종합토론

좌장 김기섭 **토론** 강종훈 · 김무중 · 김병준 · 성정용 · 여호규 · 윤용구 · 정인성 · 조윤재

종합토론 1부

Ⅰ. 백제의 성장과 중국과의 관계

1. 발표 내용 논평과 비판
   - 3세기 이전 마한백제의 성장과 중국
   - 백제 지역 출토 중국계 외래유물의 기원과 편년
   - 백제 관련 중국 문헌자료의 해석과 적용
   - 백제와 고대 중국과의 관계를 보여주는 고고자료
2. 중국 사료에 나타난 백제의 성장 과정
3. 백제 지역 중국계 외래유물의 출토 양상과 해석
4. 고대 중국의 교역과 주변민족 통제 방식

종합토론 2부

Ⅱ. 백제의 고대 중국 사행로와 교역품

1. 백제의 대중국 사행로

2. 백제 마구의 변천과 중국과의 관계

3. 백제의 중국자기 이용 방식과 의미

4. 백제 지역 마구의 기원과 변천 양상

Ⅲ. 객석 질문과 총평

백제학연구총서 쟁점백제사 6

한국사 속의 백제와 왜(Baekje and Wa in Ancient Korea)

주제발표

4세기말~5세기초 백제와 왜의 관계(홍성화)

5세기 백제계 도왜인-곤지계를 중심으로(정재윤)

왜에 남겨진 백제 문물(서현주)

백제에 남겨진 왜의 문물(김낙중)

종합토론

좌장 주보돈 **토론** 박현숙 · 이근우 · 우재병 · 홍보식 · 홍성화 · 정재윤 · 서현주 · 김낙중

종합토론 1부

Ⅰ. 발표내용 논평과 비판

1. 4세기 말~5세기 초 백제와 왜의 관계

- 『일본서기』 사료의 비판 - 칠지도 제작 연대와 배경

- 광개토왕릉비의 백제와 왜 - 목만치를 통해 본 백제와 왜의 관계

2. 백제와 왜의 문물 교류 양상

- 백제와 왜의 교역 물품 - 고분의 피장자 문제와 문물의 선별 수용 양상

종합토론 2부

3. 왜 5왕을 중심으로 본 백제와 왜의 관계

Ⅱ. 문헌자료를 통해 본 백제와 왜의 관계

1. 인명과 장군호를 통해 본 백제와 왜의 관계

2. 곤지와 동성왕 무령왕을 중심으로 한 백제와 왜의 관계

Ⅲ. 고고자료를 통해 본 백제와 왜의 관계

1. 한반도와 일본열도 고고학 자료의 용어 문제

2. 부안 죽막동 제사유적 출토 자료의 계통

3. 고고자료에 근거한 백제와 마한의 구분

4. 영산강유역 고분의 계통

Ⅳ. 객석 질문과 총평

백제학연구총서 쟁점백제사 7

백제와 요서지역(Baekje and Liaoxi)

주제발표

백제 요서진출설의 연구와 역사교육-국사 교과서 서술을 중심으로(임기환)

고고학적으로 본 요서(遼西)지역(박순발)

16국시대 요서(遼西)의 인구 증감과 전연(前燕)·후연(後燕)·북위(北燕)의 대응(최진열)

백제 '요서진출설'의 문헌적 검토(윤용구)

4세기 전반 백제군(百濟軍)의 요하(遼河) 일대에서의 활동에 관한 기사의 검토(강종훈)

종합토론

좌장 노중국 **토론** 노태돈 · 양기석 · 오영찬 · 홍승현 · 임기환 · 박순발 · 최진열 · 윤용구 · 강종훈

종합토론 1부

I. 발표 내용과 비판

1. 고고학적으로 본 요서지역
   - 용어 및 개념 설정의 문제
   - 삼연지역 발견 고구려·부여계 유민의 흔적
   - 동이교위부와의 장거리 교역 가치
2. 16국시대 및 전연 · 후연 · 북연시대의 요서지역
3. 백제 요서진출 관련 사료 해석
4. 4세기 전반 요하 일대에서의 백제군 활동
   - 4세기 전반 백제의 성장 정도 검토

-『남제서』의 동성왕 표문 해석과 『진서』의 입전 체제

종합토론 2부

Ⅱ. 백제와 요서지역의 관계

1. 용어 설정 및 교과서상 서술에 대한 문제 제기
2. 백제 요서진출의 시간적 범위
3. 문헌자료를 통해 본 백제의 요서 진출
4. 백제 요서진출의 공간적 범위
5. 백제와 요서지역의 관계 해석

Ⅲ. 백제 요서진출설 관련 쟁점에 대한 제언(교과서상 서술 문제 등)

Ⅳ. 객석 질문과 총평

백제학연구총서 쟁점백제사 8

개로왕의 꿈, 대국 백제(King Gaero's Dream toward the Great Baekje)

기조발제

백제 개로왕에 대한 역사적 평가(양기석)

주제발표

백제 개로왕대의 대외관계(김수태)

개로왕대의 정국의 동향과 체제정비(김영심)

한성도읍 후기 백제 묘제의 전개양상(이남석)

개로왕대 한성의 도성 경관과 토목공사(신희권)

종합토론

좌장 노태돈 **토론** 노중국 · 여호규 · 문안식 · 김무중 · 양정석 · 양기석 · 김수태 · 김영심 · 이남석 · 신희권

종합토론 1부

I. 발표 내용과 비판

1. 백제 개로왕대의 대외관계

- 백제와 고구려, 신라의 관계 - 백제와 왜, 송, 북위의 관계

2. 백제 개로왕대의 지방통치 방식

3. 한성도읍 후기 백제 묘제의 전개양상

4. 한성의 도시 경관과 토목공사

종합토론 2부

Ⅱ. 백제 개로왕대를 바라보는 시각

1. 개로왕에 대한 평가
2. 왕 · 후제에 대한 이해
3. 백제의 대외관계
4. 백제 한성기의 고분 양식
5. 백제 한성기 도성, 궁성, 왕성 문제